当 代 经 济 学 系 列 丛 书

Contemporary Economics Series

陈昕 主编

当 代 经 济 学 译 库

Richard R. Nelson et al.

Modern Evolutionary Economics
An Overview

现代演化经济学

[美] 理查德·R. 纳尔逊 等 著

石俊国 陈莹 译

格 致 出 版 社
上 海 三 联 书 店
上 海 人 民 出 版 社

主编的话

上世纪 80 年代，为了全面地、系统地反映当代经济学的全貌及其进程，总结与挖掘当代经济学已有的和潜在的成果，展示当代经济学新的发展方向，我们决定出版"当代经济学系列丛书"。

"当代经济学系列丛书"是大型的、高层次的、综合性的经济学术理论丛书。它包括三个子系列：(1) 当代经济学文库；(2) 当代经济学译库；(3) 当代经济学教学参考书系。本丛书在学科领域方面，不仅着眼于各传统经济学科的新成果，更注重经济学前沿学科、边缘学科和综合学科的新成就；在选题的采择上，广泛联系海内外学者，努力开掘学术功力深厚、思想新颖独到、作品水平拔尖的著作。"文库"力求达到中国经济学界当前的最高水平；"译库"翻译当代经济学的名人名著；"教学参考书系"主要出版国内外著名高等院校最新的经济学通用教材。

20 多年过去了，本丛书先后出版了 200 多种著作，在很大程度上推动了中国经济学的现代化和国际标准化。这主要体现在两个方面：一是从研究范围、研究内容、研究方法、分析技术等方面完成了中国经济学从传统向现代的转轨；二是培养了整整一代青年经济学人，如今他们大都成长为中国第一线的经济学家，活跃在国内外的学术舞台上。

为了进一步推动中国经济学的发展，我们将继续引进翻译出版国际上经济学的最新研究成果，加强中国经济学家与世界各国经济学家之间的交流；同时，我们更鼓励中国经济学家创建自己的理论体系，在自主的理论框架内消化和吸收世界上最优秀的理论成果，并把它放到中国经济改革发展的实践中进行筛选和检验，进而寻找属于中国的又面向未来世界的经济制度和经济理论，使中国经济学真正立足于世界经济学之林。

我们渴望经济学家支持我们的追求；我们和经济学家一起瞻望中国经济学的未来。

厉以宁

2014 年 1 月 1 日

推荐序

　　格致出版社编辑邀请我为理查德·纳尔逊教授等著的《现代演化经济学》中译本作序,这是我很乐意做的事情。2016 年 7 月,我到加拿大蒙特利尔出席第 16 届国际熊彼特学会大会,第一次见到纳尔逊教授。利用这个机会,我向他请教了一些学术问题。他为人和蔼和谦逊,会议之后还把他的论文发到了我的邮箱。2022 年 7 月,我负责组织举办第 19 届国际熊彼特学会大会,纳尔逊教授应邀做主题演讲,解读了创新驱动经济变革的演化过程。本来相约去美国的时候我到哥伦比亚大学拜访他,却由于新冠肺炎疫情耽搁了出国,确实感到有些遗憾。

　　纳尔逊教授先后担任耶鲁大学教授和哥伦比亚大学教授,曾经在兰德公司以及美国总统经济顾问委员会进行经济分析和研究工作,获得过丁伯根奖、列昂惕夫奖和凡勃伦—康芒斯奖,长期担任国际熊彼特学会的荣誉主席。纳尔逊教授是演化经济学的开拓者,他与温特教授合著的《经济变迁的演化理论》(1982)是国际学术界公认的演化经济学奠基之作。他们试图从动态、演化的角度解释经济变迁的过程,针对正统经济学理论的两大支柱——利润最大化和经济均衡的概念提出了不同的意见,认为经济行为者的目标是追求利润而不是利益最大化,经济均衡只能是暂时的,而不可能是长期的;同时,他们借鉴熊彼特的经济发展理论,提出企业在市场竞争中处于不利地位的时候就需要寻求新的生产技术和"惯例",创新则是通过研究与开发去寻求原来没有的技术和"惯例"。后来,纳尔逊教授还出版了《国家创新系统》(1993)、《经济增长的源泉》(1996)等著作,比较分析了各国技术创新的制度体系及其演化过程,细致研究了技术进步的演化过程以及经济增长相关的组织制度变迁。以纳尔逊、温特为代表的开拓性研究,使演化经济学成为当代西方经济学说中独树一帜的流派。

摆在我们面前的《现代演化经济学》(2018)是纳尔逊教授等经济学家的新近著作。这部书"聚焦现代演化经济学,旨在为经济学家和其他社会科学研究学者深入了解这一领域的相关研究论述而设计,并提供这一领域的概述、理论导向和相关经验发现"。全书共七章,形成了一个由三部分内容组成的比较完善的逻辑体系,从总体上展示经济社会是如何运行和演化的图景。

第一部分主要阐述演化经济学家所关注的核心问题以及他们所采取的理论导向。演化经济学家都是熊彼特主义者,他们坚信持续变化是现代资本主义经济的核心特征,这些变化主要是由创新驱动的,因而对经济活动的分析不能忽略由持续创新驱动的经济变迁中所涉及的动态过程,特别是必须以一种整体的方式分析这种动态过程,而这是新古典经济学很难做到的。演化经济学家试图缩小经济学理论与经济现实的差距,并且打破新古典理论对于经济活动和经济结构的概念化的垄断,寻求充分认识各种创新以及塑造未来变革的道路;演化经济学家将经济行为者的目标导向行为,理解为一个以持续创新和不断变化为特征的经济体中正在采取的各种行动,并且区分行为者在熟悉环境里采取的行动和在垄断环境里采取的行动,从而比经济行为最优的假设可以更为详细地了解经济行为者的实际行动;演化经济学家将经济活动的市场组织看作是资本主义经济系统的关键机制,但他们质疑市场运行能够产生最优的、高效的甚至是均衡的经济活动配置,认为市场的运行是在技术、可用资源和需求等以不可预测的方式发生变化的环境中发生的。

第二部分主要阐述演化经济学家在过去的三十多年里研究的重点主题及基本内容。在技术进步领域,演化经济学家研究技术进步的动态演化过程、技术进步的速度和方向及其影响因素、发明者和创新者从投资中获得回报的途径、新技术的私人占有机制及开放获取机制。在企业行为和能力领域,演化经济学家研究企业行为和能力的动态演化过程,认为组织惯例及支持组织惯例的能力构成了追求利润的行为的基础,企业创新涉及使用大量已经形成的行为惯例。在市场竞争和产业动态领域,演化经济学家将产业视为动态的演化系统,认为产业行为的变化取决于创新的速度和性质,企业盈利的能力取决于它处在产品创新前沿或接近产品创新前沿的能力,创新网络随着产业发展而不断演化并适应产业所采取的技术发展方式。在长期经济发展领域,演化经济学家认为单一的国民生产总值指标遮蔽了长期的经济发展过程的特点,即新产业的周期性兴起以及旧产业的衰退和消失,因而需要更加广泛地描述经济增长满足需求的能力,包括技术进步、产业周期和制度变迁。在后发者经济赶超领域,演化经济学家更加强调成功的赶超过程中的干中学、用中学和企业能力建设,国家因素和国家创新系统的作用,以及行业领导地位的连续变化和赶超周期。

第三部分主要阐述演化经济学的演化过程以及未来发展方向。从总体上说,需要从更加广泛的理论视角去理解演化经济学,而不是仅仅将它看作一套狭义的分析工具。这种演化视角就是针对具体的经济现象或过程进行明确的演化分析,特别是分析它是如何形成的,以及将来会如何变化。而且,人们随时可以观察到的经济结构以及行为方式,正是持续性演化过程的显现。所谓"理性的"经济行为和人们观察到的经济活动配置,一直处在动态的演化过程之中。同时,随着演化视角下研究内容的不断增加,特别需要从以下方面进行拓展:改变以往的分析集中在经济活动的供给侧的状况,更多地讨论需求影响因素及其演化;改变以往的分析集中在制造行业的状况,更多地讨论服务行业的演化;改变以往的分析集中在微观和中观演化经济学的状况,更多地讨论宏观演化经济学。

演化经济学特别强调技术创新驱动的经济社会生活的演变,它与熊彼特创新理论具有内在的联系,从而在培育和增强创新发展理念方面有着重要价值。翻译本书的石俊国和陈莹两位年轻教师,均为致力于研究演化经济学和熊彼特创新理论的学者,他们具备良好的经济学和管理学专业素养,因而能够将新古典经济学和演化经济学的语境比较好地表达出来,有利于国内读者愉快地阅读和透彻地理解本书的内容。我们相信,本书的翻译出版必将促进演化经济学在中国的传播,进而丰富中国经济学的研究范式;必将促进创新驱动理论的深化和应用,进而推动中国经济的可持续发展和高质量发展。

欧阳峣

上海大学经济学院特聘教授

第 19 届国际熊彼特学会主席

2024 年 1 月

作者介绍

库尔特·多普费(Kurt Dopfer)是瑞士圣加仑大学经济系教授,也是大学理事会委员、经济系负责人之一,国际经济与发展理论方向的负责人。同时,他也是瑞士国家科学基金会的研究员。他曾用12种语言出版了很多著作,并发表了很多论文。他是《演化经济学期刊》(*Journal of Evolutionary Economics*)等很多学术期刊的编委会成员。

乔瓦尼·多西(Giovanni Dosi)是意大利比萨圣安娜高等研究院经济研究所负责人、经济学教授,也在由哥伦比亚大学倡议、围绕产业政策和知识产权话题展开的政策对话活动中担任负责人。多西教授是期刊《产业与企业变革》(*Industrial and Corporate Change*)的欧洲大陆主编。代表性著作有《创新、组织与经济动态》(2000)、《经济组织、产业动态与发展》(2012)。

康斯坦丝·E.赫尔法特(Constance E. Helfat)是美国新罕布什尔州达特茅斯学院塔克商学院技术

与战略领域的 J. Brian Quinn 讲席教授。她撰写发表了大量的学术论文和著作，与人合著了《动态能力：理解组织中的战略变革》(2007)。她是美国战略管理学会会士，曾获美国管理学会技术与创新管理分会颁发的杰出学者奖，以及 Viipuri 奖和其他荣誉。她目前是《战略管理期刊》(*Strategic Management Journal*) 的主编之一。

李根(Keun Lee)是韩国首尔国立大学经济学教授。他的专著《经济赶超的熊彼特分析：知识、路径创新和中等收入陷阱》(Cambridge University Press, 2013)荣获 2014 年熊彼特奖。他现在是国际熊彼特学会主席、联合国发展政策委员会委员、期刊《研究政策》(*Research Policy*) 主编之一、世界经济论坛理事，以及全球创新学术网络 Globelics 理事。

佛朗哥·马莱尔巴(Franco Malerba)是意大利米兰博科尼大学应用经济学教授，ICRIOS 研究中心主席。他出版了 15 本学术著作，包括《行业创新系统》(Cambridge University Press, 2005)和《创新与产业演化》(Cambridge University Press, 2016)。他是《产业与企业变革》的主编之一、《研究政策》的顾问编辑，以及《演化经济学期刊》的副主编。

理查德·R.纳尔逊(Richard R. Nelson)是哥伦比亚大学名誉教授，他曾在兰德公司以及美国总统经济顾问委员会进行经济分析与研究工作。他发表的成果受到广泛引用，其中包含《经济变迁的演化理论》(1982，与 Sidney G. Winter 合著)，以及《月亮与贫民窟》(1977)和《国家创新系统》(1993)。因为出色的学术研究，他获得了本田奖、丁伯根奖、列昂惕夫奖以及凡勃伦—康芒斯奖等奖项，并获得多所大学的荣誉学位。

安德烈亚斯·佩卡(Andreas Pyka)是德国斯图加特霍恩海姆大学教授，自 2009 年 4 月以来一直担任创新经济学方向的负责人。他的研究领域是新熊彼特经济学和演化经济学,特别注重将数值方法应用到分析质变和结构发展的动态过程中。他围绕这些话题发表了许多论文,并撰写了一些著作的章节。

皮耶尔·保罗·萨维奥蒂(Pier Paolo Saviotti)是荷兰乌得勒支大学地球科学学院哥白尼研究所创新研究中心的访问研究员。他出版了一些创新经济学相关的著作。其中,《技术进化、多样性和经济》(1996)荣获 1997 年欧洲演化政治经济学会的冈纳·缪尔达尔奖(Gunnar Myrdal Prize)。他是该学会的成员,也是里斯本公民论坛(Lisbon Civic Forum)的成员;同时也是国际熊彼特学会的副主席。

悉尼·G.温特(Sidney G. Winter)是美国宾夕法尼亚大学沃顿商学院管理学德勤讲席教授(Deloitte and Touche Professor)。他是《经济变迁的演化理论》(1982,与 Richard R. Nelson 合著)的作者,并在知名学术期刊和研讨会上发表了许多文章。他获得了很多荣誉,如 2015 年全球创业研究奖。

目 录

1

1

基于演化视角的经济学

理查德・R.纳尔逊

1.1　本书的研究范畴

　　本书聚焦现代演化经济学,旨在为经济学家和其他社会科学研究学者深入了解这一领域的相关研究论述而设计,并提供这一领域的概述、理论导向和相关经验发现。①本书汇集了演化经济学中几个相对独立发展的不同分支,这些分支的组合可以使读者更加清晰地认识,现代经济是如何发挥功能和向前演化发展的。②由于演化经济学是一门正在不断发展中的研究学科,因此,本书也考虑了该领域的未来发展方向。

　　"演化经济学"(evolutionary economics)这一术语已经在经济学研究中被广泛应用。③这本书重点关注那些旨在阐述经验经济现象的研究工作,其理论依据是这样一种主张:所研究的现象会不断发生演化。"演化"的含义将在下文阐述。虽然形式化(数学)的演化模型在发展和强化这一观点方面发挥了重要作用,但本书的重点不是关注这些形式化的模型,而是旨在为分析经济活动如何演化提供一个更全面的视角。④另外,尽管演化经济学家显然与演化社会科学的相关研究和著作有着紧密的联系,但为了使本书将要探讨的几个主题更加聚焦,本书没有深入地去考察演化社会学领域的一些文献。⑤

这本书如此聚焦的原因在于:本书作者认为,一种广泛的理论视角(如本书所说的演化经济学)的价值,取决于该视角在理解经验现象以及在解决政策相关问题等方面的解释力和效果。我们认为,过去三十年来以演化经济学理论为导向的研究,已经充分证明了该理论的价值所在,且我们希望越来越多的学者能够认识且认同这一观点。

本章简要地介绍了演化经济学家所关注的核心问题和他们所采用的理论导向,以下几章将更深入地从演化经济学视角来描述相关经验现象,这些都是演化经济学家近年来重点关注的研究领域。把这些章节合并在一起,本书将会为读者展示经济社会是如何运行和演化的图景。最后一章介绍了演化经济学的演变过程。

1.2　资本主义社会:动态演化系统

演化经济学与标准教科书中的那种经济学的根本区别在于:演化经济学家坚信,持续变化是现代资本主义经济的核心特征,这些变化主要是由创新驱动的,并且,这一事实应被纳入经济学基础理论的核心。伴随着新要素的引入与旧要素的不断消失,经济总是在变化中的。当然,不同的经济活动和经济行业在变化速度和特点上是不同的。在经济社会的许多方面,创新是快速且持续的,且经济活动的环境几乎总在发生变化,并提供新的机会和挑战。尽管在某些经济活动或行业中创新的速度非常有限,但是,在经济领域中尝试新事物的行为几乎无处不在,淘汰旧的做事方式的变革也一样。然而,新古典理论却没有接受这一点,而对于绝大多数受过专业训练的经济学专家如何思考经济学问题,新古典理论有着重大影响。⑥

演化经济学家重点关注创新以及持续创新带来的经济社会变迁,因此,演化经济学家都是熊彼特主义者。正如熊彼特那样,演化经济学家强调了资本主义所带来的惊人的经济进步(尽管这种进步可能是不均衡的)。在两个世纪前资本主义经济刚刚兴起的时候,几乎难以想象今天前沿经济体所能提供的生活水平。而对于演化经济学家来说,亟需解决的最重要且最具挑战性的经济问题是:我们取得的经济进展是如何产生的?怎样能让那些迄今尚未取得明显经济进步的社会做得更好?我们预期未来会有怎样的进步?我们又该如何为进步的路径选择提供切之有效的建议?⑦

现代演化经济学家把这些问题作为他们关注的焦点,目前正在重新审视很早以前由亚当·斯密(Adam Smith)⑧、随后又由卡尔·马克思(Karl Marx)以及晚近的约瑟夫·熊彼特(Joseph Schumpeter)提出的市场经济运行的观点。在现今标准的经济学教科书中,技术创新被认为是长期经济发展的关键驱动力。然而,这一主题只是作为一个专题被提出,而没有成为经济学描述和分析的核心。

演化经济学家强调,任何时候对经济活动的分析,都不能忽略由持续创新驱动的经济变迁中涉及的动态过程,而是必须以一种整体的方式对这一动态过程进行分析。然而,新古典理论的核心假设使其很难做到这一点。⑨

我们首先需要认识到创新的重要性与本质。创新是一种活动,这种活动涉及对之前不存在的事物的设想,以及对其潜在价值的信念。发明家和创新者可能会从以往经验中判断出什么是会成功的,什么是不太可能成功的。但是,在决定探索哪些道路和实际推出哪些创新方面,指导着创新努力的想象力和经验,以及运气,至少是同样重要的。创新者能预见与不能预见的这些因素,与经济行为者知道他们的最佳行动方案这一理论假设不太吻合。

同时,在一个创新驱动变革的世界中,不仅仅有创新者,还有许多经济行为者。这些经济行为者倾向于做他们一直在做的事情,但由于所处的环境发生改变,他们无法再按原来的方式继续下去,因而必须在自己有限的相关经验基础上采取新的行动。这一事实进一步证明:关于行为者对其所处的环境非常了解且能采用恰当行为的理论假设,似乎难以认识到许多情形下事物正在发生的诸多重要方面。

同样,演化经济学家认为,假设经济活动接近或处于均衡状态,是分析创新发生情境的一个障碍,因为各种各样的新方法会相互竞争,同时也与主流方法竞争。它们之中有的成为赢家,有的成为输家,但这场竞争必须被理解为是持续进行的,而不是已经完成了的。

另一方面,我们所描述的动态经济的性质,很容易被理解为一个演化的过程,这当然不是什么新概念。一个多世纪前,索尔斯坦·凡勃伦(Thorstein Veblen, 1898)提出质疑:"为什么经济学不是一门演化的科学?"虽然阿尔弗雷德·马歇尔(Alfred Marshall)⑩通常被认为与新古典经济学的兴起有关,但他也在一份著名的声明中指出:"经济学家的麦加在于经济生物学中……"并且,熊彼特(Schumpeter, 1950)也认为,"在处理有关资本主义问题的时候,我们其实是在解决演化过程中的问题"。因此,许多经济学家长期以来都认为,经济变迁发生的过程,在许多重要方面与生物进化有一定的相似性,这也是为什么我们和我们的前辈们使用"演化"这个术语来代表我们的理论取向的原因。

在本章接下来的内容中,我们将详细地讨论经济演化的不同方面,及其与生物进化的异同。但是,我们在这里需要首先强调以下这些基本特征。

首先,当我们称经济变迁过程为演化时,我们并不是要否认或贬低许多经济行为背后的目的、思想和通常相当复杂的因素。相反,我们用这个词来强调人类认识的不全面性,即使是在有强大的科学可以参考的情况下也是如此,以及由此产生的、围绕着经济活动重要部分的不确定性,当新事物被创造和尝试时,这些不确定性总是存在的。人们在理解经济社会时是存在局限性的,尝试新事物的结果几乎总是与发明者的预想有偏差,在某些情况下甚至完全与发明者或创新者的想法背道而驰。只有在实践中才能学习到事物的运转机制,而即便如此,在实践中找到处理事情最有效的方法,也是一个很慢的学习过程。

这样的描述显然符合探索重大创新项目。但这也符合经济行为者应对其所处经济环境中的诸多变化而作出的努力,即便他们最后发现应对变化所采取的新行为不需要任何复杂的行动。因此,零售店对人口密度或位置变化的回应,几乎都会涉及大量试错学习和失败的过程。

因此,在我们之前提到的现代经济活动中,任何正在进行创新的经济活动领域,没有一个是完全静态的,不同行为者必然有不同的行为方式。与此同时,其中一些行为在某种意义上是相对有效的,其相对重要性在不断增加;而另一些行为通常是相对无效的,其相对重要性在不断下降。在此进程中,新的行为模式可能会被我们所接受。这很大程度上与生物学中"性状"(traits)的进化是相似的。

很多时候,经济演化中的选择过程的一个重要方面是:表现相对较好的行为者会发展得越来越好,而表现较差的行为者则会越来越差,甚至可能消失。⑪但是,大多数(虽然也有例外)关于经济活动领域变迁的实证研究发现,一种新的、更好的实践发展成为主流的主要机制,是被越来越多的经济行为者采用。正如前文所强调的,经济演化和生物演化之间的一个主要区别是,经济行为者通常能够选择做什么以及如何做,并且有能力从自身经验与外界信息中学习。但这与经济行动者"最优化"的假设有很大区别。

这种看待经济变化过程的视角,不仅塑造了演化经济学家对经济动态的看法,还影响了他们如何理解经济活动中每时每刻所发生的事情,包括企业与产业中的资源配置、使用的技术与商业实践、不同商品和服务的当前产量和消费量、它们的价格以及不同生产要素的价格、当前的产业结构等。我们演化经济学者认为,经济活动的这些特征,并不是所有参与者采取"最优"的行为后所能达到的均衡配置,而是或多或少在一个路径依赖的演化过程中产生的瞬时现象(transient phenomena)。

因此,演化经济学家能够预见新古典经济学家难以解释的、市场经济中常见的现象——同一行业内企业的生产与盈利能力,在不同时期都有相当大的变化。更一般地说,演化经济学家会预测,在任何时候,都有一定数量的公司(和家庭)会做一些考虑不周的决策与行动,并因此(或其他原因)没有得到较好的回报。与此同时,从经验中学习,以及企业间的竞择,将导致许多普遍的经济行为,从当时可利用的各种做法来看,都是合理的,而且在某些情况下还是非常有效的。

除了变化的过程之外,演化经济学家也对一个经济体中相对稳定的事物和变化的过程感兴趣。但是,考虑到演化经济学关于持续变化的假设,演化经济学家试图考察相关变量的关系,以及维持经济动态的变量和关系。这些变量和关系反映了驱动变化过程的本质。演化经济学家认为,经济体中动态竞争的力量,通常会阻止一个产业的平均利润率发生巨大的波动。虽然他们预测不同商品与服务的价格将持续变化,但在许多情况下,他们预测价格与成本的比率将在较长时间内保持相对不变。另一方面,演化经济学家也认为,从相对稳定的发展路径中脱离出来的巨大突破,是经济发展过程中创造性破坏的一个重要特征。

简而言之,演化经济学关于经济中正在发生什么提出了一种与当今标准经济学教科书截然不同的观点。这一观点强调了持续变化,这种持续变化总体来说与长期的经济增长有关,同时这种持续变化会产生一些新的情况需要许多经济行为者来加以应对。这一观点认为,在任何时候,经济活动的配置都是一个演化过程的结果,随着时间的推移该演化过程会产生各种不同的行为,它们在效率上有所不同,且绝大部分(但并不是全部的)低效行为会被淘汰掉(其中一个原因是持续的创新正在进行)。演化经济学家认为,这一研究导向为理解现代资本主义经济如何运行提供了更好的基础。

1.3　缩小经济学理论与经济现实的差距

我们有充分的理由相信,许多以经验为导向的经济学家,在传授理论或撰写文章时,可能会采用新古典理论解释经济活动,但事实上,他们对经济世界所发生的许多事情都持有着演化的观点。这反映在他们的著作和其他面向普通受众的演讲中,内容涉及:高科技产业竞争的性质和经济意义;将创造性创新视为经济增长的主要驱动力;关于资本市场需要为新创业公司的诞生和成长提供资金的论点;以及灵活的劳动力市场对于应对工作地点、工作性质和所需技能都在不断变化的经济环境的重要性。并且,顶尖的经济期刊往往对隐含着动态演化观点的实证研究报告也持开放态度。

显然,演化经济学家是从非常积极的角度来看待这些发展的。然而,不能因为有了这些发展而认为没有进一步推动的必要,我们认为这些发展增加了将经济活动演化观点发扬光大的重要性。

经济学中的理论分为几种不同的类型,且涉及不同层次的抽象性和概括性,这一点很重要。其中有些是非常笼统和抽象的,仅对市场经济中发生了什么与如何运作给出一种宽泛的观念。当经济学家使用"新古典理论"(neoclassical theory)这一术语时,他们倾向于接受经济学的这种宽泛的观点,而当我们使用"演化经济学"这个术语时,同样,我们对经济活动提出一个抽象的和概括性的理论。总的来说,目前新古典理论几乎垄断了专业经济学家所知道和教授的、关于经济活动和经济结构的概念构想。而演化经济学家正是想要打破这种垄断。

当然,许多经济理论关注的,不仅是为经济活动提供一般性的抽象观点,也关注一些特定的现象或经济问题,包括劳动力市场的运作机制、具体价格的决定方式、总体通货膨胀率的决定因素、国际贸易模式等方面的问题。在这一层面上,理论构建通常是以数学公式的方式展现的。经济学家通常把这种一般化程度较有限的形式化理论称为"模型"(model)。虽然形式化模型都有其特定导向,但如今被经济学家广泛知晓的模型,大体上与新古典理论中的基本认知一致。另一方面,虽然演化经济学家的研究对大多数经济学家来说可能并不熟悉,但他们也在建模方面非常活跃。

然而,我们要强调的是,经济学家在理解经济活动方面所做的很多努力,与我们前面提到的一般理论取向和形式化模型相比,其抽象程度要有限得多。确切地说,他们的努力与所关注的经验主题非常接近,对该主题非常了解的经济学家试图找出经济活动发生作用的决定性力量。这种努力在很大程度上是归纳性的,不如一般化理论和形式化模型那么具有逻辑性。Nelson 和 Winter(1982)将这种理论化方式称为"鉴赏式"(appreciative)理论,与"形式化"(formal)理论形成对比。

几乎所有的鉴赏式理论都以口头表达的形式出现,并且充分利用了自然语言的丰富性及其对定性和定量细节的描述能力。但这样做也有缺点,因为检查一个复杂的口头表述理论的逻辑连贯性,比检查一个更清晰、更形式化的理论要困难得多,而且很难探究和推断其含义。但是,与鉴赏式理论相比,形式化理论将一些被认为重要的细节引入到模型的能力远为受限,尤其是在那些难以定量化的细节。

Nelson 和 Winter(1982)认为,如果理论取向相同,那么,鉴赏式理论与形式化理论应该被理解为是互补的。我们认为经济学家所知道的关于经济实际运行的大部分内容都包含在我们的鉴赏式理论中。相比之下,形式化理论应该被理解为某些理想化条件下发生的寓言,这些理想化条件与经济行为过程和实际情景有很大的差距,但通过形式化理论的分析可以更好地洞察更复杂的现实行为。特别是如果两者的理论取向从广义上讲相互一致,那么形式化理论较强的逻辑结构将有助于突出重点,并能提供一种思考方式来思考鉴赏式理论分析论点的一致性和范围。

演化经济学家的鉴赏式理论在几个研究领域中已经被形式化的演

化模型所塑造和支持,我们将在本书后几章中进行讨论。不了解演化经济学的经济学家,往往倾向于忽略这些模型及其所强调和阐明的关系。

但我们认为,更为重要的是与演化观点相关的经济活动的广泛导向。我们在上面提到,如今关于经济中正在发生的活动的鉴赏式理论,很大一部分是由那些怀疑新古典理论能否为他们试图理解和解释的经验现象提供有用帮助的经济学家所提出。但在任何经济活动的领域中,都有太多的事情在发生,以至于即使经验现象的观察者有开放的心态,他也无法看到所有的一切。不可避免的是,我们能看见与不能看见的事情,至少将在某种程度上受到人们头脑中对经济活动的总体观念以及对塑造经济活动的力量的看法影响。

由于缺乏一种明确的观念来解释经济是一个不断演变的系统,那些从事实证研究且发展了鉴赏式理论的经济学家,即使他们中有人被隐含的演化观点所吸引,也不太可能强调相互竞争的经济参与者在行为和表现上的普遍显著差异,或者充分认识到正在进行中的试错学习和选择,同时也不太可能认识到正在尝试的各种创新,其中大多数不会有任何意义,但其中一些可能深刻地塑造未来变革的道路。而演化经济理论提供的视角,则可以更加清晰地分析这样的现象。

这就是我们为什么在本书中阐述演化观点的重要性,并认为应该让该观点能够被更广泛地接受的原因。我们认为,采用这种导向去研究经济活动,能使理论与经验理解更加相符。⑫

1.4 经济行为者的行为和能力

当人们思考演化经济学是如何解释经济行为者的行为和能力时,这些问题就会凸显出来。自亚当·斯密时代以来,经济理论一直存在一个标准假设:在大多数情况下,经济行为者是有目的的,并且是在他们所熟悉的情况下做事,也就是说他们大致知道采取各种行动的后果。可以说，如果能谨慎看待并认识到人类的易错性，那么，关于经济行为者通常会理性行动（在上述意义上）的理论，已经显示出相当大的阐释和预测能力。大多数演化经济学家都认同此观点。

然而，现代新古典理论将经济行为者通常是有目的的且知晓一些如何达到目标的知识，抽象为一种理论假设，即他们的行为是最优的。在这种意义上，他们所做的是他们在给定目标和约束条件下可以采取的最佳可能行动。⑬基于上述原因，这种抽象的目标导向行为，并不能为理解"一个以持续创新和不断变化为特征的经济体中正在采取的各种行动"，提供一种令人满意的一般基础。

我们注意到，演化经济学家对行为理论的关注与那些现代行为经济学的研究相重叠⑭，这些行为理论在过去半个世纪中已经逐步主导主流经济学领域的发展。然而，在经济活动的领域和行为的具体方面，这两种经济分析的焦点是不同的。行为经济学几乎只关注在逻辑层面不一致的人类行为，或者更普遍地说，只关注似乎并不能促进行为者可能考虑的任何目标的那类行为。⑮需要强调的是，采取这种无效甚至有害行动的环境，对行为者来说并不是新的环境，而是可以被解释为，与行为者相对经常会面临的情境没有根本不同。对于行为经济学家所强调的那种行为，我们演化经济学者也并不感到惊讶，即使这种行为发生于行为者熟悉的环境下。但我们广泛的理论假设是：在相对稳定且经济行为者熟悉的环境中，人们肯定会发现不适当甚至古怪的行为，但是通过大量的学习，会产生令人满意的结果，尽管这些结果有时并不是最佳的。⑯

演化经济学家区分了行为者在熟悉环境中采取的行动，与行为者在新的（或者过去经验无法起作用的）环境中采取的行动。至少目前为止，这个区别还没有引起行为经济学阵营的注意。

鉴于这些研究兴趣，许多演化经济学家被赫伯特·西蒙（Herbert Simon）和他的同事们提出的"有限理性"概念所吸引，它为一般理论提供了基础，该理论既认识到大量经济行为在许多情境中的广泛有效性背后的因素，同时也认识到一些例外情形，特别地，它还能够用于对经济行为者熟悉的情境和不熟悉的情境进行区分。⑰有限理性行为概念的基本前提是：个人和组织作出选择的环境往往过于复杂，以至于他们无法理解影响最优目标实现的所有因素。另一方面，他们似乎能够观察和理解他们所处环境的重要方面，并具有推理能力来从他们所知道或认为知道的内容中获得一些启示。特别是在相当稳定的环境中，他们可能从经验和反思中学习，结合他们的目的和愿望，得出什么是有效的，什么是无效的。⑱

在这种情况下，需要采取的行动是反复出现的，演化经济学家倾向于赞同西蒙和他同事们的观点，即所学的"惯例"往往在它们建立后就会存在，且在需要采取特定类型的行动时，往往在没有对该事项进行详细思考的情况下，特定惯例就会被使用。这一主张对个人和组织行为者都适用。⑲如果采取行动的环境保持相对稳定，演化经济学家就会提出：学习和选择的力量很可能产生令人满意或至少是可行的惯例。演化经济学的一个重要部分是研究这些学习和选择过程的运作机制，以及它们所产生的惯例的本质。

有效的惯例需要对相对常见的行动环境变化作出反应。因此，在相对稳定的环境中，我们预期消费者会通过在替代品之间进行一些转换，来学会对价格在正常范围内的增减变化作出反应，供应商会通过增加或减少供应来应对需求的增减。学会用这种适应性和相对惯例化的反应，并不需要最优化的能力，且这种适应性行为还可能远远达不到最优。但这是有限理性的经济行为者在相对恒定的环境中采取的行为。

然而，任何特定的惯例，或更为普遍的做事方式，即使是有相当大的内在适应性且被应用了很长时间，也将不可避免地会因已经发生的变化而变得过时或无关紧要。出于各种原因，经济行为者可能会选择或被迫在对其而言陌生的环境中开展业务，做他们以前从未做过的事情，且过去的经验对目前的行为几乎没有指导意义。在演化经济学中，行为理论的另一个重要组成部分是搜索与解决问题，其目的是在适用惯例不存在或需要修改的情况下，识别或创造一个令人满意的行动过程。⑳

当然，在演化经济学家看来，与创新相关的行为是经济进步的主要驱动力，也是其研究的中心主题。目前还没有明确的概念路线显示搜索和解决问题的行为如何涉及创新。然而，创新显然包含了对经验之外的行动方针的想象以及对他人行为的理解。创新的努力需要搜索和解决问题，必须有效地发挥创造性才能取得成功，并且创新的成功通常也需要一定的运气。^㉑这无疑是公司与其他组织进行研究与开发的特点。它也体现了企业管理层为制定新的行动方针所作的努力。

演化经济学家把搜索、解决问题以及创新放在最重要的位置，这使得在产生经济行为者行为的过程中，他们特别强调经济行为者能够采取的做事方式是如何出现，如何被发现、想象或构建的。这一方向与传统的决策理论大不相同，在传统的决策理论中，"选择集"一般被认为是给定的，研究重点是经济行为者的目标，以及这些目标如何影响其在给定的一组备选方案中的选择，而不是要讨论备选方案为什么是这样设定的。这导致演化经济学家对可行选择如何被感知到，以及新的做事方式是如何被构思和开发的过程产生了重要兴趣。

这些观察结果既适用于个别经济行为者，也适用于正式组织。演化经济学家认识到，许多经济活动是在正式组织中进行的，并且在许多情况下，组织是关键的经济行为者。在现代经济中，是企业（以及医院和学校等其他组织）生产或提供了经济活动中创造的大部分商品和服务。在经济活动的许多领域中，大多数创新都是由企业完成的。在演化经济学家的研究和写作中，有相当一部分与企业的行为、能力和创新性有关。

经济学家的传统假设，在我们所描述的相对复杂的行为理论中，是否成立？所谓经济学家的传统假设指的是：经济行为者在任何情况下的行为，都是由他们当前的目标与他们对于追求该目标可能有效的行为的信念所塑造的；分析者可以依据这些假设来预测或解释情境发生改变时其行为的变化。我们认为，它作为一个粗略的初步近似时是成立的，但也有例外，而且如果要超越粗略的初步预测或要解释经济行为者的行动时，我们需要了解一些细节，如各种起作用的惯例，以及解决问题和创新的方式等。

当我们开始讨论经济中的实际情况,以及经济行为者背后的影响因素时,我们相信许多教授新古典经济理论的经济学家大致会同意上述观点。并且,我们认为,相比于假设经济行为者的行为可以达到"最优"而言,演化经济理论的导向更有望使我们对经济行为者的实际行为有更详细的了解。

1.5 市场与竞争的性质和作用

今天的演化经济学完全符合经济学分析的主流传统,将经济活动的市场组织看作资本主义经济系统的关键机制,这里经济活动的市场组织以营利性企业为商品和服务的主要提供者,以竞争为主要的调节机制。然而,关于市场和市场竞争如何运作的观点,要比今天的标准理论更加具有熊彼特主义。而且,演化经济学所提出的、社会能从经济活动的市场组织中获得的种种好处,不同于新古典经济学的看法。[22]

在现代资本主义经济中,顾客可以得到各种各样的商品和服务。这些商品和服务大多数由商业企业提供,而这些商业企业也需要大量不同种类的投入。把涉及的各种变量和它们之间各种的联系统筹在一起的工作是巨大的。用分析的方法合理地"解决"资源分配问题,为满足各种各样的人类需求而生产商品与服务,是苏联式中央计划体制所不能解决的。即使在最强大的现代计算机上运行最复杂的经济模型,仍然不能通过分析的方式计算相关细节以解决资源分配问题。

然而,市场组织在某种程度上能够以一种通常混乱但总体上"有效"的方式来处理这个问题。演化经济学家会质疑这样一种理论,即市场的运行产生了最优的、高效的甚至是均衡的经济活动配置。市场的运行,即使有各种政府计划和监管制度的广泛支持,显然也只能在微不足道的程度上满足一些被许多人高度重视的需求,并且还会允许甚至鼓励被许多人认为对社会有害的活动。虽然演化经济学家对市场配置资源方式的态度，不像我们正统经济学同行那么乐观，但是，我们一致认为市场已经取得了很大的成就。演化经济学家的观点不是建立在新古典一般均衡理论假设的简单静态环境中，而是建立在技术、可用资源和需求等以不可预测的方式发生变化的环境中。

跟我们正统经济学同行一样，演化经济学家认为价格是影响需求者和供应者行为的关键变量，而且通常会进行调整，以减少需求或供给过剩的情况，特别是当需求或供给过剩的情况变得很严重时。我们倾向以数量或价格的显著变化或者两者共同的变化来反映需求或供给的变化。也就是说，许多演化经济学家都拥护马歇尔的观点。㉓我们对当今的标准价格理论教材中提出的大部分因果论证都很满意，即便我们无法对使这些论证合理化的理论假设感到满意。因此，虽然如前文所述，我们假定经济行为者的行为是适应性的，但我们并不假定他们所做的对他们来说是"最优"的。尽管我们赞同新古典经济学的观点，认为价格在平衡供求方面发挥着关键作用，并能够不断调整适应变化，但我们并不认为市场总是处于或接近标准意义上的"均衡"。

此外，演化经济学家强调，在技术诀窍给定的情况下，市场和竞争所起的作用远不止简单地影响价格和不同经济活动领域的资源配置。其中，资源配置和价格决定是新古典经济学的研究核心。与此同时，市场为经济行为者提供了一个机会和诱因去尝试新产品和新工艺，并探索和使用以前从未使用过的模式。市场上企业之间的竞争，远不仅仅是为了保持低成本，避免价格与成本之间出现过大的差异。竞争增加了企业创新和响应竞争对手创新的压力，并增加了创新成功的回报。

更一般地说，资本主义经济中的市场也许是塑造经济演化过程的最重要的制度因素。经济活动中市场组织的优点，不仅在于它是一种在现有的能力和知识水平下，满足当前所感知到的需求的、合理有效的（即使不是最佳的）方式。演化经济学家认为更重要的是，从长远来看，经济活动和竞争的市场组织为新的、可能更好的做事方式的产生以及市场选

择,提供了一种激励和环境。任何时候都应该从这个角度来理解资源的分配及价格的产生。㉔

要使经济活动的市场组织作为进步的引擎,显然需要这样一个前提,即创新者预期到创新可以带来回报,只要创新确实可以改善经济表现。而随着我们的创新系统的运行,要保证以上前提,一般来说还需要创新者对创新产品的使用具有至少暂时的垄断控制。但是另一方面,如果要取得广泛和持久的进展,就必须限制这种垄断,且不能广泛和持久地削弱竞争。我们一直在强调行为模式的变化,这些行为模式包括我们在同一产业中观察到的技术使用和其他惯例使用,还有生产效率和盈利能力的显著差异。这种变化显然至少与企业在一个产业中所进行的创新有一定的关系,创新不仅使一些企业相对于其他企业具有优势,而且使它们采用了不同的发展路径。与此同时,在大多数经济活动领域,人们可以观察到同类企业所做的工作基本上都具有广泛相似性。在许多产业中,大多数企业采用基本相同、但细节和效率上也许存在不同的技术,他们提供的产品或服务的总体设计是相似的。管理实践中也有很多这种情况。

基本原因是,在大多数市场的运作方式给定的情况下,虽然一个成功的创新者能够控制其新的做事方式,并在一段时间内从它超越竞争对手的优势中获得回报,但新的工作方式迟早会变得广为人知,且创新者阻止其竞争对手知道和使用的能力通常是有限的。因此,整个产业都在不断向前发展,市场竞争成为集体演化学习的有效工具。㉕

与今天的标准经济学教材中所描述的相比,这种对市场行为及如何运作的观点是非常不同的。然而,许多当代经济学家似乎也认同经济活动的市场组织和竞争的优势,这与上面提出的观点非常一致。只是他们在呈现经济学的数学公式时所采用的理论忽略了这一点。正如我们所指出的,演化经济学理论的一个主要优点是,它提出了一种抽象的关于经济活动的观点,并强调了市场和竞争的作用,这与大多数专家实际感受到的是一致的。

我们已经强调,是市场机制实现了资源和投入的最优配置,这是毫无异议的。温斯顿·丘吉尔(Winston Churchill)对民主优点的著名描述——"除了所有其他已经尝试过的政府形式之外,民主是最糟糕的政府形式"——也许同样适用于经济活动的市场组织形式。但是,现代经济并不仅仅依靠市场机制和制度来运作,接下来我们谈谈这个问题。

1.6 现代资本主义制度的丰富性

经济学家使用"制度"(institutions)这个词的方式多种多样。可能如今关于制度这一概念被运用最广泛的是指"游戏规则"(North,1990),或更广义地讲,指的是"治理机制"("治理机制"与特定情境下塑造行为方式的结构、约束条件、需求、激励和规范相关)。正如我们前文提到的,经济学家传统上认为,通过私人的营利性企业和市场来组织和管理经济活动,是资本主义制度的标志。在资本主义经济中,人们所观察到的经济行为无疑是由这些制度所塑造的。在市场中运营的营利性企业,是很多经济行业组织和管理商品与服务生产的标准方式。在大多数经济行业和其他市场中,市场为那些想要某样东西的人提供了获得它的途径,而那些想要出售某样东西的人则可以找到客户。演化经济学家完全赞同企业与市场促进和塑造现代资本主义经济中的协调行为的强大作用。[26]

然而,许多演化经济学家近来对现代经济的其他重要制度的看法与其他经济学家的标准看法不同。当前的标准观点认为,这些制度是让企业和市场良好运作的支持性制度或辅助性制度,或者是对市场"失灵"的回应。当代的演化经济学家,很大程度上是本着制度经济学古老传统的精神,倾向于从非市场制度本身的角度来考虑其性质和运作机制。[27]

我们注意到,演化经济学家对不同经济行业中的技术创新做了大量研究。在几乎所有被研究的领域中,企业和市场都被发现在创新过程中扮演着关键的角色。但在许多领域中,大学发挥了关键作用。在许多技术中,政府采购或其他公共财政模式都很重要,且政府机构积极有效地推动了相关领域的发展。

虽然很遗憾实证研究有限,但很明显,科学的、技术的和专业的社群在现代资本主义经济的运作中发挥着重要作用,特别是它们能够使某个领域中的新进展被所有在这一领域工作的、具有相关背景的人获取,虽然有时有些滞后。正是这些类型的制度支持了技术诀窍的共同演化进步。[28]

对于演化经济学家来说,以下这一命题并不准确,即这些非市场制度被理解为仅仅是为了支持市场进程和填补市场失灵。计算机产业的早期发展主要是由政府机构发起和资助的,而营利性企业和市场安排(合同)则被政府用作促进有效计算机开发的工具。同样,在为艾滋病寻找预防或治疗方法的努力中,政府机构和非营利性基金会也一直处于领先地位。[29]

更一般地说,现代经济的制度结构不是只有营利性企业和市场这么简单。企业和市场在几乎所有的经济活动领域都发挥着作用,但在大多数情况下,它们与其他制度共同发挥作用。在许多经济行业中,企业和市场显然是占主导地位的制度,尽管几乎所有这类行业都受到某种程度的管制,而且在许多行业中,公共提供的商品或服务对其运作是必不可少的。航空公司、机场和交通控制系统就是如此。在许多行业,非市场制度起着核心主导作用,而市场机制起辅助作用。国家安全、教育、刑事司法和治安都是很好的例子。有些领域,如医疗保健,是非常"混合"的,如果只关注企业和市场,人们就无法理解行业中的活动,或者行业的结构、行事方式和绩效的演变方式。

此外,演化经济学家也开始认识到,制约和塑造经济活动的制度演变,是长期经济变化过程的一个核心方面。企业的本质在不断演变。新型产业和新型市场应运而生。不断变化的政府计划和政策,以及不断变化的法律,都是对经济活动变化的回应和推动。尽管演化经济学家和学者们的研究大多是针对技术创新,但越来越多的组织和制度创新被提上研究日程。

随着这些认知的深入,许多演化经济学家都认为现代经济本质上是一个混合体,其中政治、社会、文化的因素与市场因素缠绕在一起,并将关于经济的理论看作基本上是一种简洁的市场体系,这一简洁的市场体系在瓦尔拉斯提出之后起到了重要作用:使得专业思维变得不仅高度抽象和简化(在概念化层次的理论中是合适的),而且存在严重扭曲。正如我们所指出的,"创新系统"的概念在演化经济学家中已经根深蒂固。㉚越来越多的人认识到,经济增长过程包括政府政策和项目的演变,以及更广泛的制度、技术和产业的演变。从许多方面来看,这些发展可以被看作是对前瓦尔拉斯时代(pre-Walrasian)的政治经济学观点的回归,这种观点很适合从演化视角进行分析。

然而,公平地说,对现代资本主义经济的制度复杂性的认识,在演化经济学中还不如前面讨论的其他观点中那样根深蒂固。将制度丰富性纳入演化经济学的基本分析概念,是一项正在进行的工作。

1.7 演化经济学和演化生物学

"演化经济学"这一术语很明显暗示了其经济学分析导向与达尔文演化生物学(evolutionary biology,或译"生物进化学")的观点有某种共同之处,在本节中,我们将详细讨论两者的异同点。

一个基本的相同点是:这两种理论都弱化了深思熟虑的长期规划在决定当前事态方面的作用。达尔文的理论为现存动植物为什么可以很好地在当前环境中生存提供了解释,这种解释并不涉及上帝的意志和作用。演化经济学则解释了为什么经济行为人所做的事情往往具有显著的有效性,这种解释并不假设经济人拥有那些远远超出我们现在对人类能力的了解的推理、预见和控制未来事件的能力。

在演化生物学和演化经济学中,任何时候的事态都需要在一个动态的框架下进行理解。虽然研究现有现象的产生原因,并不总是和理解当前正在发生的某些事情直接相关,但研究现有现象产生原因的关键,在于理解它们是如何产生的,这样也就能够间接帮助我们理解事物的动态过程。

此外,从广义上讲,这两种理论所主张的动态机制,在研究的出发点和方向上也有相似之处。这两种理论都强调多样性在动态发展过程中的作用,都涉及运用选择机制来剔除某些变种:增加了某些变种的相对重要性,而降低了其他变种的重要性。在这两种系统中,持续的变化都需要不断地引进新的多样性,生物学需要突变,经济学需要创新。

但正如前文所强调的那样,这两种理论也存在着巨大的差异。最根本的差异在于,在经济(文化)演化过程中,人类的目的、理解力或信仰,以及深思熟虑的决策制定发挥着关键作用。

许多经济学家往往不愿意将演化经济学作为分析经济行为和经济现象的重要方法,很可能的一个原因是,他们认为人类并不像果蝇等生物一样在思维方面有局限性。演化经济学家虽然强调了人类理性的有限性,即经济行为者一般情况下做的事情属于惯例,以及他们的认知不可避免地存在一些限制,无论是深度上还是范围上。但是,演化经济学并没有将人类行为者,无论是个体还是组织,看作像果蝇那样,即被基因限定在某种特定的行为模式中。演化经济学家认为,人类行为者基于他们脑中需要做什么才能繁荣或至少实现生存的观念,有能力且确实改变了他们做的事情,并会尝试新的实践。

而一个重要的结果是,在一个经济体中,与经济行为者的数量变化相比,经济行为者正在践行的各种做法的分布,变化要快得多。在先进的新方式取代不太有效的旧方式的过程中,我们想强调"创造性破坏"的作用;在许多情况下,许多老牌的大型公司在这个过程中失败并退出市场。但另一方面,在许多情况下,一个产业从一种技术向另一种技术的转变,在很大程度上是通过在位的公司采用新技术完成的,老牌公司的消亡和新公司的诞生只起到了很小的作用。这与生物进化非常不同,生物进化中表型和基因型*分布的变化是紧密联系在一起的。这意味着在一个经济体中,实践行为的分布可以非常快地改变。

此外,人们通常可以借助书籍和网络等支持机制在头脑中准备多个可供选择的方案,并在决定是否在实践中采用之前对它们进行"线下"(offline)分析。例如,工程师在决定他们实际想要尝试的方案之前,会考虑到许多种不同的设计;公司决定是否进入一个新市场之前,可能会构思、讨论和分析各种各样的商业计划。因此,在任何时候,可供选择的范围都可能大大超过实际使用的范围。有意识的决策(以更充分实现目标为导向,由规划将来要做什么的信念为指导)在经济演化发展过程中发挥着核心作用。

但正如我们所强调的,在有意识选择的基础上采取的行动,往往会产生与预期截然不同的结果,但无论如何,这些行为实际上总是可以通过后续的学习(通过实践和应用)来改善。实践中的实际经验,以及经济行为者如何利用这些经验,仍然是累积变化过程的重要方面,即便是在科学知识丰富的领域也是如此。事实上,通常有许多经济行为者都在做不同的事情,或在经历做不同事情的结果。当一个人观察到强大的、先进的做事方式时,这些方式实际上都是累积学习过程的结果,并且通常有许多不同的行为者参与其中。正是因为这些因素和其他因素,我们将涉及的动态过程称为演化过程。

与之相关的一个不同之处在于,经济演化中的技术进步在很大程度上是一种集体现象。一个或几个经济行为者的成功创新,可以相对较快地成为经济行为者集体能够获得的知识中的一部分。

当前的标准经济学教材将现代经济的卓越生产率视为理所当然,在大多数经济学教材中,这被视为给定条件,而将分析的重点放置于正在

---

* 表型,生物学术语,又称表现型,对于一个生物而言,表现为某一特定的物理外观或成分。植物的高度、人的血型、蛾的颜色等,都是表型的例子。基因型,是指某一生物个体全部基因组合的总称。——译者注

发生的事情的其他方面上。但是,如果认识不到当前经济行为者所拥有并且能够运用的各种能力的惊人范围,就无法理解当前经济中正在发生的一切。

演化经济学和演化生物学都强调,人们必须明白当前存在的现象是长期动态过程中路径依赖的发展结果,即现在是历史的一部分,否则就难以理解当下。

因此,显而易见,演化经济学与对经济史的学术研究有很大的联系。经济史学家的很大一部分著作都明确或含蓄地采用了演化观点。[31]

有趣的是,从演化经济学的演化意义上讲,人类文化和制度演化的理论早于达尔文的理论。例如,休谟和孟德维尔均是文化演化理论家,亚当·斯密也是如此。而且,正如我们所强调的,在达尔文之后的几年里,许多经济学家,其中包括凡勃伦、马歇尔和熊彼特等重要人物,曾提出,经济学是一个更接近生物学而不是物理学的分析领域。从一个非常真实的意义上说,今天的演化经济学家正在争论一个已经存在了很长时间的观点。

1.8　研究路线

接下来的五章描述了过去三十年来演化经济学的几个研究主题中的主要内容。这些主题包括:技术进步、企业能力和行为、熊彼特式竞争和产业动态、处于或接近前沿的经济体的长期经济发展,以及落后经济体的赶超。这些不同主题的研究之间,通常只进行了有限的交流。本书作者认为,事实上,不同的主题在很大程度上是互补的,它们共同提供了一个广泛而融贯的现代市场经济运作和动态变化的图景。

考虑到演化经济学家的核心兴趣在于阐明过去两个世纪世界上大部分国家的生活水平显著提高的根源,因此,技术进步作为演化经济学家的主要研究主题之一便并不令人觉得奇怪了。第 2 章将描述这一研究的理论基础和研究进展。

至少从亚当·斯密时代开始，经济学家就对技术进步感兴趣了，这可以从他对大头针制造业生产率增长来源的著名分析中看出。但是，对技术进步的实证研究，主要是受到了 20 世纪 50 年代和 60 年代新古典长期经济增长分析（这种分析将长期经济增长归功于技术进步）的关注。讽刺的是，关于技术进步是如何发生的一些实证研究，使得许多从事这项研究的经济学家指出，这些技术进步的过程与新古典理论不一致。相反，他们呼吁从演化的视角来看待这些过程。然而，由于技术进步的演化理论与大多数经济学专业的理论体系背道而驰，因此，第 2 章中所描述的许多研究并不是主要由经济学系的教授完成的，而是由在科技政策、创新管理等相关院系工作的经济学家或相关学者完成的。

早些时候，我们强调了演化经济学家是如何认识到企业间显著差异性（任何时候在某一个领域内运营的企业在技术知识和操作细节上具有显著差异性）和相关性（几乎所有在这个领域工作的行为者都掌握着大量相关的知识）的重要性。尽管成功的创新者可能会努力保留他们已经获得的专有知识，但是，新技术（的相关知识）迟早都会成为公共知识。我们使用术语"技术范式"来描述这个广泛共享的知识体系。第 2 章既考虑了通常使新技术暂时被私人占有的机制，也考虑了那些迟早会让技术诀窍变得开放获取的机制，以及这类演化过程的重要后果。

在大多数技术创新中，企业扮演着核心角色。另外，研究企业动态能力的商学院学者与研究技术进步的学者之间存在着相当多的互动。然而，通常企业（以及私人发明家和企业家）并不是唯一的行为者。在许多领域中大学研究人员发挥着重要作用。如今，大多数技术领域都得到了大学研究的支持，特别是科学和工程领域。在有的领域中，政府提供了大量的资金；在一些领域中，政府机构在引导创造性工作方面发挥了重要作用。相当多的研究致力于阐明不同领域中的劳动分工，以及"创新系统"如何与之结合。第 2 章将讨论产业差异的研究以及技术进步中的共性特征。

　　第3章从演化的角度考察关于企业能力和行为的大量研究。企业是大多数(不是所有)经济行业中商品和服务的主要供应者,并且,企业在技术进步和能力进步中发挥了核心作用,因此,对商业企业的深入理解,显然是对资本主义经济运行机制的广泛理解的重要组成部分。与此同时,了解企业能力和行为的决定因素,往往是管理学或者商学院教学任务的研究兴趣所在。第3章中描述的大部分研究,都是由商学院的学者完成的。

　　与技术进步的演化观点一样,企业行为演化理论的出现,是由一些经济学家认为用于解释企业行为的新古典理论存在严重问题引起的。对这些经济学家来说,新古典的主张(企业的行为应该被理解为,其努力寻找和实施能使其利润最大化的行动的成功结果)似乎假设了企业拥有实际上并没有的认知和计算能力。其实,这些认知和计算能力也被那些关于企业实际上如何进行决策的实证研究所驳斥。另外,关于竞争保证了只有实施了利润最大化策略的公司才能生存的观点,似乎与实证研究发现的、采取各种行为的企业都存活的现象很不一致。企业行为的演化分析旨在提供一种替代的分析视角。

　　已有的企业理论是基于这样一个命题,即企业的许多行为都是建立在企业多年发展的惯例上的。一些惯例是关于企业使用的技术,以及在生产活动中的劳动分工和协作模式。另一些则是关于企业在订购新库存、发起新的营销活动或设定产品价格等问题上的标准做法。管理的作用被看作是监视公司内部发生的事情,并将其保持在一定标准上,还有评估公司的惯例何时需要改变以及应如何改变。大量的研究都关注企业的"动态"能力,其中主要包括有效实施创新的能力。企业创新本身涉及使用大量已经形成的行为惯例,以及有意识的分析和思考,还有明确的管理决策制定。第3章将详细讨论这些问题,并介绍其他关于公司能力和行为的演化研究的发现。

　　第4章主要关注熊彼特式的竞争和产业动态,在一定程度上与第2章考查的演化过程中技术进步的相关文献有所重叠,也与第3章关于企业能力和行为的一些研究有关。近年来，一些可以获得的研究数据使得人们可以看到市场绩效在产业平均水平以下的企业的多样性，并识别出正在成长或衰退的企业的特征。因此，与过去相比，我们现在可以更好地认识到，在技术进步迅速的行业中，企业和产业结构的动态发展。

第 4 章还将概述对下述问题的研究：随着新技术的出现、发展和成熟，产业中会发生什么？这方面的研究已经蔚为大观。虽然所有产业都有所不同，但其中许多产业都遵循一个特定的模式，即随着基础性技术的不断成熟，产业结构趋于集中。近年来，也有大量研究关注，随着产业的发展，产业特有的制度是如何出现的。

这种对产业层面的动态分析，很好地引出了第 5 章中基于演化经济学框架对长期经济发展研究的回顾。这一主题的研究遵循了几条截然不同的路径，我们将分别讨论每个路径，然后进行整合。

其中一条路径的研究主要集中在创新的驱动力，以及创新带来的创造性破坏。与新古典增长模型——过去半个世纪以来主导了主流经济学对经济增长的分析——相反，演化分析认识到，在任何时候经济中的企业实践都存在多样性，并认为：经济发展过程一方面涉及更多地采用更有成效的做法，以及更少地采用低效做法，直至其消失；另一方面，持续不断的创新可以进一步促进多样性产生。这种类型的最新模型已经认识到，在任何时候都有许多产业对经济产生影响，其中的增长过程主要涉及新产业的诞生和旧产业的衰落和消失。第 5 章将特别关注这类论述以及它所强调的长期经济发展观。

演化经济学家对经济发展的另一个研究方向是，关注制度在促进新技术和产业发展中所扮演的角色，以及不断变化的经济结构是如何要求制度创新和改革的。

我们在第 5 章所描述的大多数研究和分析，都明确或含蓄地涉及了处于或接近技术和经济前沿的国家的经济发展问题。近年来，出现了一大批演化论述，研究那些显著落后于经济前沿并努力赶超的国家。第 6 章讨论经济赶超过程的演化分析。

先前对落后于经济前沿的国家在试图赶超领先国家时所面临的挑战所做的分析，或明确或含蓄地推断：虽然知识产权可能是采用高收入国家使用的某些技术的障碍，但旨在赶超的国家面临的基本挑战，是大幅增加对人力和物质资本的投资，以及采取有利于市场经济有效运行的经济政策。这仍然是相对正统的经济学家所提出的、关于赶超的许多分析所持的观点。与此相反，演化经济学家的研究，更加强调了成功的赶超过程中大量涉及的干中学、用中学，以及能力建设。这些所需的能力建设大部分是在企业中进行的。但是，有能力的企业的出现和发展，很大程度上是由以下两方面促成的：一是能够理解所采用技术的强大的工程师或应用科学家团队的出现；二是支持产业和技术有效运作的制度的发展。没有这两者，有能力的企业的出现和发展，也许是不可能发生的。

近年来，一些曾显著落后于经济和技术前沿的经济体，如今已经具备了在技术非常先进且迅速变化的行业进行国际竞争的能力。第6章的部分研究描述了，诸如韩国这样的国家，是如何做到这一点的。

我们认为，在第2—6章中所介绍的所有研究，都是以演化经济学的观点为指导，如果将它们结合在一起，如同一幅连贯且有启发性的图画，可以将现代市场经济如何运作，以及经济动态的本质栩栩如生地展示出来。如前文所述，我们在这些章节中主要关注的是经验现象，以及基于演化视角对这些现象的阐释。但演化经济学家也做了相当多抽象的研究。虽然这不是本书的重点，但是，我们将演化经济学家提出的一些更为抽象和形式化的理论，放在对应章节的附录部分。

虽然第2—6章涵盖了迄今为止演化经济学家所做的大多数以经验为导向的研究，但演化经济学的相关领域正在不断扩大。本书的作者认为，与新古典经济学相比，从演化经济学角度出发，可以更好地理解经济学所关注的很多传统研究主题。在第7章中，我们探讨了演化经济学的未来发展方向。

注　释

① 读者不需要具有很强的经济学背景。但是,熟悉该领域的一些基本知识对读者是很有帮助的,当然,这也不是必需的。演化经济学家研究的主题和使用的概念中有很大一部分在经济学中是很传统的主题和概念,读者将被假定至少对这些有一个大致的了解。而对于熟悉新古典经济学的读者来说,将会更加清晰地发现演化经济学和新古典经济学之间的显著区别。

② 我们注意到,演化经济学的大部分工作都是由那些不在经济学院系的经济学家完成的,特别是商学院和关注科技政策的一些经济学家。很多相关的演化经济学论文没有发表在主流经济学期刊上。我们注意到《演化经济学期刊》(*Journal of Evolutionary Economics*)、《产业与企业变革》(*Industrial and Corporate Change*)和《研究政策》(*Research Policy*)是发表该领域主要研究成果的期刊。

③ 这里列举大量文献中的部分参考文献:Veblen, 1898;Nelson and Winter, 1982;Hodgson, 1993;Metcalfe, 1998;Dopfer, 2005;Dosi, 2014;Winter, 2014;Malerba et al., 2016。

④ 演化经济学家开发的形式化的演化模型在风格上是散乱多变的。举例来说,可以参考:Nelson and Winter, 1982;Metcalfe, 1998;Dosi, 2014;Malerba et al., 2016。有关演化博弈论的综述请参考 Weibull (1985)。

⑤ 近期,Alex Mesoudi 的《文化演化》(*Cultural Evolution*,2011)一书提供了一个较详细的述评。

⑥ 我们认识到,许多以经验现象为导向的经济学家,在做研究和写作的时候,并没有很明显地受到新古典经济学的影响。但我们认为,即使在这些情况下,新古典经济学带来的一些隐性影响,也可能是非常显著的。稍后将对此进行详细介绍。

⑦ 演化经济学者对创新驱动经济发展过程中的"创造性破坏"现象也非常关注。

⑧ 回忆一下,亚当·斯密在其著作的开始描述了大头针制造业的创新与生产率增长之间的关系。他的研究兴趣很明显在于经济发展。

⑨ 我们注意到,很多进行实证研究的学者在其论文写作时都忽略了新古典经济学的硬核。因此,在讨论产业竞争中涉及什么的时候可能会着重强调熊彼特的理论。当使用比较正式的数学模型进行分析时,则会强调竞争是如何影响在市场均衡条件下的产业产出和价格的。

⑩ 引自马歇尔于 1920 年出版的《经济学原理》(*Principles of Economics*)第八版。

⑪ 这个表述与企业间竞争中采用的做法相关。它与家庭实践的相关性要小得多。

⑫ 更符合早期的经济学分析。

⑬ 当然,这个命题通常是根据预期提出的。

⑭ 关于行为经济学的述评,请参考 Diamond 和 Vartainen(2007)以及 Akerlof 和 Shiller(2015)。

⑮ 关于这些问题的最新讨论,请参考 Akerlof 和 Shiller(2015)。

⑯ 我们想强调这里的"令人满意"并不意味着"接近最优"。行为者正在取得的成就当然必须满足生存的需要以及他们愿意接受的目标。但是这可能远远不是他们能做到的最优。

⑰ 对于一些当代的行为经济学者,他们可能会将西蒙看作他们阵营的人。但是,西蒙的观点并不是行为经济学的主要观点。

⑱ 主要参考文献有 Simon(1955)、March 和 Simon(1958),以及 Cyett 和 March(1963)。

⑲ Nelson 和 Winter(1982)的研究中,我们使用"惯例"代表组织行为,随后的文献大多都遵循这一传统。但是在本书中,"惯例"将被用来指个人和组织的标准化行为。

⑳ 可以注意到,西蒙的行为理论中两种不同的行动方式的区别——无意识思维下遵循惯例,以及有意识的思考和问题解决,与丹尼尔·卡尼曼(Daniel Kahneman)最近提出的两种"行为系统"非常相似。

㉑ 我们注意到,西蒙和他的同事对有限理性的处理几乎不涉及创新。

㉒ 我们的导向是熊彼特学说,近期的阐述请参考 Metcalfe(2014)。

㉓ Nelson(2013)对此作了一个详细讨论。

㉔ 关于推动市场导向经济体中积极变革的因素,这里的观点与 Rosenberg 和 Birdzell(1986)的观点非常接近。

㉕ Lundvall(1992)强调了集体累积性学习。

㉖ 因此,在许多情况下,经济行为者在某些情况下所采用的"惯例"是"制度化的"。

㉗ 有关新旧制度经济学的一般性讨论,请参阅 Rutherford(1996)以及 Hodgson(2016)。Greif(2006)虽然以当今制度经济学的问题为导向,但其中大量的描述和分析与旧制度经济学传统相关。

㉘ Murmann(2003)对该系统在德国染料工业发展过程中的作用进行了深入的讨论。

㉙　Mazzucato(2013)也强调了政府项目处于领先地位的那些技术领域。

㉚　这里的关键参考文献是 Lundvall(1992)以及 Nelson(1993)。

㉛　经济史学家中著名的 Mokyr(2009，2017)采用了一个明确的演化观点。North(1990)与 Rosenberg(1994)以及 Rosenberg 和 Birdzell(1986)所描述的动态也显然是演化的。

技术进步的演化过程

乔瓦尼·多西　理查德·R.纳尔逊

2.1　引言

我们已经强调过,从提高产品和服务供给能力以满足人类需求的意义上说,演化经济学认为经济处于一直变化的动态过程中,并且在经济的许多方面(当然并不是全部)通常保持发展的趋势。演化经济学家坚持认为,要想理解现代经济如何运行,就必须理解与早期时代比,我们现在拥有的卓越能力是如何发展的,以及持续推动经济进步的基本动态过程是如何运作的。

一个多世纪以前,索尔斯坦·凡勃伦(Thorstein Veblen,1898)在其著名的研究中就呼吁经济学是一门演化的科学,指出演化经济学需要遵循以下发展路径:"在经济学科中,累积变化的过程应当被解释为做事方法的不断变化。"

在现代经济学中,任何时刻的"做事方法"都是极其多样的。很多"做事方法"可以被称为"技术"(technologies)。

但是,仍然也有一些做事的方法不能被称为技术,如分解复杂的任务、组织和协调工作、制定各种决策的方法,以及试图确保它们得到执行。演化经济学家认识到了这些,且其中一些已成为大量研究的主题。但是,演化经济学家以及试图理解长期经济发展的经济学家们的主要关注焦点,是技术进步中所涉及的技术和过程。经济学家长期以来一直认为技术进步是经济增长的关键驱动力。想要清晰地把涉及技术的做事方法从其他做事方法中区分出来并不容易。但是这里关注的重点,是所生产的人工制品与所提供的服务的设计,以及生产和实施过程中涉及的实际过程。

毫无疑问,如何更好地理解技术进步已经成为演化经济学发展的主要动力之一,这也是本章的重点。而其他"做事方法"的演化,或者说其他"做事方法"与技术的共同演化,将在其他章节中讨论。

正如我们将在下一章中讨论的、企业行为和能力的演化理论的发展一样,技术变革的演化理论的发展,是由许多经济学家驱动的,这些经济学家认为主流经济学并没有赋予演化经济学足够的重视,且在某些方面主流经济学与某些正在发生的事实不一致。新古典增长理论和经济增长相关的实证研究,已经强调了技术进步在经济增长过程中的重要性,并引发了一系列实证研究,以探讨新技术如何孕育和发展的微观经济细节。但是这些研究结果与推动它的理论假设并不一致。尤其是,探索某一领域的技术进步如何发生的实证研究,几乎总是表明,不同发明者对最有前景的技术方法持有不同的看法,发明者实施不同的方法来推动技术进步,但他们中只有一小部分成功,且赢家和输家所努力的这一轮结果为下一轮技术进步奠定了基础。这些理论都没有被纳入主流经济学的理论中,而事实上,一些学者认为这些实证研究结果与那些主流理论的假设根本不一致(有关这方面的早期讨论,请参阅 Nelson, Peck and Kalachek, 1967)。

对于一些学者来说,技术进步过程似乎可以称为是在"演化"。因为在任何时候都有各种各样的方法来推动技术,这些方法在某种程度上是相互竞争的,也与主流技术竞争,赢家和输家主要通过他们实践中的做法来决定。与生物学中的进化相似,现存的技术状态通常也是多年来无数进步的累积结果。

演化的思想并不是一个全新的思想。在许多早期研究技术进步的著作中已经或明或暗体现了演化的思想(Mandeville,1714;Smith,1776)。近年来,已有一些非经济学领域的学者提出了关于演化的命题。然而,文献计量学研究清楚地显示了演化经济学的发展对技术进步这一研究领域的重要影响(Fagerberg and Verspagen,2009;Fagerberg,Fosaas and Sapprasert,2012)。今天,许多学科的学者都认同技术进步的过程是演化的这一命题。名单包括:Landes,1969;Nelson,1981;Dosi,1982,1988;Freeman,1982,1991;David,1985,1989;Pavitt,1987;Mokyr,1990,2002;Vincenti,1990;Metcalfe,1994,1998;Ziman,2000;Foray,2006。[①]

致力于研究技术进步并将其视为演化过程的、实证导向的研究团体的出现和发展,在很大程度上要归功于苏塞克斯大学(University of Sussex)科学政策研究中心(The Science Policy Research Unit,SPRU)在克里斯托弗·弗里曼(Christopher Freeman)多年领导下形成的观点和能量。本章中引用的文章和书籍大部分来自科学政策研究中心的成员,或在科学政策研究中心学习过的学者,或这些学者的学生。科学政策研究中心在建立技术演化学术团体的核心知识观方面发挥着重要作用,我们在这里回顾了他们的工作。

技术以上文所述的方式演化的这一命题,绝没有否认或淡化人类目标在演化过程中的作用,也没有否认或淡化那些致力于推动技术发展的人所使用的、有时极其强大的理解力和技能的作用。在发明和创新方面的努力并不像生物学中假定的突变那样,是完全盲目或严格随机的。[②]尤其是在技术和科学知识广泛而强大的领域,技术进步可能路径的变化和选择中有重要的一部分,是在人的思想中、在思考和分析中、在讨论和论证中、在模型的探索和测试中进行的,而不是在实际实践中进行的。

也就是说,推动技术的大部分工作都是"线下"的。"研发"就是通常用于描述这种线下活动的术语,特别是当正式组织中拥有以此类工作为主要业务活动的科学家和工程师团体时。对研发的投资因技术和产业而异,且研发效果也各不相同。

然而,即使是在底层的科学十分扎实的领域,训练有素、经验丰富的专业人员,也几乎总是对最值得尝试的技术进步类型,或尝试实现这些进步的最佳方式意见不一。这有几点原因:首先,在普通的技术实践中,生产和使用的人工制品和工艺,很少完全可以被科学解释。专业人员肯定会各有不同,至少在理解为什么有的事情运作良好而有的不好,以及如何来修正这些运作不好的情况的信念上是这样。其次,发明和解决问题的方法,不可避免地将超出现有知识所充分阐明的领域,且需要基于特定经验和思维直觉的专业人员的参与。更一般地说,虽然一个技术领域的专业人员可以分享他们所拥有知识的很大一部分,特别是书中所写的或老师传授的那部分知识,但他们对所涉及的技术或其他相关问题的个人经验却是不同的。

因此,在大多数的技术领域中,人们可以看到不同的创造性努力。许多人在推动技术进步过程中采用的最佳方案会有所不同。但在很多情况下,他们的不同方案针对的是同一个问题或目标,因此,他们彼此直接竞争。他们之中,有些人会成为成功者,有些人会成为失败者。

如果科技足够强大,使得复杂技术人员能够在事前可靠地判断哪些新的突破是值得的、哪些不是,那么存在多种多样的创造的努力和许多成功者和失败者的事实,将成为资源浪费的证据。但是,在所有被仔细研究过的技术进步领域,都没有如此强大的先验知识。哪些进步是值得付出代价的?哪些进步是有效的?哪种进步更好?这些问题只有在实际操作中才能得出可靠的判断。在已经研究过的全部领域中,干中学与用中学,不仅是新研究被广泛使用、放弃或重新设计的重要部分,也在进一步刺激研发以纠正或利用在实践中学习到的新制品或新流程的特点中起到重要作用。

我们已经粗略地勾勒了近年来在演化观点指导下,研究者学到的关于技术进步是如何产生以及影响技术进步的速度和方向的因素。我们已经强调了以下因素的重要性:在任何时候都存在的多样化、对该多样化进行筛选的选择机制、更新多样化的持续创新,以及这些过程中产生的累积性的集体学习。在本章的其余部分,我们会将这一描述具体展开:

在2.2节和2.3节中,我们讨论的是,就我们目前所了解的而言,供给侧和需求侧的因素是如何影响技术进步投资的速度和方向的,以及已实现的技术进步的本质。2.4节探讨了投资于发明和创新的个人和组织如何从投资中获得回报的问题,该节特别关注了知识产权的作用。

技术进步的演化观念的一个重要成果,是"技术范式"概念的发展,它涉及影响一种技术如何发展的所有因素。我们在2.5节讨论技术范式。

在2.6节中,我们讨论了从本书描述的研究中出现的另外两方面重要的理解:第一,更清晰地认识到不同经济行业在技术进步的速度和特征,以及推动和塑造技术进步的行为者和因素方面,存在显著差异;第二,认识到不同行业涉及技术进步的各种制度。虽然,到目前为止,这些主题往往被视为独立的,但事实上它们是密切相关的,我们在2.6节中对两者进行讨论。

在结论部分,我们从较为宏观的层面上,更广泛地讨论了技术的动态发展。

本章的重点是技术进步的前沿。第6章涉及的是,演化经济学家对落后于经济和技术前沿的国家的赶超过程的研究。

2.2　技术能力

有一句古老的格言:"需求是发明之母。"的确如此。但是,还有另一个说法：在这个科学发达的时代，新技术来源于新科学。正如 Mowery 和 Rosenberg（1979）所说，有许多东西是社会需要但技术进步还无法实现的。只有技术认知认为技术进步是可行的时候，受到社会欢迎的技术进步才会发生。研究技术进步的经济学家，非常关注需求方和供给方因素在影响技术进步的资源分配中的作用，以及这些努力取得的成果。他们逐渐认识到，虽然这两种影响都很重要，但它们的运作方式却不相同。在本节中我们主要考察技术能力——影响做出各种技术进步的能力的因素。在 2.3 节中，我们将讨论需求的影响。

显然，在任何时候，社会都有很多迫切的需求，这些需求原则上可以通过更好的技术来实现。然而，虽然其中许多需求可以通过成功发明或开发技术获得巨大的回报，但是技术人员根本不具备推动技术进步所需的能力。技术进步学者所谓的"技术机会"，在不同领域之间差别很大，并且随着时间的推移而变化。在本节中，我们将回顾过去三十年间关于技术机会的实证研究所学到的东西。

在该领域工作的学者已经意识到三个广义的变量。第一个是相关科学知识的力量。近年来，这一因素变得越来越重要。第二个是从技术经验及其使用中学习到的东西。在大多数技术领域中，干中学和用中学仍然是影响技术进步能力的重要因素。第三个是技术人员在他们的研发工作和开发设计中所使用的材料、组件、加工设备和其他人工制品。

虽然这些变量在概念上是不同的，但在实践中他们之间有很强的相互作用。

案例研究和调查研究都显示，在研发中最多用到的"科学"，往往是工程学科和其他应用科学，如电气工程、材料科学、病理学、农学（Klevorick et al.，1995；Nelson and Wolff，1997）。这些科学研究领域的目的，在于增进对解决特定类型问题以及改进特定技术的理解。它们旨在获得一种更深刻的理解，而不仅仅是从干中学和用中学中获得的理解，但是从某种意义上说，这可以被认为是通过系统科学进一步推动这种干中学和用中学。虽然这些科学研究领域如今扎根于大学和正式的科研机构中，但它们中很多的起源可以追溯到工业革命期间许多高明的发明者的实验方法和科学观点（见 Mokyr，2002，2010）。

现代科学被广泛认为是以寻求"是什么、是如何，以及为什么"的知识为导向，而不是以发展实用诀窍为导向。然而，对于工程科学和其他应用导向型科学，其中心目标则是寻求引领实践进步的方法。为实现这一目标，人们在这些学科中投入了大量的资金和精力。因此，从某种意义上说，现代科学的许多方面，与直接推动技术进步的绝大多数努力一样，都是由需求拉动的。

显然，即使没有深入理解事物为什么以及如何运作，人们关于什么可能行之有效的知识以及如何做事的知识，也可能会非常扎实。比如，尽管设计师对蒸汽机所涉及的物理学知识缺乏了解，但在 19 世纪上半叶，蒸汽机设计仍然得到了显著的改善。这之后，热力学才成为人们致力于发展更深层理解的科学领域。再如，贝尔实验室的科学家创造了第一个晶体管，但并不了解晶体管是如何工作的。这种理解必须通过固体物理学的进步来发展。在当今关于如何治疗各种疾病的知识中，很大一部分是关于什么会起作用的知识，但对这种治疗方法为什么会起作用的了解却是有限的。

另一方面，作为诀窍的基础的、更深层的科学知识，可以极大地促进技术进步。对所涉及物理知识的深入了解，有助于工程师设计出更好的发动机。尽管在了解疫苗如何发挥作用之前，已经发现了接种疫苗有助于预防某些疾病，但对免疫反应的理解以及免疫学作为一个科学领域的发展，极大地促进了新疫苗开发。当然，某些技术领域的出现，只有通过基础科学的进步才能实现。电气和核技术的出现就是明显的例子。

简而言之，虽然那些寻求推进产品或工艺技术的人直接利用的科学往往是工程学科和应用科学，但这些领域通常又在很大程度上取决于基础知识所提供的支撑，而这些基础知识是基础科学研究的结果。

对技术原理深刻的科学理解，使得人们能够通过计算和分析建模以及对系统的简化物理模型进行实验——这些都是通过线下研发实现的——从而能极大地提高改进技术的学习能力。当然,发明家们一直以来总是试图通过绘制草图、计算他们认为可能可行的设计的特征,以及围绕他们创造的试验版本展开试验,来了解什么可能是可行的。但是,在过去的一个半世纪里,离线研发在技术进步中的重要性,显然大大增加了。

另一方面,认为研发是目前技术学习发生的唯一方式,是错误的。在前文中,我们强调了即使在科学知识强大的技术中,干中学和用中学仍然重要。Nelson(2008b)详细讨论了在医学技术进步中,通过研发进行学习以及干中学与用中学的各自作用以及它们之间的交互作用。

我们已经注意到,发明家在一个领域中获得的科学知识,通常是对本领域的所有技术人员开放的(关于开放科学对于一个领域的技术进步的重要性,请参阅:David,2001a,2001b,2004;Nelson,2004)。相比之下,通过实践所学习到的大部分知识往往是发明家或企业所特有的,至少在这类学习刚发生的时候是这样的。

单一技术并不是孤立的。实现特定类型技术进步的能力,通常取决于其他技术所能实现的关联制品。

因此,发现和设计新药物的能力取决于研发所用的科学仪器。目前,新飞机的设计涉及计算机的模拟和计算能力。新半导体的设计和生产主要依赖于计算机的功能。

并且,在设计中可以用来满足特定需求的产品,受制于可用于制作它的材料和组件,以及可用于制作它的生产过程。可使用的材料和组件的进步,对"下游"技术的发展能力有着强大的释放作用。因此,18世纪末和19世纪初高效蒸汽机的发展,以及之后制造钢材的经济方法的发展,带来了蒸汽动力铁路和船舶的发展,从而使运输技术发生了革命性的变化。我们注意到,反过来,如果不是炮管镗孔技术被更早地研发出来,并被使用到了另一个设计领域中,使得建造精密腔室和其他蒸汽机部件成为可能,就不可能设计出高效的蒸汽机。

在20世纪初,高效精巧的电动机的发展,对技术有着类似的大范围

的革命性影响。在 21 世纪,半导体发挥了同样的作用。拥有这种广泛
效应(通常是在下游)的技术,被学者称为"通用技术"(general purpose
technologies)。

2.3 需求的作用

现有研究提出,在基础科学强大的领域,推动技术进步的努力往往
是由新的科学知识引发的,并会用到这一新知识。虽然确实存在许多利
用新知识的例子,但证据表明利用新知识并非通常情况,因为特定的创
造性努力通常会受到需求方变量的影响(一份出色的考察新项目刺激来
源的综述性研究,参阅 Cohen, Nelson and Walsh, 2002)。对特定种类技
术进步需求的感知,可能来自客户对产品的反馈,或(对于工艺研发而
言)来自对生产线上的弱点和预期改进的了解,或来自有远见的评估(有
关用户对各种技术改进作出积极响应的可能性)。

会受到潜在客户欢迎的创新,往往并不是显而易见的。运行良好的
新技术和新产品,也往往会因为不适合潜在客户的需求而被其拒绝。一
项被广泛引用的实证研究(评估创新成败的 SAPPHO 项目,见 Freeman,
1982)发现,决定创造性努力成功与失败的主要因素,是细致与准确评估
用户所需。如前文所述,只有在新产品的实际使用过程中,才可以确定
新产品是否满足用户需求。但是,当用户需求得到很好的分析时,显然
能够增加发明创造的成功机会。

在用户需求和偏好的性质、潜在发明人如何评估这些需求和偏好、
用户的成熟程度,以及他们在新技术开发中所扮演的角色等方面,不同
的用户市场有很大的不同。

因此,为了在下一代电视机市场上取得成功,电视机设计和生产公
司需要对消费者进行深入的研究,评估用户看重什么,以及他们可能愿
意购买的产品。但除此之外,用户并不能对该领域的研发产生影响。

相比之下，要向航空公司出售自己的产品，大型客机的生产商知道它们的设计必须满足一长串相当精确的要求，而且航空公司都是成熟老练的，既有指定许多具体要求的经验，也有根据自身的实际情况评估飞机设计的经验。为了开发一种很有可能获得成功的新设计，设计和生产飞机的公司需要在研发之前和研发过程中就复杂的技术问题与潜在客户进行频繁对话。

在市场上取得成功，可能不仅取决于潜在的客户需求，还取决于其他要求和约束组成的复杂网络。因此，要使一家客机生产商能够出售其新设计的飞机，飞机必须满足许多监管要求并对航空公司有吸引力。一种新药在进入市场之前必须符合许多的法规要求并通过一系列测试。在某些产业中，企业具备的关于法规和如何满足这些法规的知识，可能与了解客户需求一样，对企业的成功至关重要。

如果用户有能力，他们自己通常会进行一些必须的实验、发明和评估来改进他们正在使用的技术，或探索全新技术的潜能。那些技术先进的公司所使用的专业生产技术尤其如此。但 von Hippel(1988)也找到了很多其他案例，发现它们也是如此，特别是在用户是训练有素的专业人员的情况下。

一般来说——当然也有例外——与潜在用户是家庭或个人的情况相比，潜在用户是商业企业或其他正式组织的情况下，用户与从事研发的人之间会存在更为明显的互动，以影响研发工作的方向。这在一定程度上取决于用户专业知识的差异，也取决于研发工作的目标是开发面向大众市场的产品，还是面向更专业、更集中的用户群的产品。

在用户是专业、集中的用户群情况下，特别是在单一潜在用户或一个非常小的潜在用户群的情况下，人们经常看到一些用户对研发的支持，并且用户会承诺购买和试用设计产品的至少几个早期版本。因此，在很多情况下，针对不进行自主流程研发的企业，设备供应商和用户往往共同支持新型专用的生产设备的研发。且如果政府是唯一的或者主要的客户，特别是对于国防部所需的产品，政府一定会进行研发支持。

另一方面,如果研发的目标是生产服务于大众市场的产品,用户通常不会直接参与到研发过程中。

但我们要强调的是,当一种与用户使用过的产品明显不同的新产品或服务推向大众市场时,用户总是需要一些时间才能确定自己是否喜欢该产品,甚至是该产品适用的用途。在第 4 章中,我们会更详细地讨论目前已知的新技术如何在市场中站稳脚跟。但一般来说,该过程涉及大量的用户学习,这些用户学习反过来也会影响未来的研究方向,使得产品和服务更具吸引力。

强有力的证据表明,创造性努力往往倾向于追随大市场。随着某些市场的扩张和其他市场的萎缩,创造性努力往往转向到扩张的市场中。因此,正如 Schmookler(1966)的开创性研究所示,汽车和拖拉机的销售量增加以及用于运输和农村工作的马匹使用量减少,显然与前两款产品的专利申请量增加及马蹄铁相关的专利申请量下降有关。Schmookler(1966)指出,这种关系非常普遍,专利申请量往往会在扩张的行业中增长,而在衰退的行业中下降。许多后来的研究都支持了发明倾向于追随市场的观点。

许多因素会影响市场随时间变化的方式,并会将创造性努力推向变化的方向。当然,一个重要因素是人均收入的增长,以及与日益富裕相关的需求模式的变化。战争和国防建设起了重要作用。许多现代电子技术最初是通过军事需求产生的。20 世纪 70 年代石油价格的急剧上涨,导致了与节约能源成本有关的发明数量显著增加。

另一个引起经济学家关注的问题是,要素供应的条件——例如,熟练劳动力或各种原材料的成本和可用性,或设计和制造专业机械的成本——如何影响在一个经济体中发展的各种生产过程。因此,约翰·哈巴卡克(John Habakkuk,1962)在他的著作中令人信服地论证道,在 19 世纪早期,与英国相比美国高价且有限的技术劳动力,是导致美国机械发展、制造业资本劳动率比英国高的一个重要因素。加文·赖特(Gavin Wright,1997)认为,美国低成本原材料的供给,是导致密集甚至浪费地使用原材料的生产工艺发展的一个重要因素,也是美国发展各种原材料提取技术的一个重要因素。如前文所述,最近的研究表明,致力于能源节约使用技术的开发努力对能源价格非常敏感。所有这些都是经济学家所谓的"诱导创新理论"(induced innovation theory)在现实中的例子,在该理论中市场状况影响着创新生产者接纳和支持的生产工艺类型(关于诱导创新理论和与农业相关的案例综述,请参阅 Binswanger and Ruttan,1978)。

正如卡尔·马克思(Karl Marx,1847)在很久以前以及 Rosenberg(1976)在近期所说的那样,管理者所喜欢的、影响生产经营组织和管理的创新,不仅仅取决于要素价格以及对要素质量和要素可用性的感知。在19世纪,机械化生产受到英国企业管理人员欢迎的原因之一是,这使得他们不太容易受到来自技术工人罢工和其他形式压力的影响。Coriat和Dosi(1998)认为在流程创新过程中,控制仍然是影响生产过程中管理者想法的一个重要因素,因此仍然是技术创新寻求的目标。

在任何时候,技术本身的随机发展,通常与不同组件或不同方面的能力失衡,或其他需要进一步改进的、特定种类的明显需求相关,这里的失衡和需求都能够吸引创造性努力。Hughes(1983)在对电力系统的发展研究中称这些为"反向突显"(reverse salients),即一个系统的某些方面明显落后于其他部分。

Rosenberg(1963)关于19世纪美国机床发展的研究,提供了一个有趣的案例。机床用户总是希望它们能够更快地切割,发明者和设计师因此做出了改进。然而,当达到更高的切割速度时,这对刀片中使用的金属产生了压力,据此,新的刀片材料被发明出来。同时,由于切割速度的提升也增加了刀片运行的温度,因此冷却方法也被发明和发展出来。

我们注意到,在美国工业设计和生产专业设备的过程中,机床技术的进步使得机械制造商为美国广大产业(我们之前描述的、寻求机械化生产以降低劳动力成本的那些产业)设计和生产特定生产设备的能力得到提高。这是另一个说明需求和供给两方面因素交织在一起,影响创造性努力的分配以及经济体中实现的各种技术进步的例子。

2.4 技术知识的公共和专有方面

经济学家早已认识到技术知识具有"公共产品"的某些属性。尤其是,一旦技术知识体系被开发出来,该知识就可以被广泛使用,比如说可以生产许多特定类型的产品,而不需要再次开发这种知识。并且这些知识可以用于不同的目的,技术的一种用途并不会影响技术的其他用途,尽管可能需要对基本设计或程序进行一些改进以实现多种用途。

虽然这可能需要大量的学习,但这可以使技术创造者以外的经济行为者,在不削弱发明者使用该技术能力的情况下使用它。事实上,通过用户传播和使用新技术是新技术有效提升经济活动效率的一个重要方式。大多数新技术最终会进入公共领域,成为大多数专业人士所熟知和广泛使用的知识体系的一部分。事实上,这就是过去几个世纪取得的技术进步会如此广泛地提高生产率和收入的主要原因。

与此同时,这里也存在某种矛盾。虽然快速面市可以显著提高新技术带来的经济效益,但新技术在用户中的普及会侵蚀发明人所获得的回报。反过来,这会从一开始就削弱发明人创新努力的动机。

在大多数经济领域,商业企业和独立发明人是创造或改进产品和工艺技术的主要来源。他们创新的原因有很多。特别是当一项技术是新技术时,独立发明人和商业企业经常因为对其前景的热忱和对参与该技术的渴望而参与其中。但显然,商业企业和独立发明人投入资源和时间来推进技术的原因,是他们希望从创新中获利。他们从工作中获得回报的能力,在很大程度上取决于他们控制发明使用的能力。

这里的冲突是真实存在的。为实现有效的经济发展,需要在新技术推广和进一步推进新技术开发的激励之间,取得一定的平衡。

大量实证研究关注了新技术创造者如何获得回报的问题。Hall 等人（2014）最近对这些研究进行了回顾。传统观点认为，知识产权的建立，尤其是通过专利建立的知识产权，是新技术创造者获得回报的主要方式。但是在早期研究中（Scherer et al.，1959），经济学家已经意识到，这一假设具有很大的误导性。

我们现在获得的许多证据是通过调查问卷获得的，这些调查问卷由负责研发的企业管理者回答。Levin、Cohen 和 Mowery（1985）以及 Cohen 等人（2002）为该研究设定了一些模型，并且如 Hall 等人（2014）所报告的那样，这些早期研究结果在最近的研究中得到了重复验证。[3]

在某些产业中，受访者表示通过专利保护知识产权是有效的，并且是企业从创新中获利的主要手段。特别是在药品、化学产品以及部分科学仪器行业中，专利保护占有突出地位。但大多数产业报告称，专利并不是企业能够从创新中获利的主要手段。获得超越竞争对手的领先优势、建立营销和服务能力，以及持续改进以赶在追随者之前沿着学习曲线降低成本，要比专利更重要。戴维·蒂斯（David Teece，1986，2011）及其追随者，已经撰写了大量关于企业如何通过这些机制从创新中获利的文章，特别是在管理保护不起作用的情况下。[4]

在许多产业中，保持尽可能多的技术秘密也被认为是重要的，尤其是对于公司为了改进生产工艺而进行的创新。显然，产品设计技术保密比工艺技术保密更难。

在很多产业中，受访者表示专利是无效的。其他产业则认为专利是有价值的，但主要体现在支持和补充先发优势上。在某些产业中，专利更多地被视为一种用来阻止其他公司进行专利起诉和与其他企业进行技术议价的工具，而非保护自身创新的工具。

大企业比小企业更倾向于使用专利，小企业很少认为专利保护是有效的。这一发现具有重要意义，因为支持专利保护的许多政治论点认为，知识产权保护正是小企业所需要的。据我们所知，虽然现实中没有对独立发明人进行过类似的调查，但许多案例都表明，和小企业一样，独立发明人在准备申请专利所需的费用和专业知识方面都存在困难。

发明者该如何有效而广泛地控制其发明是一个复杂且有争议的问题。在某种程度上,社会依赖于利润期望来诱导社会所需要的创新性活动,让发明和创新对寻求利润的组织和个人具有吸引力,是符合社会利益的。另一种观点认为,发明者应该有权决定他们的发明如何被使用以及由谁使用。

然而,一项新技术能够带来的全部经济收益,取决于它的使用范围和有效使用它的用户。经济学家和其他技术进步分析人士很早就认识到,垄断发明通常意味着限制它的使用,技术控制者通常通过高价和其他限制,剥夺了在技术开放使用的情况下社会能够从中受益的能力。这种冲突和权衡导致了几个不同政策方面的争议。第一个问题是:什么技术应该被授予专利,以及专利条款应该包含哪些内容?第二个问题是:公共支持的研发结果是否应该被授予专利,或者研发结果是否应该被置于公共领域?第三个问题则是关于恰当的反托拉斯政策。

传统上,经济学家最关注的是,在知识产权比较严格的市场上,新技术成为专有产品所涉及的社会成本。在这样的市场上,发明人可以进行垄断性定价。如果新产品满足了其他任何方式都无法满足的重要需求,那么,那些因为买不起而被取消使用权的人,所承受的成本可能是巨大的。可以考虑以下这个经常被强调的例子,即一种新药物能够比以前更有效地治疗灾难性疾病。如前文所述,鉴于在制药领域,专利是很有效的,制药公司通常会在不削减销售额的情况下,尽可能高地制定新药价。当然,这会减少一些潜在客户,并且为那些购买者带来高额的费用。⑤

如这个例子所示,问题的严重性取决于满足新产品所实现的需求的重要性,以及令人满意的替代品的可用性。在较长的专利期限意味着更大的创新激励和更多发明的假设下,经济学家的许多早期分析都关注最佳专利保护期限。然而,较长的专利保护期限是以较长时间的垄断定价为代价的。最近关于药品专利的讨论大多是关于:在其他生产商被允许生产和销售"仿制药"之前,新药物的开发者应该拥有多长时间的专利保护期限?

但近期,随着对技术进步是一个演化过程的认识的日益加深,人们越来越认识到专利范围的重要性。特别是在技术飞速发展的领域,专利持有人的垄断势力,在很大程度上受限于竞争对手提出相竞争的产品和工艺的速度,而这些竞争产品和工艺并未被专利所阻碍。如果授予特定发明人的专利覆盖范围非常广泛,则其他发明人的发明创造可能会受到阻碍,或必须在重大的法律威胁下进行。20 世纪初,塞尔登(Selden)申请了一项广泛定义的汽车设计方面的专利,而莱特兄弟(Wright brothers)则申请了一项广泛定义的飞机转向和稳定系统的专利,这两项专利显然阻碍了汽车和飞机产业发展很多年,并使得其他发明者的相关研发工作长期受到法律诉讼的威胁(参阅 Merges and Nelson,1994)。近期,寻求生物技术发展的研究人员有时也面临同样的情况。

除了特定公司或发明人为阻碍竞争而持有广泛的专利之外,技术进步的研究学者已经认识到,许多产品设计和生产过程背后的技术,涉及多部件或多面向的复杂系统。这些产品包括汽车和飞机、电信系统和计算机,以及其他一系列电子设备。如果在系统的不同组件或面向上存在许多不同的专利,那么新制品的设计者就需要协调许多专利许可才能继续发明,否则就要被迫设计那些已经存在令人满意的设计的组件,技术进步就可能会变得困难。Merges 和 Nelson(1994)详细讨论了这个问题。Heller 和 Eisenberg(1998)称此为"反公地"(anti-commons)问题。在许多涉及复杂技术体系的产业中,人们发现该产业内的企业存在广泛的交叉许可,这可能在很大程度上解决了在位企业的问题,但也可能使新企业的进入变得非常困难。⑥

更一般地说,研究技术进步的经济学家越来越关注的是:在什么样的条件下,知识产权制度会使得发明和创新变得比技术开放时更加困难、成本更高?

这种观点显然与传统信念以及利益相关方的观点背道而驰,后者认为,为了使经济产生重大的发明和创新,需要为发明赋予强大的知识产权。然而,多年前埃德温·曼斯菲尔德(Edwin Mansfield,1986)询问了企业内的研发员工,如果没有知识产权,那么他们已经引入市场的发明中有多少将不会付诸实践。调查发现,即便是在药品和化学品产业中,研发人员也表示只有不到三分之一的发明不会被开发出来。而对于大多数产业,答案是10%或更低。

这不是抛弃专利制度或全方面削弱专利作用的依据。但它仍然能警示我们,不要认为提高专利保护是促进发明的有效方式(关于这个问题的实证研究的回顾,请参阅:Mazzoleni and Nelson,1998;Granstrand,1999;Dosi, Marengo and Pasquali, 2006)。

近年来,在技术进步与科学进步密切相关的领域,关于覆盖面广的专利发布如何影响技术进步的争论尤其尖锐。在这些领域中,一项专利如果控制着对相关科学的运用,可能会阻碍控制专利的人或拥有使用许可证的人在领域中进行有效发明。随着大学研究人员和管理人员越来越倾向于申请研究成果的专利,这一问题已经变得非常突出。大学研究人员和管理人员倾向于申请研究成果专利的这一现象,源自于1980年美国国会通过的《贝赫—多尔法案》(Bayh-Dole Act)。该法案鼓励大学研究人员和管理人员申请专利,因为人们普遍认为,当大学研究成果获得专利时,他们更有可能将该专利付诸实践。基于同样的论点,其他一些国家也通过了类似的立法。然而,实证研究表明,专利在促进大学向企业进行技术转移中的作用被夸大了(参阅:Mowery et al.,2004;David and Hall,2006;Nelson,2006;Dosi et al.,2006)。这些研究讨论了那些试图将一项因知识产权受到侵犯而导致的技术,推进到与该技术相关的基本科学领域的人所面临的问题。目前,在美国,越来越多的研究探讨了哪些科学研究结果应该获得专利,以及哪些方面应该保持开放和置于公共领域。

这些问题也影响了对反垄断政策的思考。特别是,越来越多的人意识到,在现有企业专注于改善主流技术的那些领域中,新企业往往是突破性创新的源泉。这使人们担心:如果产业受到主导企业的控制,那么不仅会导致高价格,还会限制可能发生的创新种类。这重新让反垄断政策的下述取向焕发了活力：限制主导企业有关增加新企业进入难度的政策。由于违反该反垄断政策而受到制裁的企业政策，涉及利用知识产权阻止新企业进入，以及其他锁定客户的机制。后者在互联网行业中尤为突出。

2.5 技术范式和技术轨迹

任何时候对技术状态的描述至少需要注意以下三个方面：(1)所使用的技术制品与工艺，及其使用方式；(2)知识体系，包括支持该技术并能阐明决定其工作方式的关键因素的科学知识和经验知识；(3)评估现行最佳实践的优缺点，以及对进一步改进方法的评定。Dosi(1982，1988)提出，当实践、知识和推进技术发展的方法基本上由熟悉技术的人共同拥有时，这些实践、知识和方法共同定义了所谓的"技术范式"(technological paradigm)。后者可与库恩(Kuhn，1962)定义的"科学范式"的概念类比，也与 Nelson 和 Winter (1977)提出的"技术体制"(technological regime)的观念类似。

正如我们前面提到的那样，关于技术进步的大多数研究清楚地表明，在技术领域内工作的消息灵通的人，确实拥有共同的知识和技术。范式概念旨在刻画被大致共享的内容的范围和结构。此外，某些专业人士和企业当然有自己的私人经验和私人理解，但这些应被理解为对共享范式的补充。

在共享范式中，最突出的是基本设计概念。技术社群的成员倾向于使用相同的基本设计概念，这一事实是为什么在任何时候，不同企业生产的产品范围往往具有很强的相似性，以及为什么产业中使用的生产工艺往往非常相似的重要原因之一。不同公司生产的商用客机，往往是根据其计划服务的特定任务和航线量身定制的，但除此之外其他方面则大同小异。在汽车和电视机行业也存在相同的情况。一家汽车公司的大规模生产安排,通常与另一家汽车公司有很多的相同之处。用于制造钢的氧气工艺,也使用相似的工厂和程序。

在很多产业和技术中,强大的技术范式的存在导致了所谓"主导设计"的出现(Abernathy and Utterback,1978;Rosenbloom and Cusumano,1987;Henderson and Clark,1990)。人们已经发现上述所有领域中存在主导设计。

一个领域中存在主导设计并不意味着该领域的设计一成不变,而是设计的多样性受到了相对严格的限制。显然,多年来汽车的主导设计一直存在。虽然雪佛兰、丰田和宝马的汽车肯定不尽相同,但是对汽车知识知之甚少或者不熟悉不同车型的人可能会说,它们看起来大同小异。如果一家汽车公司设计和生产的轿车与普通轿车大不相同,很可能难以获得大量销量。

另一方面,在许多潜在的新车客户看来,这些不同的品牌显然非常不同,并且消费者报告告诉我们,汽车的性能和质量差异很大。汽车生产商在其生产线上所能实现的生产率也存在着显著差异。特斯拉销量很好的案例表明,对于一些个别生产商而言,某些偏离设计标准的产品可能会带来更高的收益。

即便用户群体的需求和偏好存在很大差异,一个强大的技术范式也可以做到与非常多样化的产品保持一致,同时针对不同需求量身定制各种产品。一个很好的例子就是制药,企业和科学家分享基本的科学和技术知识以及对新药开发的理解,但市场上有各种针对不同人类疾病的药品。分析师们会认同在这样的领域中并不存在主导设计。Murmann 和 Frenken(2006)提供了一个很好的一般性综述,说明了在什么情况下从技术范式中会出现或不会出现主导设计。

除详细说明广泛的设计理念之外,技术范式通常还包括对主流实践优劣的共同认识,以及对以不同方式推进技术的合理方法的共同认识。前者与 2.3 节中讨论的用户需求的内容相关,后者涉及 2.2 节中讨论的关于技术运作的理解,以及通常具有很强的经验和科学基础的、解决问题的启发式。Constant(1980)为我们提供了一项精彩的研究,该研究介绍了在涡轮喷气发动机逐步发展过程中以上这些内容的具体实例。

特别地,当一个技术范式与主导设计相关联时,它也常常与所谓的"技术轨迹"(technological trajectory)相关联。技术轨迹指的是,在技术发展过程中,制品和工艺随着时间的推移在其相关技术特征所界定的空间中沿着特定方向发展的强烈趋势。当然,这里特定的技术发展方向决定了,随着时间的推移,技术用户的各种需求和需要可以得到更好的满足。可以肯定的是,创新者通过更好地满足客户需求而从技术进步中获利,这是2.4节中讨论的主题。

我们注意到,特定技术所遵循的轨迹,往往对某些用户需求和某些社会成本敏感,而对其他的用户需求和社会成本不敏感,尤其是当这些需求和社会成本不会对发明者和创新者的激励产生强烈的影响时。20世纪后半叶,煤和石油发电厂所遵循的路径就是很好的例子。近年来,能源生产技术发展方向的变化表明,有必要进行监管以便取得并保持技术进步。

一个领域的技术进步很大程度上遵循一个特定的技术轨迹,这一命题并不意味着贬低这样一个事实:在任何时候发生的各技术进步之间,都有相当大的变化性。相反,技术进步沿着轨迹发展的论点,是为了强调很大一部分的个别技术进步往往具有家族相似性。但这个技术家族往往是多种多样的。而且,在广泛的范式和相关技术进步的广泛轨迹中,随着条件(特别是主导用户需求的性质、不同投入的可用性和成本,以及监管结构)的变化,特定的创新方向可能会随着时间推移发生一些变化。但作为技术进步的路径,技术轨迹往往在很长时间内保持特定的方向。

已有实证研究关注在各种产品和工艺领域中突出的技术轨迹。当然,技术进步所采取的特定发展方向,与技术、技术的特征,以及使用方式相关。然而,人们似乎可以发现几条广泛运用的技术轨迹。

因此,工艺技术及其使用的制品的技术轨迹中的一个共同特征是,向机械化方向发展的强大趋势,并且资本密集度不断增加。我们注意到亚当·斯密在他著名的关于 18 世纪中后期大头针制造的讨论中写到了这一点。卡尔·马克思认为,这是资本主义经济中制造业的一个普遍特征。Klevorick 等人(1995)研究表明,20 世纪末的趋势与 19 世纪的趋势相似。出现这一趋势的原因在于:一方面由于劳动力成本高且不断上升(直到最近),制造商更愿意为生产机器付出更大的代价,以削减他们需要雇佣的劳动力;另一方面,从亚当·斯密时代开始,发明家们已经能够想象出人工操作的机械化方法。

据我们所知,虽然最近还没有研究详细地考察这一现象,但很明显,在过去的四分之一个世纪里,工艺技术发展的一个普遍趋势,是开发与计算机相连的硬件和软件,使人们的操作自动化。这里的原因与上述类似。

但是,当然,不同技术所遵循的轨迹的特征,在很大程度上需要根据这些技术的具体特征来描述。可能许多读者最熟悉的技术轨迹,是很多年前由戈登·摩尔(Gordon Moore)描述并一直持续到现在仍然成立的,晶体管、集成电路、微处理器,以及更广泛意义上的微电子核心元件的技术轨迹。这些电子设备的元件逐渐变小,且组装更紧密,由此使得给定尺寸的设备的容量和运行速度显著增加,而单位运行成本显著下降。

半个世纪以来,半导体电子设备的发展轨迹,反映了我们之前讨论过的、影响技术进步的关键因素。那些使用半导体来作为他们设计、生产和销售的电子和其他产品系统(如飞机发动机)中的组件的用户,愿意为更快、更精小的设备付费。而在理解和创造设备方面的进步,使得人们能够用更小的组件来设计和制造更集成的芯片,这为芯片设计者在这些维度上改进其产品提供了机会(关于这些发展的观点,参阅 Dosi,1984)。

我们注意到,相应地,半导体技术在这些方向上的发展,也已经带来了各种使用半导体作为关键部件的设备的改进轨迹。这些设备充分利用了半导体逐步小型化、更大容量和更快速度的特点。这些轨迹出现在各种产品中,如计算机、电视机和助听器等(有关讨论,请参阅 Nordhaus,2007)。

飞机发动机和机身所遵循的轨迹,是另一个研究相对集中的领域(Sahal,1985;Saviotti,1996;Frenken,Saviotti and Trommetter,1999;Bonaccorsi,Giuri and Pierotti,2005)。如果飞机引擎能够在更高的温度和压力下运行,其效率就会提高。开发可用于发动机的新材料和更好的控制机制,使得发动机技术在这些方面取得了进展。相应地,飞机机身设计也在不断发展,以适应更强大的引擎下速度提升带来的流线化挑战。而且为跨洲航班设计的机型范围也有所增加。上面描述的电子设备的进步也促进了沿着这些轨迹的移动。

实证研究表明,许多其他技术的发展也遵循这些类型的轨迹。有关综述请参阅 Sahal(1981,1985)和 Dosi(1982,1984)。

多年来一直有研究专注于"学习曲线",这些研究关注的是:随着新产品投入生产并成熟,新产品的单位成本、单位工人产出或产品性能指标的变化。学习曲线的自变量是会随着时间的推移明显增长的累积产出,并被解释为对产品经验的衡量。这方面的文献中讨论到的机制,包含了一些也在轨迹文献中探讨的机制。例如,已研究的许多案例中,单位生产成本的下降或单位劳动产出的上升,被部分归因于学习到了将各种操作机械化的方法。但是,学习曲线文献中讨论的因果要素,还包括识别特定生产问题和瓶颈、生产过程的重组,以及在某些情况下制品的设计。

学习曲线文献的一个显著特征是:几乎所有文章都表明,随着产出和经验的增加,单位时间内成本降低或质量改进的速度会降低。除了学习曲线文献之外,还有大量实证研究表明,在给定的技术范式内,技术进步通常会以递减的速度带来收益的增加。在这种情况下,重企高速技术进步,可能需要进行技术范式转换。与之相关的是,需求、成本或法规性质的大幅度转变,以及科学和技术知识的变化,可能会促使发明者和创新者放弃主流的范式和轨迹,并试图建立其他的技术范式和技术轨迹。

我们将在第 4 章中讨论该问题。

2.6 加深对行业差异和创新系统复杂性的理解

20 世纪 60 年代,当经济学家对这一章所探讨的技术进步的研究开始激增时,可以说他们对这个课题的背景理解是相当有限的。在这一节中,我们将重点讨论两个相关的领域。在这两个领域中,最初的狭义观念已经大大扩展。

首先,早期的工作倾向于认为,技术进步的方式在所有经济行业中几乎都是一样的,因此,早期研究的目标是理解一个相当普遍的过程。逐渐地,研究者认识到,在不同行业中,技术进步的速度和方向存在较大差异。其次,早期工作倾向于认为,技术创新所涉及的活动,主要由企业或独立发明人完成,并且是在竞争性市场的环境中进行的,其他的行为者和制度很大程度上处于背景之中。从那时起,研究者越来越清楚地认识到,各种制度都参与了技术进步的活动,市场和非市场的机制和行为者都发挥了关键作用。

这两个方面是密切相关的,即经济行业之间的显著差异,在很大程度上与其创新系统的差异(如在创新领域最活跃的组织类型,以及它们的互动模式)有关。因此,在本章中我们将这些主题放在一起讨论。

从这一系列研究开始,经济学家就意识到了熊彼特在不同时期,关于资本主义经济中的创新是如何发生的,特别是所涉及的企业类型及其运作方式,所提出的两种截然不同的主张。在熊彼特早期的《经济发展理论》(*Theory of Economic Development*)中,他认为创新主要是通过企业家建立新公司来实现的,这些企业家利用银行融资进行研发,并将其引入市场。这种结构在文献中被称为"熊彼特 Mark Ⅰ"。熊彼特在后来的《资本主义、社会主义和民主》(*Capitalism*,*Socialism and Democracy*)一书中指出,在现代科学创新的体系中,技术创新发生在拥有内部研发设施的大型企业中。这些企业可以进行内部研发,并能够自己资助研发工作。这被称为"熊彼特 Mark Ⅱ"。

在传统研究的早期阶段,研究者做了大量的研究,试图确定哪些模型更适合二战后的创新事实。最初的大部分论点是笼统地提出来的。实证研究探讨的主要问题,是企业规模和产业集中度如何与产业中技术进步的各种指标相关联。随着该领域的一般性研究的深入,越来越多的学者注意到技术机会和我们之前讨论过的创新者获得回报的能力的作用,并将刻画它们的各种指标和其他变量引入了回归分析。

Cohen 和 Levin(1989)对这类研究进行了全面的回顾并指出,一个产业的技术进步与企业规模或市场势力之间似乎没有什么关系,尤其是当考虑到其他变量时。如在一些企业规模庞大且企业市场势力较大的产业中,重要的创新正在发生;电信系统就是一个很好的案例。而在其他同样是由大规模企业构成的产业中,技术进步相对缓慢,例如近年来的钢铁生产。同样,在一些企业规模较小的行业中,也存在快速创新,但在许多这样的产业中,创新是缓慢的。

更普遍的是,研究者们逐渐认识到,正在进行重大创新的行业在做出主要创新的企业类型上有很大差异。在一些行业中,主要的创新者通常为熊彼特 Mark Ⅰ 中的小型新创企业;而在其他产业中,主要的创新者为熊彼特 Mark Ⅱ 中的大型成熟企业(参阅:Dosi et al.,1995;Malerba and Orsenigo,1997;Breschi,Malerba and Orsenigo,2000;Marsili,2001)。同时,研究者认识到,在一些产业中,供应商作为创新源泉发挥了重要作用(之后,von Hippel 的研究发现客户在创新中经常起到重要作用)。某些产业中的创新则显然在很大程度上依赖于大学和公共实验室进行的研究。

基思·帕维特(Keith Pavitt)于 1984 年开发的产业分类法,是描述这种多样性的第一个切入点,该分类法对正在进行的主要创新活动以及大多数创新的性质,进行了分类。帕维特提出,有必要采用以下产业分类方法:

第一类为"规模密集型"产业。这一类别中的所有产业以从事大规模生产的大型企业为标志，这些企业面向市场提供大体上标准化的产品。其中一些产业生产钢材和玻璃等材料；其他产业制造复杂的产品，如汽车和电视机。虽然在前一种产业中，企业很少进行产品研发，但在后一种产业中，企业往往进行大量的产品研发。且在这两类产业中，大多数企业都参与研发，以提高其生产过程的效率和可靠性。在一些企业中，专业设备供应商也是流程创新的来源。在生产和销售复杂产品的行业中，在设计阶段经常涉及大量的研发工作，偶尔也会有重要的产品创新。正如电视机产业所示，这类产业的产品创新往往也受益于供应商研发所带来的零部件创新。

帕维特提出的另一类产业为"供应商依赖"产业，在该类产业中企业的技术进步主要依赖于供应商。这类产业中的企业比"规模密集型"产业中的企业规模要小，并且企业本身很少进行研发。其中，一些产业生产诸如纱线和纺织品的商品，或提供诸如航空和公共汽车运输之类的一般化服务。其他产业则针对特定用户量身定制产品或服务，如建筑施工、牙科和医疗护理。这些产业的技术进步，在很大程度上取决于上游供应商提供的新材料、机械和其他制品的有效实施。

正如帕维特对这两类产业类别的讨论所表明的那样，他尤其着重于强调专用机械、零件和仪器的供应商在众多行业所取得的技术进步中的作用。然而，他对"供应商依赖"产业的认识表明他敏锐地察觉到，供应商对创新的重要性因产业而异。

正如我们之前论述的那样，在许多产业中，供应商和用户在设计新生产设备方面有很强的互动。且在许多技术领域，用户在推进技术进步方面发挥着更广泛的重要作用。在帕维特撰写这些分类时，学者们对创新领域中用户作用的认识是有限的。但有趣的是，帕维特没有注意到用户在哪一产业类别的技术进步中扮演了重要角色。显然，与供应商的重要性相似，用户在创新过程中的重要性也因产业而异。

Arora、Cohen和Walsh（2016）最近的一项研究开始帮助我们厘清这些差异。该研究指出了复杂用户对于像半导体这样的高科技产业产品的重要性。毫无疑问,这里发生的下游创新是在计算机和电信等成熟的用户公司中进行的。正如 von Hippel 所建议的那样,用户创新通常出现在用户在技术上高度成熟的情形。但是,用户在运动装备等产业的产品开发中也发挥着作用。

早些时候我们注意到,随着应用科学的范围越来越广,大量技术与科学领域的联系越来越紧密。然而,帕维特将少数产业中的技术进步定义为"以科学为基础"无疑是正确的。帕维特特别提到了电子产业,以及包括制药在内的一些化学产业。今天,我们当然也将那些以生物技术为基础的产品和工艺纳入在内。Arora 等人的研究,关注了产业引入的外部创新来源的作用,发现大学研究是制药、医疗设备、半导体和(也许会令人惊讶的)汽车等行业创新的重要来源。

同过去相比,现在我们对于科学研究在技术创新中所起的作用,以及大学和公共实验室如何参与技术创新过程,已经了解得更多。正如本章前面所讨论的,在我们所学到的东西中,一个很重要的内容是应用科学和工程学科对技术创新起到的关键作用。这些领域是商业受访者最普遍认为的与本领域的技术进步最相关的领域。因此,可以肯定的是,工程院和医学院是 Arora 等人的研究中那些大学发明的主要场所,在他们的研究中,这些大学发明被企业认为是主要创新的来源。

这并不是要淡化在基础科学中获得的知识对于过去一个半世纪所取得的技术进步的重要性。然而,从基础科学知识到使用这种知识来推进技术进步的途径,通常需要通过应用科学和工程学科来实现。⑦ 这些途径的有效性取决于应用科学可以吸取的新知识,以及投入到面向应用领域研究中的资源。

经济学家和非专业人士倾向于从一般性角度讨论技术进步的速度,但事实上,不同产业和行业的技术进步速度存在显著差异,而且满足人类不同需求的技术进步速度也存在显著差异。近年来,各种研究探索了似乎隐藏在这些差异背后的因素(例如,可参阅:Nelson and Wolff,

1997；Nelson，2008b）。比较案例研究和统计分析都有力地表明，技术进步的关键因素，是支持着该领域技术进步的科学知识的力量。在一个领域中，如果知识是强有力的，那么就能够带来相对较高水平的推进技术进步的研发，并能够显著提高研发生产率。相反，在科学基础知识薄弱的技术领域中，通过增加研发资金来推动更快发展，将收效甚微，且不可持续。教育就是一个很好的例子（参阅 Nelson，2008b）。

政府政策显然很重要。支持经济行业及其所需的技术进步的公共政策，在力度和性质方面差别很大。在美国和其他几个国家，政府不仅向电子和航空航天业提供研发资金，而且通过采购产品来大力支持它们的技术进步。以国家安全利益为导向的政策方案，为互联网等重要的新技术（这些技术后来在民用中广泛普及）的发展提供了创新方向和支持。玛丽安娜·马祖卡托（Mariana Mazzucato，2013）使用的大多数案例都支持了以下论点：政府能够且一直能够非常有效地开发与国防项目有关的新技术。[8]

美国的公共项目也在刺激和引导各种医疗技术的出现和发展方面发挥了重要作用，这些医疗技术包括新药、新医疗设备、研究技术和仪器。与国防领域的情况一样，对购买和使用医疗技术的公共支持，在这些技术的出现和发展过程中也发挥了重要作用。对研发的公共支持及其对产品市场的重大影响发挥了重要作用的第三个领域，是与农业相关的技术（尽管近年来作用有所减弱）。

在所有这些领域中，技术进步都相对较快。值得一提的是，在所有这些领域，对基础科学以及应用研发都有相当大的公共支持，并且这些基础科学已经变得很强大。但在教育和房地产行业，公共支持对研发以及基础科学的影响较小。

综合这些不同的线索，我们现在对参与技术进步的活动和行为者的看法，要比我们所回顾的研究传统一开始时的看法丰富得多，后者几乎完全专注于在市场上竞争的营利性企业和私营企业，而将大学研究视为不显眼的背景。"创新系统"的概念已经深入人心，这个概念涉及广泛的行为者和制度，以及它们之间的分工和互动模式。

以"创新系统"概念为导向的大部分早期工作的动机是，希望识别和分析各国在支持和组织产业创新的方式上的重大差异，尤其是不同国家中政府作用的差异。这种研究兴趣在很大程度上是由于 20 世纪 70 年代和 80 年代日本公司的崛起——成为钢铁、汽车和电子行业的领导者——以及人们认为其主要原因是日本政府支持企业进行合作研究。研究者们还注意到日本企业持有长期视角，以及他们支持这一视角的银行融资行为。1987 年弗里曼出版的《技术政策与经济绩效：日本的经验教训》(*Technology Policy and Economic Performance：Lessons for Japan*) 一书，可能是有关日本创新系统研究中最具影响力的著作，该著作比较了日本与美国、英国和北欧创新系统的差异。

其他几项研究更广泛地比较了各国间的差异，如 Lundvall(1992) 和 Nelson(1993) 比较了各种国家系统。这些研究的目标，与弗里曼的早期研究一致，旨在强调各国在支持和构建产业创新方面的差异，并促使各国采用看似最有效的结构和政策。

但越来越多的研究者认识到，"国家"创新系统之所以不同，其主要原因是各国聚焦创新活动的主要产业不同，而且我们以上探讨的所有变量在不同产业创新系统中也存在很大差异。逐渐地，创新系统研究的重点，转移到了行业层面(参阅 Malerba，2004)。

在认识到国家创新系统局限性的前提下，国家创新系统是一个有用的概念。国家创新系统的一个主要优点体现在，在某种程度上，此概念已经扩大了对政策的分析和看法的范围，超出了几年前常见的狭义观念。国家创新系统概念，无疑使得国家政策制定者越来越了解其他国家的政策，并试图采纳那些适合本国的有效政策。

然而，正如我们所强调的那样，在我们一直讨论的研究中已经了解到的最重要的事情之一，是行业之间存在重大差异。一鞋难合众人脚，在某些领域有效或能够促进某类技术发展的政策，在其他领域可能无效。随着对技术创新逐渐深入的理解，研究越来越频繁地将"创新系统"

概念引入特定的经济行业,这些研究旨在识别各国中显著影响该行业创新系统结构的各方面因素,并找出重要的国家差异。Malerba(2002)在这方面作出了重要贡献。

2.7 技术进步作为演化过程

我们对技术进步的描述和分析,并不简练,也不容易简明扼要地表述出来,因为它们涉及许多不同类型的行为者和活动,包括市场和非市场制度。

更复杂的是,某个行业或技术领域的技术进步,可能在某些重要方面与其他领域的技术进步有所不同。在特定行业中,各国之间存在着广泛的差异。显然,今天技术进步的性质,在许多方面与一个世纪前甚至半个世纪前的情况不同。事实上,在过去半个世纪里,技术进步的实证学者从他们的研究中学到的最重要的一点是:忽视这些差异是错误的。

尽管如此,我们认为技术进步应被理解为一个演化过程。这种认识强调了几乎所有开发新的做事方式的尝试所涉及的不确定性,这里的新的做事方式与现行的实践截然不同。并且由于存在多个推进技术发展的行为者,因此,在任何时候都有各种方法在相互竞争,以及与现有技术进行竞争。这些努力通常都很复杂,在很大程度上,赢家和输家都是由实际操作经验的评估决定的。通过现在的努力和选择,下一轮的创新基础得到了强化。

也许最重要的是,将技术进步理解为一个演化的过程,就等于认可了这样一个事实:在许多经济活动领域中,令人惊叹的强大技术并不是源于某一特定的天才个人或组织,而是许多不同领域的不同贡献者在相当长一段时间内累积的结果。300年前,伯纳德·德·曼德维尔(Bernard de Mandeville)在评论他所认为的、那个时代最复杂最尖端的人工制品之一——当时被称为"战争之人"(Man of War)的近代战舰时说:

这是一个多么高贵、多么美丽、多么辉煌的机器啊,它是一流的战士……我们经常将机器的制造归因于人类的天才智慧和深入探索。但实际上应该归功于时间和世世代代的经验,而世世代代的人类在智慧的本质方面几乎没有什么不同。(Mandeville,1714 , Vol. II : 141-142)。

正如通常所理解的那样,技术显然是经济中"做事方法"的一个非常重要的部分,凡勃伦认为演化经济学需要阐明这一点。然而,正如我们在本章开头所指出的那样,如果坚持"技术"(technology)一词的通用性,就会发现现代经济中采用的实践不仅仅包含技术。虽然本章两位作者中的一位(纳尔逊)提出了一个关于所使用的"技术"的宽泛概念,其中包括的实践范围比该术语通常所涵盖的范围要广泛得多,但是在技术与实践之间显然还是有一些重要区别。尤其是,必须明确认识到,一个经济体所使用的那些方法中,有相当一部分基本上与组织和管理活动有关,而这些活动的有效性需要若干不同的个人或团体之间的协调。

在当代经济中,现代商业企业也许是容纳和管理这些活动的最重要的机构。我们现在转而考察与商业企业的行为和能力相关的演化研究和理解。

2.A　附录:问题解决和知识积累的形式化模型

乔瓦尼·多西

第2章对技术进步的理论阐述多半是归纳的。正如第1章所述,本书主要关注的是,将经济理解为一种不断演化的系统的广义视角,如何影响实证研究以及这种视角下所产生的各种理解。然而,第1章还提到了一个更为抽象的理论体系,涉及从逻辑上探索演化经济学理论所突出的一些过程和关系。第2章附录将描述关于企业和其他组织如何解决问题和积累学习的一些理论模型。理论模型侧重于问题解决和学习系统,其中涉及劳动分工和行为者间沟通的结构模式。阿尔弗雷德·钱德勒(Alfred Chandler)、詹姆斯·马奇(James March)、理查德·纳尔逊、赫伯特·西蒙和悉尼·温特等人的早期研究认为,这一情境是技术进步过程中的重要组成部分。本附录主要借鉴 Dosi 等人(2011)和 Dosi 等人(2017a,2017b)的研究。

企业"制造东西"(无论是有形的,如汽车,还是无形的,如软件程序或航空公司订票系统),并随着时间的推移尽力改良它们的产品,且很多时候还会尝试创新和发现新事物。"问题解决"是一个综合的概念,涵盖了组织当前运行及其对新事物的搜索。在本部分,我们将考察那些试图通过明确的活动顺序和程序来解释组织问题解决的努力,这些活动和程序嵌套在具体的组织安排中,规定了"谁向谁发出哪些信号"和"谁以何种顺序做哪些事情"。

企业解决问题的活动可以看作是包含实际行动和心理活动的组合。其内部组织方式决定了信息输入在具体任务单元中的分布,从而决定了认知劳动分工。普遍的看法是,企业拥有的特定问题解决能力,与企业自身的运营流程和惯例相关联,后者进而又嵌入在组织内部的劳动分工和决策权分配模式之中。

2.A.1　知识积累:搜索过程、问题解决和组织学习

对搜索和学习过程的形式化,存在着两种截然不同但相辅相成的方式。

NK 模型

一大批组织演化模型的灵感都来自"*NK 模型*"(Kauffman,1993)。生物学家斯图尔特·考夫曼(Stuart Kauffman)提出了一种规范的 *NK* 模型,用于研究复杂系统中选择和自组织之间的关系。该模型源于这样一种理念,适应性演化是一个爬山过程,通常借由一些微小变化而实现。其中,这种微小变化是通过在可能性空间中的局部搜索来进行的。

该模型之所以被命名为"*NK*",是因为它的基本特征为两个变量所描

述:N表示系统中的组件数;而K表示系统交叉耦合度,衡量系统组件之间的相互依赖度。一个系统由N个元素构成($i=1, 2, \cdots, N$),对于每一个元素i,都有A个可能的状态。在最简单的情况下,每个组件都存在两种状态($A=\{0, 1\}$)。系统元素的所有可能配置的集合,被称为系统的可能性空间,其规模通常为A^N,而在二元状态情况下,可能性的总数为2^N。

假定对于每一种可能的系统配置都可以用$f \in [0, 1]$的值来度量其在环境中的相对绩效(适应度)。整个系统的适应度取决于其所有组件的贡献,并且通常在复杂系统中,每一个组件的适应度贡献还取决于其他组件的状态:系统中组件之间的相互依赖性集合,可以用参数$K \leqslant N-1$捕获。具体而言,每个元素的影响被假定成与其他元素的影响相同,即所有元素的K都相同。

每个组件的取值数量为A^{K+1}(在二元状态的情况下为2^{K+1}),其贡献不仅取决于自身状态,还取决于K个其他元素的状态,因此,组件贡献取决于($K+1$)个元素的状态;对于这些组合中的每一个组件,随机分配以不同的适应度贡献f_i,并且一种配置的总适应度被定义为其所有组件贡献的平均值:

$$F = \sum_i^N \frac{f_i}{N} \tag{1}$$

可能性空间描述了适应度格局,由适应度值在所有可能配置中的分布构成。每种配置都是通过将单个元素从一个状态转变成另一种状态获得的,是所有可获得配置的单突变邻位。假定N个组件中的每一个都呈现A状态,那么每种配置是其他$N(A-1)$种配置的单突变邻位(mutant neighbors),在二元状态情况下,为其他N种配置的单突变邻位。单突变邻位数给出了每个配置可以通过最少的改变而转变到另一个配置的方向的数量。

上标K的大小决定了适应度格局的平滑度。当$K=0$时(最小复杂度:没有组件与其他组件相关),格局具有唯一的全局最优解,所有其他次优配置经由调适邻位可以得到最优解,并且所有单突变邻位都有几乎相同的适应度,即格局是平滑的(高度相关的)。当 $K = N-1$(最大复杂度:每个组件都受到构成系统的所有其他组件的上位影响)时,存在最多局部最优解,任何配置都可以攀升到局部最优的一小部分,并且只有一小部分配置可以实现任何给定的最优解。此外,单突变邻位配置的适应度与起点完全不相关(格局极为崎岖)。

将 NK 方法应用于组织分析的最早研究之一,是由 Levinthal(1997)提出的。组织的每个元素(原始模型中的基因)是可以被认为是组织形式的一种属性("策略、个人系统、结构等"),其中每种属性可以采取两种替代状态。在他的模拟中,随机生成的结构(组织)种群在适应度格局上演化,其中演化是由变异选择和保留过程驱动的。

一个主要且比较一般的结果是,当 $K > 0$ 时,格局展示出越来越多的局部最优解,组织子集将根据其初始配置收敛,展示出路径依赖的适应模式,局部适应将减少异质性,但绝不会消除异质性。因此,这一结果为企业间异质性的持续存在提供了一个简单直观的解释,其中,企业间异质性是被文献广泛报告但与标准理论相悖的现象。根据标准理论,与唯一的最佳实践的偏差应该只是一个短暂的属性,且这种短暂属性由于市场选择性力量的运行,会逐渐消失。还需要注意的是,随着 K 的增加,不但局部最优解数量增加,而且每个局部最优解的吸引力也不断减小。因此,很可能没有一个组织能够处于全局最优解的吸引域内,因此没有组织能够找到全局最优配置。

Levinthal(1997)的分析已经在很多研究中得到了发展,这些研究旨在解决组织设计、环境复杂性和搜索结果之间的关系:参见 Rivkin 和 Siggelkow(2003)、Siggelkow 和 Levinthal(2003),以及 Siggelkow 和 Rivkin(2005)。此外,NK 模型已被广泛用于研究企业战略中的探索与利用之间的权衡(March,1991):参阅 Ethiraj 和 Levinthal(2004),以及 Fang、Lee 和 Schilling(2010)等。

认知与学习

一般来说,NK 建模将认知、行动和奖励,转化为会受到奖励或惩罚的"特征"。而这种形式化工具具有足够的可塑性,可以应用于不同的学习和策略选用领域。例如,Gavetti 和 Levinthal(2000)利用它来解决认知和学习问题,即使是以隐喻的方式应用于组织而不是个人。更具体地说,他们对搜索过程的分析着眼于前向和后向搜索之间的关系及其对绩效的影响。两种搜索过程之间区别的根源可以追溯到 Simon(1957b):前者涉及认知的深度和广度,是基于备选方案的线下评估得出的前瞻性选择,该选择可能和当前行为相去甚远;后者需要基于对一组接近当前行为的有限备选集合的线上评估,做出经验选择。

在 Gavetti 和 Levinthal(2000)的模型中,组织在一个简化和不完整的"认知模型"基础上选择政策,包含不能直接规定行为的"模板"。在这种情况下,现有实践充当未被认知表征指定的元素的默认值,并允许识别特定的行动过程。因此,拥有相同认知模板的行为者可以从事不同的行为。

这些假设被转化为 NK 模型,在该模型中,组织的有限认知对应适应度格局的简化表征,该适应度格局被假定具有比实际格局更低的维度($N_1 < N$)。这是通过以下假设得出的:对于(感知格局)认知表征的每个点,在实际适应度格局中有 2^{N-N_1} 个点与此点一致。分配给认知表征的每个点的适应度值,对应于这 2^{N-N_1} 个点的平均适应度值。

Gavetti 和 Levinthal(2000)表明,在筛选出低绩效组织的竞争生态学中,采用认知和经验联合搜索的组织主导了种群。这在崎岖格局下尤为明显,在这种格局中,使用纯经验搜索的组织陷入局部最优解中。

这确实是一个很有前景的分析途径,Gavetti(2005)以及 Knudsen 和 Levinthal(2007)也对此进行了探索。但是,在这种框架下,待解决的"问题"的性质以及认知和实践策略被完全简化了。

2.A.2 分解和问题解决

继 Simon(1981)之后,Marengo 和 Dosi(2005)聚焦于通过解决问题的分工来降低问题复杂性的策略,这使得大型复杂问题被分解为可以独立解决的较小的子问题。实际上,斯密的劳动分工过程是解释经济组织内在特征和边界的一个主要且长期被忽视的驱动力。特别是,传统组织经济学专注于给定的"技术上可分离的"单位之间的交易和契约关系的治理,但没有分析这些技术上可分离的单位来自何处,(更重要的是)也没有分析组织结构中是否存在这种技术上可分离的单位。

这个问题非常重要,因为首先,大多数劳动分工过程发生在组织内部;其次,根据经验,大多数时候技术都是以高度集成的方式诞生的,并且企业内部和企业之间可能发生纵向分离。换句话说,人们可以说"组织在一开始的时候就已经存在了",然后,市场按照由分工过程定义的路线发展,而不是像交易成本经济学所假设的那样发展。

在 Marengo 和 Dosi(2005)研究中,根据由组织的劳动分工和问题分解模式确定的、动态问题解决的性质,比较了不同的组织结构(这些不同的组织结构具有不同程度的纵向一体化)。这里的基本假设是解决给定问题,这些问题需要协调 N 个"元素"或"行动"或"知识点",我们通常将这些"元素"或"行动"或"知识点"称为组件,每个组件可以呈现出一定的备选状态。基于 NK 模型的单位变异算法可以被认为是一种特殊情况,其中问题被完全分解并且搜索过程完全分散:每个子问题由单个组件(单位)组成。在另一个极端,不存在分解,这对应于所有组件(单位)同时变异的策略。

请注意,就系统绩效而言,分解的有效性受到问题各组件之间的相互依赖关系的强烈影响。因此,例如,分离相互依赖组件,然后独立地解决每个子问题,将阻碍整体优化的可能性。还应该注意的是,正如西蒙指出的那样,由于组件之间相互关系的不透明性,有限理性行为人通常无法实现最优分解——劳动分工仅将相互独立的组成部分分解成子问题。这些有限理性行为人通常会瞄准邻近分解,即试图将那些相互依赖且对系统绩效而言"更重要"的组件组合到同一子问题中的分解。

更准确地说,可以用以下元素来表征问题:组件集为 $C = c_1, c_2, \cdots, c_N$,其中每个组件都可以采取有限数量状态中的一种。通常,简单起见,

假设为二元组件集 $c_i \in {0, 1}$, $\forall i$。配置,即问题的可能解决方案为 $X^i = c_1^i c_2^i$, $\cdots$, c_N^i。配置集为 $X = \{x^1, x^2, \ldots, x^{2N}\}$。

只要 x^i 被弱(或严格)偏好于 x^j,对可能配置的排序 $x^i \neq x^j$(或 $x^i > x^j$)就成立。问题完全由配对$(X, \neq)$定义。由于配置集的规模是组件数的指数函数,只要组件数很大,问题的状态空间就会变得太大而不能被具有有限计算能力的行为人广泛搜索。降低其规模的一种方法是将其分解为子空间。

分解的子空间之间的协调,既可以由市场类机制进行,又可以经由其他组织安排(如科层制)进行。动态地,当出现新配置时,将根据其相对绩效与现有配置进行比较。按照排名比较这两种配置,选择绩效更好的那种配置而舍弃另一种配置。

问题解决和重组的模式分析,可以在知识元素(即子问题)或组件的层面上有效进行。而且,这两个分析领域的研究都还有很长的路要走。然而,尽管它们很有价值,但它们仍然缺乏关于行为人和组织实际上在做什么的认识。

认知、行为和学习

更接近此类工作的一步,是明确说明以下四者之间关系的模型:(1)真实"世界状态";(2)其不完美甚至是错误表征;(3)行动;(4)环境奖励。

分类系统是很好的初始选择。

让我们首先考虑这样的(数目不多的)模型,在这些模型中,信息处理和问题解决活动由条件行为(即"如果……那么……")规则的集成来表征。Marengo(1992, 1996)和 Dosi 等人(2017b)提出了一个模型,该模型侧重于组织内个人或子单元的此类信息处理能力的改进,即"结构化"学习过程。行为人是不完全的适应性学习者,因为他们会借由局部试错调整其信息处理能力。这种自适应学习(至少部分),由来自环境和/或来自组织其他成员的信息所驱动。

假设存在 N 种可能的自然状态:

$$S = \{s_1, s_2, \cdots, s_N\} \tag{2}$$

决策者可以采取 k 种可能的行动：

$$A = \{a_1, a_2, \cdots, a_K\} \tag{3}$$

行为人收益由下式给出：

$$\Pi: A \times S \rightarrow R \tag{4}$$

其中，当世界状态为 s_h 时，行为人 a_i 行动收益可以由 π_{ih} 表示。显然，行为人所选择的行动取决于其对世界状态的了解。行为人知识状态（或信息处理能力）可以由一组子集 $P(s_i) \subseteq S$ 表示，其中 $P(s_i)$ 表示真实状况为 s_i 时，行为人认为可能（或不能分辨）的世界状态集合。

如前文所述，这种学习系统的基本组件是条件行动规则，其中某一行动的实施取决于行为人对当前世界状态是否可归为其心智模型中定义的类别之一的感知。条件部分是一种类别，即世界状态的子集，当最后觉察到的世界状态属于该子集时被激活。

在具体执行时，条件是一连串取值 $\{0, 1\}$ 的 N 个符号（与世界状态一样多）。当世界最终状态对应的位置出现了一个 1，就能够满足条件。综上所述，条件：

$$c_1, c_2, \cdots, c_N \text{ 且 } c_1 \in \{0, 1\} \tag{5}$$

被满足，只要当 s_k 是最终观察到的世界状态时，有 $c_k = 1$。因此，一组条件定义了 S 的幂集的子集。重要的是要注意，每个条件都定义了一个行为人所感知的世界状态（或类别），并定义了它与客观（真实）世界状态的关系。无论如何，这种关系对于决策者而言是未知的，他仅了解其主观状态。

相反，行动部分是一系列取值 $\{0, 1\}$ 的 k（行为人可能的行动数）个字符，可以由下式直观地表示：

$$a_1, a_2, \cdots, a_k \text{ 且 } a_i \in \{0, 1\} \tag{6}$$

有且只有一个位置取值为 1，即 $a_h = 1$，这意味着行动"h"被选中，而其他行动值都为 0。因此，决策者可以用一组条件行动规则来表示：

$$R = \{R_1, R_2, \cdots, R_q\} \tag{7}$$

其中：

$$R_i: c_1, c_2, \cdots, c_N \Rightarrow a_1, a_2, \cdots, a_k \text{ 且 } c_i, a_i \in \{0, 1\} \tag{8}$$

每个规则都被赋予一个"强度"和"专有性"度量。总的来说，强度衡量规则的过去有用性，即规则的累积收益。专有性衡量条件的严格性：最高的专有性（或最低的一般性）的值提出了一条规则，即其条件只有一个符号值为1，因此当且仅当该特定世界状态发生时，才可以得到满足；而最低的专有性（或最高的一般性）提出了一条规则，其条件完全由1组成，因此，在任何世界状态发生时，都会得到满足。

这样一种基本建模结构可以保留组织惯例和组织记忆的形式化描述，两者都需要一个"如果……那么……"的结构。来自环境以及组织其他部分的信号会引起特定的认知反应，该认知反应取决于组织所持有的"集体心智模式"，反过来"集体心智模式"又取决于组织认知记忆的结构。认知记忆将来自原本未知世界的信号映射到"认知状态"上（"……今年市场条件使得对 X 的需求很高……"）。相反，操作记忆会引发回应认知状态（"……生产 X……"）、组织内部状态（"……准备机器 M 以开始生产零件 P……"）以及环境反馈（"……毕竟 X 卖得不太好……"）的操作惯例。反过来，组织记忆体现了关于组织在"思考"什么和做什么以及"擅长"什么的具体特点，即组织的独特能力。

这就是 Dosi 等人（2017b）所建立的一个形式化模型，该模型试图精确地描绘环境动态模式、组织认知结构，以及环境绩效反馈。

2.A.3 结论

最后，学者们开始将关于罗森伯格式（Rosenbergian）"黑箱"的内部发生了什么的经验考察，与探索不同搜索和学习过程属性的建模尝试结合起来。这只是一个开始，未来会很有前景。前进的道路充满挑战，这里提出其中的两点挑战。第一，人们需要进一步开发企业理论的含义。

第二,这里讨论的研究类型,与产业演化模型中人们熟悉的、更具"黑箱"属性的技术学习之间,几乎没有任何联系。

注　释

① 很多形式化的理论结构首先出现在 Nelson 和 Winter(1977,1982)的论述中。而本章广泛引用了 Dosi 和 Nelson(2010)的研究。

② 我们注意到,目前关于生物演化的大部分文章都不再将突变视为严格随机的。

③ 这些研究主要集中在美国,但也有部分研究关注欧洲,参见 Arundel、van de Paal 和 Soete(1995)。

④ 有关该问题的文献综述,请参阅 2006 年《研究政策》(*Research Policy*)的一个特刊。

⑤ 当然,如今这些费用往往由保险公司或政府承担。

⑥ Allen(1983)关于高炉和 Nuvolari(2004)关于矿井抽水的讨论,提供了 19 世纪一些有趣的历史案例。

⑦ 我们不想在基础科学和应用科学之间做出过于明显的区分。正如已故的 Donald Stokes(1997)所说,许多科学都在"巴斯德象限"中,其目的既包括推进实用知识,也包括获得基本理解以实现该目的。

⑧ 参阅 Ruttan(2006)。

3

企业行为与能力

康斯坦丝·E.赫尔法特

3.1 引言

本章中概述的企业行为和能力理论以及相关的实证研究，与前一章中所探讨的技术进步研究一样，是演化经济学理论产生的最具影响力的研究和写作领域之一。下面所述的两种不同的关注点和兴趣引发了这些方面研究的开展。

首先，学者们对已成为经济学标准的新古典主义行为理论产生了不满，同时希望建立一个新的理论，该理论能够以更加符合现实观察的方式来解释企业行为以及企业中发生的事情。在研究企业如何作出决策的经济学家中，出现了一个重要的潮流，即认为企业行为不能简单地理解为利润最大化。企业实际用于做出决策的程序，例如决定产品定价的程序，似乎并未涉及明确的最大化（Cyert and March, 1963）。事实上，许多企业在市场竞争中表现不佳甚至失败，都表明它们的行为往往远非最优的。

米尔顿·弗里德曼（Milton Friedman，1953）对这一系列批评作出了著名的回应，认为企业行为的结果与利润最大化是一致的，因此，将企业行为看作"仿佛"是为了利润最大化是合适的。他认为竞争确保了在市场中幸存下来的企业是盈利能力最强的，无论这种行为是如何产生的。当然，这一论点并没有解决这样一个事实：大多数产业在任何时候都包含了多种多样的企业行为，且有些企业比其他企业表现得更好。

大约在同一时间，阿门·阿尔钦（Armen Alchian，1950）在其研究中提出，在不确定性背景（这是大多数重要产业的背景特点）下，企业的最佳行动集概念并未得到很好的定义。另一方面，可以围绕对竞争鼓励的行为、竞争允许的行为以及竞争趋向于消除的行为的分析，来为企业行为理论找到方向。

显然，这里有一个建议，即企业行为的经济理论应该建立在竞争性演化过程理论的基础之上。佳林·库普曼斯（Tjalling Koopmans，1957）支持这一观点。悉尼·温特（Winter，1964，1965）在早期的研究中也是这样做的。

在刚才描述的论证和写作中，没有特别强调熊彼特（Schumpeter，1934，1950）提出的各种问题。熊彼特认为，持续变革是大多数经济行业的标志，企业的创新是变革的主要驱动力。创新企业和不愿创新的企业都面临着调整政策和开发新能力的需求，以应对新的、它们已有的做事方式不太适应的环境——这是 Nelson 与 Winter（1982）工作的核心问题。

最近，在关于使企业能够创新、适应和变革的企业"动态能力"的研究中，企业行为和能力的演化理论发展中的这两种不同的兴趣来源，被结合在了一起。技术创新在这一领域文献中发挥了重要作用，本章的讨论特别关注这一类文章。

以下概述首先考察了演化经济学中企业行为的根本性基础，即组织惯例，并解释了这些惯例如何支持组织能力。然后讨论惯例和能力的出现和发展方式，以及对企业绩效的影响。在理解惯例和能力的基础上，再探讨创新的利润追求。考虑到技术进步在演化经济学中的重要性,我们特别关注了以变革为导向的动态能力,尤其是在技术创新方面。

3.2 惯例与能力

考虑企业的行为和决策是演化经济学的重要出发点。主流经济学中企业最大化利润的假设认为,企业决策者可以准确地判断他们所处的复杂且混乱的环境,并根据具体情况确定和实施他们所能采取的最佳的可能行动。但正如赫伯特·西蒙(Simon,1957a)观察到的那样,个体理性是"有限的"。制定决策和采取真正最佳行动的信息和分析要求,超出了人类的能力范围。企业尽其所能,并且经常能够使它们的希望成为现实。用西蒙的话来说,它们是"满意即可"(satisfice)。这并不意味着企业忽视了利润。相反,企业是"追求利润"的。

追求利润的行为包括持续的企业运营和决策,以及寻找新的做事方式和新资源(有形资产和无形资产)。有限理性意味着有意识地思考所有可能选择的能力是有限的,因此,企业依靠惯例来执行活动。组织惯例在追求利润的企业行为的演化经济分析中发挥着关键作用。实际上,正如后文将描述的,我们可以说惯例是企业行为的基石。

3.2.1 惯例

组织惯例可以被视为一种行为模式,或一组规则、程序或技术(Nelson and Winter,1982;另见 Becker et al.,2005)。与后面讨论的企业能力研究相一致,本讨论侧重于后一种意义上的惯例。在程序的意义上,惯例由用于执行一项任务或行动的过程中的一系列步骤组成。因此,惯例可以被视为"技术"(Nelson,2008c)。这种方法与将惯例视为在执行任务时使用特定程序的倾向,并将惯例区别于行为本身的观点相一致(Hodgson,2005)。[1]

惯例有默会和隐性的方面,也有编码和显性的方面。但是,显性信息往往很难很好地完成任务。事实上,使用这些信息"假定了明智的解释者的可获得性"(Nelson and Winter,1982:82)。也就是说,即使是主要依赖于显性信息的惯例也具有重要且通常是关键的隐性元素。此外,许多惯例大部分甚至完全是隐性的,这种隐性通常伴随着复杂性。惯例的复杂性例子比比皆是,包括 Cyert 和 March(1963)的定价研究,以及最近 Zbaracki 和 Bergen(2010)与 Adler(1993)关于丰田和通用汽车合资的NUMMI 工厂中的惯例研究。

组织惯例涉及执行部门领域内(例如,制造)和跨部门领域之间(例如,为制造而设计)特定活动的团队。由于组织惯例涉及多个相互作用的个体,因此,惯例需要劳动分工和个体之间的协调,有时也需要团队或组织单位之间的协调。这种协调需要通过"信息流"进行交流,"信息流"又"被解释为要求其接收者做出特定的行为表现"(Nelson and Winter,1982:103)。将这些观察结合起来,Becker 等人(2005:778)注意到:"作为一种在组织中做某事的方式,惯例有两个方面的特点。一方面,它像一个食谱或一个程序;另一方面,它的工作方式是将个体或组织分解为可以协调、管理的子单元。"

惯例是组织的永久性特征,它可支持"大多数**常规的和可预测的**商业行为……特别是如果我们将该术语理解为包含相对恒定的倾向和战略启发式的话(这些恒定的倾向和战略启发式会影响企业面对非惯例问题时采用的方法)"(Nelson and Winter,1982:15,粗体为原文所加)。惯例几乎渗透到企业行为的每个方面,包括执行活动的惯例和制定决策的惯例(后者被称为"决策规则")。它们涉及的范围,"从精心设计的用于生产物品的技术惯例(通过招聘和解聘、订购新库存或加快高需求物品生产的程序),到有关投资、研发(R&D)或广告的政策,再到关于产品多样化和海外投资的商业战略,不一而足"(Nelson and Winter,1982:14)。此外,与商品和服务生产关系最密切的惯例,很可能在很大程度上依赖于、交织于相关技术。重复在保存惯例中起着至关重要的作用,因为"组织在很大程度上是通过重复使用来'记住'一种惯例"(Nelson and Winter,

1982:99)。因此,惯例是组织的记忆。

通过重复保存惯例,这使得惯例类似于组织的基因,随着时间的推移在行为中保持稳定。同时,由于惯例能够实现模式化行为,因此惯例不是僵化的,而是可以灵活地适应不断变化的环境。例如,面临新问题的行为者可以通过改变惯例来应对,正如 Nelson 和 Winter(1982)所描述的,当机器出现问题的时候就会找一个工程师来处理。

不仅惯例本身会随着时间的推移而适应,而且惯例也可以促进组织定期适应外部环境。Nelson(2015)认为,惯例通常具有内置的适应性反应能力,使组织能够灵活地适应日常工作条件的变化。适应性反应可能包括考虑替代选择和行为调整,但不包括广泛的搜索和商讨。诸如根据价格—成本边际进行定价或根据销售额百分比设定研发支出的决策规则,都是适应性反应惯例的例子(Nelson and Winter, 1982)。另一个例子是众所周知的丰田惯例,即工人应该在观察到缺陷或问题时叫停自动装配线。如这些例子所示,个别惯例可能包含适合不同情况的不同选项。

3.2.2 能力

Dosi、Nelson 和 Winter(2000:2)观察到:"有能力做某件事就是拥有一种通常可靠的能力,后者可以通过预期的行动来完成这件事。"Winter(2000:983)将组织能力定义为:"一种高层次的惯例(或惯例集合),与其执行的投入流一起,赋予组织管理层一系列决策选项,以实现某种特定类型的重要产出。"一个组织具有能力意味着组织能够运行并协调一系列惯例。因此,组织能力作为一组相互协调的惯例集,提供了与企业资产和其他投入流的服务相配合的、为预期目的执行活动的能力。

战略管理中的一个相似的研究流派,特别是对所谓企业的资源基础观的研究,采取了类似的方法,即将组织能力与利用企业资源(有形资产和无形资产)的能力联系起来。Amit 和 Schoemaker(1993:35,粗体为原文所加)将组织能力定义为:"通过组织过程来部署组合**资源**以实现预期目标的能力。它们以信息为基础,是企业特定的有形或无形过程,并且随着时间的推移而发展……以企业人力资本的开发、承载和交换信息为基础。"从演化经济学的角度来看,这种对信息过程和信息交流的强调表明,惯例也参与其中,随后战略管理中关于企业能力的学术研究也朝着这个方向发展。

鉴于组织能力由惯例组成,许多能力特征源于惯例的特征。在企业内部,惯例和能力通常依赖于企业特定的交流代码,这些代码可以实现信息的交换和协调。惯例对能力的支撑也意味着能力包含模式化行为,并且能力执行的功能是可重复的并且具有可预测的可靠结果(Helfat et al.,2007)。此外,与惯例一样,能力依赖于情境,并且对于它们支持的组织活动来说是独特的。

与单个惯例相比,作为惯例集合的组织能力,关系到组织中更大部分的活动(Dosi et al.,2000)。能力还指能够开展影响组织生存和繁荣的活动的能力,而不是指那些非关键性的活动(Winter,2000)。此外,能力通常(但并非总是)比惯例更具有意向性。因此,能力是有预期目的的,即使该目的并不完全明确。

3.3　惯例和能力的产生、发展及演变

刚才描述的惯例和能力的特征,部分源于它们产生和发展的方式。能力及其相关的惯例通常产生于逐利企业尝试解决问题或寻找新的做事方式时。其中一些惯例与传统上所称的研发(R&D)有关。此外,搜索和解决问题的活动也在组织的其他部门中进行,比如寻找新的客户群和产品理念的市场部门。制造部门也可能会寻求改进的生产工艺,以降低成本或提高产出质量,并且通常必须解决由内部或外部来源引起的问题,例如需要解决供应商原料成分或质量变化的问题。

普遍认为,搜寻往往是局部的,聚焦在某个特定问题的附近区域或者现有惯例的临近区域(Cyert and March,1963)。也就说,企业倾向在

他们已知的临近区域进行搜寻（Helfat，1994a）。企业也可能观察那些不容易从现有惯例和能力中获得的利益机会。组织人员可以通过加入专业协会、阅读专业出版刊物或观察其他企业如何实施，来了解其他的做事方式。因此，组织可能会试图模仿其他企业的方法或创新，从而产生新的惯例。而且，由于逐利实体面临竞争，因此，企业所致力于的创新旨在击败竞争对手，并获得至少暂时的竞争优势。

随着时间的推移，惯例的发展部分地通过试错和重复执行活动的干中学获得。这种学习形式在团队层面上已经被观察到了，如在 Cohen 和 Bacdayan（1994）的研究中，两人构成的团队通过反复玩纸牌游戏学会了以特定的方式配置扑克。有关学习曲线和制造业生产率提高的许多研究，也提供了在组织层面干中学的证据（Argote，1999）。

除了通过干中学之外，惯例和能力的发展经常通过深思熟虑的学习过程进行。这些过程包含了知识表达，如个体通过汇报会议和绩效评估等方式，来对它们的经验进行讨论和比较（Zollo and Winter，2002）。当组织随后对惯例和能力如何运行的理解进行编码时，这就为后续利用所讨论的能力提供了指导方针（Zollo and Winter，2002）。通过这些方式，知识表达提高了对因果关系的理解，从而改善了惯例和能力的运作。知识编码有助于提高能力的可靠性。

在惯例开发的某个阶段，通过深思熟虑和试错学习相交织的过程进行的能力学习有可能停止。当任务的执行达到令人满意的水平时，就会出现这种情况。这里令人满意的水平部分取决于组织或相关团队的期望（Winter，2000）。因为期望很可能会随能力学习的环境而调整，所以随着结果的改善，对进一步改进的期望往往会降低。能力开发也需要成本——包括直接成本以及其他努力的机会成本——这些成本影响组织继续进行能力学习的意愿。这些成本影响着绩效的满意水平：较高的成本会导致较低的满意水平。值得注意的是，这些在能力开发方面的投资成本大部分都是沉没成本，因为它们嵌入在特定的团队和组织中，因此很难收回。

这种能力产生和发展的过程，经常会随着惯例和能力运行中出现的新问题而重新开始。例如，Hoopes 和 Postrel（1999）记录了"小故障"或代价高昂的错误导致企业改进产品开发程序的方式。Lazaric 和 Denis（2005）也记录了由于企业实施了新的 ISO 9000 标准而带来的新惯例的创建和现有程序的更改。对创新的追求进一步表明，新的惯例和能力可能是必要的。因此，刚才概述的过程往往会重复出现，从而带来企业惯例和能力的不断发展。

企业不断演化的这一过程，导致了产业内运营的各企业之间的共性，以及组织在能力和惯例上的异质性。当企业寻求掌握通用的技术知识（通常是产业发展历史悠久的遗产）以求生存时，这种共性就产生了。企业也试图互相模仿，以免落后，例如通过逆向工程还原竞争对手的产品和阅读专利披露，导致惯例和能力上的广泛相似性。此外，一个产业中的企业可能有一些相同的供应商、客户和互补产品生产商（"互补者"），企业可以从这些实体那里收集信息。并且企业通过行业协会、标准制定组织和其他商业组织（比如美国的商会）相互分享信息。人们普遍接受的开展业务的"产业诀窍"（industry recipes）概念（Spender，1989）表明，一个产业内的企业经常以同一通用方式思考如何开展业务。

尽管有这些共同点，但在同一产业内的企业之间，能力和惯例在经济上有显著不同。组织有不同的起点，包括进入的时间和地点，以及不同的初始资产和个体集合。随着能力的发展，这种异质性可能持续下去，因为能力学习发生在特定的企业内部。能力积累的路径依赖过程（这一过程取决于参与的个人、他们的技能和认知、他们做出的初始选择，以及随后的反馈和学习），使得能力和惯例在许多方面是特定于具体组织的。正如 Nelson（1991）所观察到的那样，企业及其能力与行为的多样性，是演化理论中的一个自然结果。

虽然企业能够而且确实相互模仿，但是许多因素限制了企业这么做的能力。例如，大量的文献指出，企业通常通过保密来保持创新和知识的专有性，而不是以专利的形式进行公开（Levin et al.，1987；Cohen，

Nelson and Walsh，2000）。惯例和能力的隐性要素，以及构成它们的基础知识，也阻碍了跨企业的知识转移。即使在企业内部，知识转移也很困难（Szulanski，1996）。正如 Rumelt（1984）所指出的那样，"因果模糊"（企业很难理解涉及资源、能力和结果的因果关系）使得企业很难在内部转移知识和能力，也很难完全模仿竞争对手的行为。

关于演化经济学的核心关注点——技术创新，实证研究表明，企业技术创新行为在产业内存在差异。例如，Helfat（1994a，1994b）指出，尽管美国主要的石油企业作为一个组群，在 20 世纪 70 年代和 80 年代倾向于将研发集中在与石油、天然气和替代能源相关的几个领域，但企业所追求的研发投入金额和具体类型却始终不同。来自制药业的证据还表明，企业在不同治疗药物类别的研发支出金额上有所不同（Henderson and Cock，1996）。Winter（2005）观察到，在以高度复杂性（从组织各选择之间高度互动的意义上来讲）为特征的产业中，企业行为的异质性趋势尤其明显，因为这种复杂性使跨企业的模仿更加困难。鉴于此，值得注意的是，最近的调查数据表明，即使是相对简单的管理和工作场所实践，在企业之间也存在差异（Bloom and Van Reenen，2010）。

因惯例和能力的异质性产生的企业行为的异质性可能导致经济绩效的异质性，特别是如果企业没有在严格优胜劣汰的环境（这种环境能够有效消除企业在惯例、能力和行为方面的差异）中运作的话。现在，经济学家已经积累了大量关于企业生产率异质性的证据（文献述评见 Syverson，2011）。此外，许多战略管理方面的研究表明，产业内企业绩效的异质性与企业资源和能力的异质性有关（参见：Rumelt，1991；Hoopes，Madsen and Walker，2003；Jacobides and Winter，2012）。

3.4 搜索、创新和动态能力

演化经济学认为，企业行为不仅依赖于惯例和能力，也依赖于企业不断的发展和创新(Winter,2006)。正如 Schumpeter(1934)所观察到的那样,为了生存,许多领域中的企业必须创新,或者至少与其竞争对手及其提供的产品能力的前沿保持接近。因此,由于企业在竞争环境中寻求利润并在竞争环境中运营,他们会定期寻求创新,以提高其盈利能力。

Teece、Pisano 和 Shuen(1997)提出的"动态能力"(dynamic capabilities)概念,汇集了以行为和能力为基础的、关于企业行为的演化经济学观点,强调企业是创新和增长的来源。动态能力指的是"对产品、生产过程、规模或所服务的客户(市场)进行改变"的企业能力(Winter,2003:992),或更普遍的"企业改变其目前的生存方式"的能力(Helfat and Winter,2011)。这包括"创建、修改或扩展"组织的资源和能力(Helfat et al.,2007:4),以及改变企业外部环境要素的能力(Teece et al.,1997;Teece,2007)。

与一般的组织能力一样,动态能力由惯例组成,并具有预期目的。正如 Nelson 和 Winter(1982:17)在早期所说的那样:"我们认为,企业拥有的惯例,可以随着时间的推移,改变其经营特征的各个方面。"Winter(1986)后来提出,企业对于组织变革,可能有"高级别的适应惯例",如学习和搜索的"高阶"惯例。与一次性"临时特设地解决问题"相比,这些惯例类型及其相关的动态能力使企业能够在可重复的基础上推动变革(Winter,2003)。与其他能力一样,动态能力通过试验和学习得到发展(Zollo and Winter,2002),这些试验和学习包括有意识的学习机制,从而实现可靠的、实践的和模式化的行为(Winter,2003;Helfat and Winter,2011)。

动态能力与其他组织能力"在目标和预期结果上"有所不同,并且针对的是"经济上的重大的变化"(Helfat and Winter,2011:1245,1249)。特别地,动态能力与"运营"能力或"普通"能力形成鲜明对照,后者使企业能够维持目前的生存方式(Winter,2003:992)。也就是说,运营能力使企业能够"在相同规模上,使用或多或少的相同技术,持续地开展活动,以支持同一客户群的现有产品和服务"(Helfat and Winter,2011:1244)。研究中经常谈到能力的层次结构:运营能力通常被称为零阶或低阶能力,而动态能力(可用于改变运营能力),被称为一阶或高阶能力(参见:Collis,1994;Winter,2003)。

Helfat 和 Winter(2011)观察到,作为一个实际问题,有时很难清晰地区分动态能力和运营能力,因为这需要确定什么构成了经济上重大的变化,而这又可能取决于观察者的观点。尽管如此,一些企业活动及其潜在能力,显然旨在以显著的方式改变组织的资源、运营、产品和市场,因此,能够被称为动态能力。某些能力还可能具有运营和动态双重目的,如旨在维护当前客户以及吸引新客户的营销能力(Helfat and Winter,2011;Kahl,2014)。其他能力,如合作的能力,可能有双重属性,一个针对变化,另一个针对维持现状(Helfat and Winter,2011)。

在以技术变革为特征的市场环境中,动态能力尤为重要。最初由 Teece 等人(1997)提出的"动态能力"的概念,强调了动态能力对于新工艺和新产品开发(诸如通过正式研发而获得)的重要性。因此,Tripsas(1997)的研究记录了排版产业中存在的"动态技术能力",这使得一些企业能够开发新一代技术,并克服激进技术变革带来的威胁。这种动态能力包括吸收和整合企业外部知识的能力(Cohen and Levinthal,1990),以及分布在不同地理位置的内部研究场所开发新技术的能力。在另一项关于动态能力以及在不断变化的市场条件下研发的早期研究中,Helfat(1997)研究了美国石油产业中知识和研发能力的积累。该研究发现,在技术相关业务方面具有较高研发能力的企业,致力于通过研发来开发替代燃料技术的知识和能力。

与此类似,Danneels(2012)认为,动态能力使企业能够通过新的技术、投入与资源、产品以及组织的创新,参与熊彼特式竞争。研究指出,在变化速度适中的环境中,动态能力也很重要(Eisenhardt and Martin,2000;Helfat and Winter,2011)。此外,企业自身的行为也会影响市场环境的变化速度,例如通过引入新产品,或在多个地点开零售连锁门店(Winter and Szulanski,2001)。通过这种方式,寻求利润的企业,推动了产业的增长和变革。

对技术变革和创新的研究,还记录了动态能力发展的方式,以及对企业绩效的相关影响。在关于半导体产业的一项研究中,Macher 和 Mowery (2009)度量了 Zollo 和 Winter(2002)提出的、知识表达和编码的刻意学习机制,这些学习机制反过来又是支持新工艺开发和引入的动态能力发展的基础,该研究还评估了这些机制对绩效结果的影响。研究发现,这些用于动态能力发展的学习机制,在缩短周期时间和提高产量方面对绩效产生了积极影响,并且不同企业的学习机制和绩效结果均存在差异。在一项相关研究中,Verona 和 Ravasi(2003)研究了助听器的主要生产商不断创新并将新一代产品推向市场的过程。该研究表明了知识创造和吸收、知识整合以及知识重组过程的重要性。

其他研究发现了动态创新能力发展的其他方式。Danneels(2008)的一项关于美国制造企业的研究,考察了"研发能力"(R & D competence),该研发能力由建立新型制造业务的能力、了解和评估新技术可行性的能力,以及为新技术领域招聘工程师的能力来衡量。该研究发现,这种动态能力的发展,得益于淘汰旧产品的意愿、参与组织内部冲突的处理、外部环境的扫描,以及组织冗余。在制药产业,Narayanan、Colwell 和 Douglas(2009)发现,药物发现和开发的动态能力发展的先决条件,包括高级管理人员的认知取向,以及高级管理人员为开发组织中较低层次的能力而编排的新惯例。这些发现表明管理者在动态能力发展中的重要性(Adner and Helfat,2003;Augier and Teece,2009;Helfat and Martin,2015)。

鉴于动态能力针对的是经济上显著的变化,并且考虑到这种变化有很多途径,这一概念涵盖了大量的企业活动也就不足为奇了。如前文所述,典型的动态能力是针对技术创新的动态能力。但此外,动态能力也可以扩展到定期进行变革的其他活动(Eisenhardt and Martin,2000)。例如:在不同地理位置复制惯例和商业模式(Winter and Szulanski,2001);收购(Capron and Mitchell,2009);联盟(Helfat et al.,2007);企业内部合作(Helfat and CampoRembado,2016);以及市场进入(Franco et al.，2009）。

当最初引入动态能力的想法时，Teece 等人（1997）提出了一个"位置—流程—路径"（positions-processes-paths）的框架。在任何时候，企业都有一个由内部资源、能力和其他属性组成的"位置"，以及在市场中的外部定位。企业还拥有内部"流程"（包括惯例），动态能力通过这些流程运作，反过来可以改变企业的现有位置并规划新的"路径"。动态能力这一的原始框架，与演化经济学提出的路径依赖、基于能力的组织变革高度一致。也就是说，企业是一个充满活力、不断发展和创新的实体。

Teece（2007）后来详细阐述了动态能力所执行的核心功能，将这些功能分解为："感知"新机遇和威胁；通过投资和构建业务模型"抓住"新机会；以及"转换/重新配置"组织以抓住后续机会、消除威胁。与之相关的"资产编排"（asset orchestration），指的是在组织内组装、配置、调整和协调资产的功能，它既涉及"抓住"新机会，也涉及对组织的"重新配置"（Helfat et al.，2007）。这些核心功能是企业通过新产品开发、收购、市场准入等活动，定期"改造"自身及其产业的不可或缺的一部分。

鉴于动态能力促进了企业和产业层面的创新和转型，我们预计拥有更多这些能力或更好的能力变体的企业，往往会表现得更好（其他条件相同情况下）。与此预期一致，一些研究表明，创新的动态能力与创新产出正相关。在一项关于年轻生物技术公司的研究中，Deeds、DeCarolis 和 Coombs（1999）发现，每个企业的新产品数量与动态能力正相关，其中动态能力由科学人员的质量和 CEO 及其他高管团队成员的研发管理技能来衡量。Rothaermel 和 Hess（2007）利用研发支出作为制药产业研发动态能力的代理变量，发现研发能力与生物技术新专利申请的创新产出之间存在正相关关系。这一发现与 Henderson 和 Cockburn（1996）的观点相呼应，即治疗类药物的研发支出越高，制药企业专利数量越多。正如 Deeds 等人（1999）发现的那样，Rothaermel 和 Hess（2007）也发现，更多的高智力人力资本（以科学家人数度量）与创新产出正相关。在半导体产业的一项相关研究中，Dutta、Narasimhan 和 Rajiv（2005）发现，具有高研发能力的企业拥有更好的技术产出(以专利数量度量)和更好的财务绩效(以托宾 q 测量)。Stadler、Helfat 和 Verona(2013)对上游石油产业的研究得到了更多证据,该研究发现,具有更先进的地震成像和钻井动态技术能力的企业,在寻找和开发新的石油储备方面会取得更大的成功。

动态能力也对企业增长以及产业增长产生了影响。许多动态能力可以促进企业规模的增长(Helfat et al.,2007),包括技术创新、市场准入和收购等能力。因此,有关企业增长的持续性的证据是相关的:如果研究表明缺乏增长持续性,这将在一定程度上对企业具有动态能力的说法提出质疑。在评估此说法时,重要的是要在可以合理预期拥有动态能力和增长持久性的环境中进行评估。与动态能力相一致,研究发现了 20 世纪 50 年代美国高增长时期增长持续性存在的证据(Geroski,Machin and Walters,1997),以及在制药产业中企业将研发作为实现增长和赢利的明确战略的一部分的证据(Bottazi et al.,2001)。然而,对于技术创新的个体企业动态能力与产业层面的技术进步和创新之间的联系,还需要进行更多的实证研究。

3.5　结论

本章考察的研究,以企业不会也不能最优化为出发点。相反,企业根据其经营环境作出让自己满意的决策并开展活动。因此,企业的目的是寻求利润,而不是利润最大化。组织惯例及支持组织惯例的能力,构成了这种寻求利润的行为的基础。这些惯例和能力包括用于决策和执行操作的惯例和能力。此外,寻求利润的企业通过搜索以解决其当前业务中出现的问题,并寻找和利用新的利润机会。一些搜索通过应用现有决策规则进行,其他搜索则通过旨在实现组织和战略变革的"动态能力"进行。因为搜索通常是局部的,即在现有的惯例、能力、知识和资源的附近进行,所以企业及其构成的产业的演变,是通过一个依赖于历史的过程展开的。

寻求利润的企业在竞争环境中运营。对新产品和新工艺的追求,提供了一种打败竞争对手的潜在手段。事实证明,技术创新在重新界定竞争条件以使创新企业获得优势方面尤其强大。因此,熊彼特通过创新实现"创造性破坏"的看法,是关于企业行为的演化经济学观点不可或缺的一部分。毫不奇怪,关于动态能力的文献,将技术创新作为企业变革的重要途径。而从整体经济的角度来看,企业的创新努力是经济增长最重要的引擎之一。

注 释

① 关于惯例性质的问题近年来引起了很多讨论,其中一些可以在 Feldman 和 Pentland(2003)、Felin 和 Foss(2011)以及 Winter(2013)的研究中找到。关于组织惯例的各种观点也可以在 Becker(2005)中找到。

4

熊彼特式竞争与产业动态

安德烈亚斯·佩卡　理查德·R.纳尔逊

4.1 经济竞争的性质和作用

　　熊彼特认为,必须将现代资本主义经济视为诱导持续创新和创造性破坏的动态系统,并且必须从这种角度看待经济表现。然而,这一观点基本上被主流经济学界忽略。主流经济学界一直努力的规范分析和实证分析,都是在假设市场存在均衡的条件下进行的。这两种观点之间的冲突,在解释和评价企业之间竞争的方式方面表现得尤为突出。在涉及产业或行业层面的经济活动和市场竞争的分析中,两者的差异表现得最为明显。

　　本章主要回顾了演化经济学关于市场竞争与产业动态的研究,在这些研究关注的产业中,创新是非常重要的。这方面的研究将产业视为一个不断演化的系统。我们想强调的是,就像第3章中对企业行为和能力进行分析的演化视角一样,将产业看作一个不断演化的系统,与过去五十年间标准经济学教科书分析看待经济行为和绩效的方式是存在根本差别的。

当前经济学教科书中对产业行为的分析,更多地关注产业产出的决定因素、这些产出的生产方式,以及产品的价格。它们的理论观点是:这些产出是在企业利润最大化和消费者效用最大化的假设下市场均衡的结果。其中,市场均衡是指,在市场均衡价格条件下,企业愿意生产并提供的产品数量,正好等于消费者愿意花钱购买的产品数量。在讨论中引入的规范分析,主要考虑企业如何有效地运作以及产业均衡价格与成本之间的差额有多大。从这种意义上讲,竞争的作用是:(1)迫使企业为了生存而高效地运转;(2)不断缩小价格和成本之间的差距。

特别是在二战后的这些年里,受关于不完全竞争的新理论文献的影响,除了按上述思路分析竞争性产业和竞争性较弱的产业的均衡条件之外,还有一个研究传统是对各个产业中实际发展情况进行细致的实证研究。不完全竞争理论主要关注在垄断或寡头市场条件下的产业。在这些产业中,产品差异化是一个重要因素[参考 Schmalensee 和 Willig(1989)对这一话题的详细描述]。大多数相关研究的一个目的是帮助确定,当竞争的作用太弱以至于实现不了社会最优的产业行为的情况下,社会需要什么样的反垄断或规制政策。对于许多对产业行为和绩效感兴趣的经济学家来说,这种以经验为导向的研究,本身就是一种重要的经济学研究。

这些研究几乎总是涉及对产业历史的详细考察。并且,尽管只有少数人明确挑战教科书上的理论,但是这些产业的历史中充斥着一些标准理论公式没有考虑到的现象。尤其是,这些产业的早期历史,往往伴随着大量新企业的进入和那些试图进入市场但未能成功存活的企业的退出。许多产业(包括一些相对成熟的产业)都经历过产业领导者的更替。显然,创新在这些产业的历史上发挥了重要作用。因此,随着时间的流逝,该产业中企业所生产的产品的特点和生产过程,经常发生显著的变化。对产业的实证研究提供了大量信息指出驱动这些变化的创新来源。

许多从事这些产业研究的经济学家提出,他们观察到的产业结构随时间的变化,与技术变革的速度和种类有很大关系。

更一般地讲,这些实证研究展示了一个产业是如何往前发展的,与分析产业行为的马歇尔之后的新古典理论相比,这种分析与熊彼特式的理论观点更加一致。对于熊彼特来说,产业行为的驱动力是创新,并且创新在驱动产业竞争方面,其作用远远大于简单地低价销售。

> 在资本主义现实中,与教科书描绘的图景不同,重要的不是那种竞争,而是来自新商品、新技术、新供给来源、新型组织的竞争……这种竞争比另一种竞争有效得多,就好像炸开门比撬开门有效得多一样,而且也更加重要,以至于普通意义上的竞争起到的作用是快是慢,已经变成了一个相对无关紧要的问题。(Schumpeter, 1942:84)

并且,创新很重要的那些产业的特点,是非均衡的不断发生,而不是像教科书中所描述的那样处于市场均衡的状态。同时,在更好地满足人类需求方面的进展,可能是迅速而持续的。

产业行为的动态性显然取决于创新的速度和性质。对于创新非常迅速的产业,人们普遍认为创新主要是产品创新,即顾客(或至少其中一些群体)认为新设计和引进的新产品比之前的设计或产品更好。在这样的背景下,一个企业盈利的能力取决于它处于产品创新前沿或接近产品创新前沿的能力,而处于前沿的企业可以为其产品收取非常高的价格,一直持续到其他企业能够提供等同的服务和产品为止。但当这种情况发生时,价格竞争就变得相当重要了。还有,许多行业技术创新迅速,但主要表现为改进生产方法,在所生产的产品变化不大的情况下降低成本。在这里,创新者赚取丰厚利润的能力,在很大程度上取决于其产品的定价。因此,尽管上述熊彼特的论述可能会使我们向相反的方向进行思考,但是,价格及价格竞争即使是在创新迅速的行业也仍然是重要的经济影响因素。

同价格竞争一样,通过设计和生产更好的产品以及开发更高效、更低成本的生产模式而进行的积极竞争,也给产业内的企业产生了重要的影响。如果一家企业不能领导或保持接近产品和工艺质量不断变化的前沿,它就可能陷入严重的经济困境,被迫离开市场。与价格竞争一样,熊彼特所描述的这种竞争,也给消费者带来了巨大的好处。

关于产业行为和竞争作用的标准观点,倾向于强调产业的非最优行为,即一个或几个企业控制着大部分产出,并具有可观的市场势力的情形。在当前的标准理论下,一个或几个大企业主导的产业,与竞争市场的情况相比,产出更低、价格更高。但在《资本主义、社会主义与民主》(*Capitalism, Socialism and Democracy*)一书中,熊彼特认为,20世纪中叶,拥有自主研发设施的大企业已成为创新的主要来源。因此,社会应该欢迎它们的出现,而不是试图拆分它们。许多解释者认为,熊彼特倾向于低估价格和价格竞争的重要性,导致他普遍低估了竞争的作用。然而,熊彼特的立场根本不是这样的,他的立场是:在一个创新很重要的经济体中,大企业的实际市场势力是有限和脆弱的,因为它们总是面临着被创新竞争者削弱其市场地位的威胁。一个成功的创新者确实可能会主宰一个产业,但这种垄断势力只是暂时的,而且随着竞争对手实现创新,这种垄断势力会迅速消失。

事后看来,熊彼特认为大多数垄断地位是暂时的,而其他企业的新技术开发是造成这些地位被侵蚀的主要原因,这是非常正确的。然而,确实存在这样的情况,即一个企业主导了整个产业,并持续了很长时间,这至少是因为它提供了更好的产品或者拥有优势的工艺。IBM在大型计算机市场长期占据主导地位就是一个很好的例子,微软对各种软件的市场势力也是如此。人们可以相信熊彼特的观点,即创新是最有效的竞争手段,当然,也可以坚信有必要存在一个强有力的反垄断政策。

无论如何,现在很清楚,熊彼特对于大企业在创新中的主导地位只正确了一半。在许多产业,特别是那些由于新技术的发展而刚刚出现的产业,它们创新的主要来源,是相对小的企业而且经常是新的企业。对于演化经济学家来说,最有趣和最重要的问题之一就是最具创新能力的企业的性质(如Lazonick,2005),以及其性质如何与各种产业特征(如年龄)相联系。

近年来,这些思想推动了演化经济学家对熊彼特式竞争和产业动态之间关系的大量理论和实证研究工作的发展。这一系列的研究和写作,与演化经济学家关于技术进步、企业能力和行为的研究(如第2章和第3章所述)进行了较多的互动。但是,产业演化动态分析本身,应该被视为一个研究领域。这一脉络的研究中,有相当一部分是以特定产业的为导向的。但是有相当一部分的研究和写作都旨在发展一种宽泛的视角:更一般性地分析产业问题。本章将集中于后者。正如我们所强调的那样,产业之间有很大的差异。因此,这一方面的研究既要关注熊彼特式竞争与产业动态之间的一般性规律(这些规律在大多数产业中是成立的),还要考虑不同产业之间存在的差异。

4.2 产业动态的基本方面

近年来,研究产业动态的经济学家们获得了大量的新数据,这些新数据使其能够进行以下两个方面的分析:一是对于给定时间内被归为一个产业的那些企业的横截面分析;二是该横截面如何随时间变化,以及这些横截面内各个企业如何随时间变化的分析(Dosi, 2007; Dosi et al., 2012)。许多国家的各个产业在此方面的数据集都是可获得的。

基于这些新提供的数据集,经济学家们首先关注的一点可能是,产业中的企业在很多不同维度上存在着巨大的差异。一个产业中的企业往往在规模上差异很大,无论规模是通过销售额还是就业来衡量。这对于许多研究产业的经济学家来说并不意外,但当时一种重要的经济思想是假设存在一个最优的企业规模,当然,数据不支持这一观点。此外,企业在生产率(以不同方式衡量)和盈利能力(具有可信的衡量指标)方面也存在显著差异。这一点更加令人意外,同时也使人们对下述标准假设产生怀疑:产业的运行一般都接近于一个均衡水平;而生产率和盈利能力低于平均水平的企业不可能持续很长时间，因此在任何时候，这样的企业在产业中的存在都是有限的。但是在大多数产业中，生产率水平低于领导企业四分之一的企业大量存在，这使得以上那些假设变得并不可信。

这里的一部分差异无疑可以反映出，标准的产业分类会涵盖做各种不同事情、迎合不同市场的企业。然而，正如 Griliches 和 Mairesse(1997) 所观察到的那样：

> 我们……原以为，从"综合制造业"这样的一般性混合类别，过渡到像"石油提炼"或"水泥制造"这样更自成一体的门类，异质性会下降。但是，像曼德尔布罗(Mandelbrot)分形现象这样的东西似乎也在起作用：当我们的数据越来越精细化时，各个个体之间的异质性并没有真正下降。有一种感觉是，不同面包店间的差异与钢铁产业和机械产业之间的差异是一样的。

但是企业在其产业分布中的存在和特定位置远不是一成不变的。大多数产业都会有新企业的大量进入和其他企业的大量退出。正如我们稍后会更加详细地探讨的那样，与成熟时期相比，一个产业在新兴时期的进入往往会更加频繁，但是市场进入也是许多成熟产业的一个非常重要的特征。然而，一般来说，新进入者规模小且不易存活。虽然其中一些进入者最终会成为产业领导者，但这通常需要相当长的时间。而从一个产业退出的大部分企业，都是那些进入该产业时间不长的企业，没能赶上、更不用超越竞争对手的企业。

产业中现有的企业会以不同的速度增长。高生产率和高盈利能力的企业相对来说更加倾向于扩张。但也许令人惊讶的是，这种倾向性并不是很强烈。此外，随着时间的推移，生产率和盈利能力水平会降至均值，但这种趋势也不是很强烈。在这些变量中处于领先和落后地位的企业，往往在相当长的一段时间内保持着这种状态。

熊彼特理论的早期解释倾向于假设创新者比非创新竞争者盈利能力更强，增长更快(综述可参考 Scherer, 1984)。一些早期的实证研究似乎支持这一观点。然而,正如第 2 章所讨论的那样,人们认识到,很大一部分创新没有获得任何利润,一些创新甚至损失了相当多的资金。因此,即使在创新速度很快的产业中,快速响应竞争对手的成功创新,而不是自己进行创新,对企业来说可能会更好。后进者常常可以通过观察领先企业的成功和失败来学习。鉴于这些新的理解,一个产业中的创新者相对于非创新者表现如何的问题,在实证研究上变得更加开放。我们在这里引用的研究,并没有显示出明确的普遍性结果。在一些产业和时期,创新者平均来说特别具有盈利能力,并且增长迅速;而在另一些产业,情况则并非如此,或者存在更复杂的动态。

事实上,在几乎所有具有横截面时间序列(面板)数据的产业中,企业的平均生产率都随时间的推移而增加,基本可以肯定的是,这在很大程度上是不断创新的结果。熊彼特式/演化经济学家面对的一个重要问题是:一方面,相对于低生产率企业来说,高生产率企业的扩张在生产率增长过程中具有相对重要性;另一方面,在企业层面上提高生产率也比较重要,这包括产业中的大部分企业,即那些稍微落后于领导者的企业和领导者企业。在大多数已经从实证上探讨过这个问题的产业中,高生产率企业相对于低生产率企业的扩张,似乎在整个产业生产率增长中发挥了相对次要的作用。在以高平均生产率增长为特征的产业中,在大多数情况下,大部分企业都在提高生产率。

这是一个非常有趣的发现。在有合适机会提高产品和工艺性能的领域,竞争显然会促进企业进行创新,或者至少使其尽可能跟上先进的技术。在大多数产业中,竞争和选择的力量显然不足以使所有企业都紧靠前沿,但这确实迫使它们具有适应性。我们注意到,各种研究已经表明,在企业倾向于经营多个工厂的产业中,新技术的发展往往会导致企业减少或放弃旧工厂的使用,因为它们会建立并开始运营新工厂,尽管企业整体规模可能变化不大。更一般地说,许多研究表明生产性新技术的扩散往往相对较快。因此,正如熊彼特所说,一个创新型产业领导者要想在产业中保持领先地位,就必须不断创新。熊彼特的"创造性破坏"

在企业层面上显然是起作用的,正如我们将在下一章中看到的那样,新产业的发展往往导致旧产业的衰落和消失。然而,创造性破坏的主要力量似乎是在实践层面——即企业生产的产品和使用的工艺的性质。

我们所描述的产业动态模式,似乎在很多产业中都是常见的。但正如我们所指出的那样,各个产业之间存在着显著的差异。很少有研究试图强调和解释,我们所描述的模式在不同产业之间的差异。例如,人们可能会预期,大部分技术进步来自产业以外的来源(如供应商和大学)的产业,与技术进步在很大程度上取决于产业内部企业创新结果的产业相比,企业生产率的方差和生产率增长在企业中间广泛发生(与之相对比的是,集中发生在少数主导企业中)的程度,可能存在相当大的差异。据我们所知,这个问题还没有被探讨过。

几乎可以肯定的是,使得产业存在差异的另一个特点是产业所处的生命周期阶段。我们在上面观察到,新兴产业中的进入与退出,往往比成熟产业更频繁。但是同样地,使用这些数据集来分析这一问题的研究非常少。不过,现在有大量的研究和文章研究了在一个产业生命周期中发生的事情。下面我们会对这些研究进行讨论。

4.3 产业生命周期

现在有大量的以产业生命周期的概念为导向的理论和实证文章(例如:Utterback,1987,1994;Klepper and Graddy,1990;Klepper,1997;Klepper and Simonis,1997)。根据这一理论,一种新产品的原始版本的出现,就会带来一个新产业,如果该新产品一经完善——或者更宽泛地说,借助一种新技术得到完善,而这种新技术有望带来一系列可能有价值的用途——预计就会有强劲需求的话。随着产业的演化,产业生命周期理论旨在"捕捉一个产业内部及其成员企业内部随着时间的推移而发生的动态过程"(Utterback,1994:92)。该理论中强调的一些更重要的

动态模式,如图 4.1 所示(Pyka,2000:28):

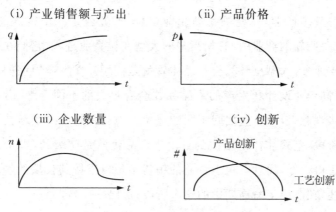

图 4.1　产业生命周期的特征事实

　　如这一描述所示,在一些处理中,一个产业的生命周期被视为与一种产品或其中一类产品的生命周期相关联。在其他处理中,依据的则是一项特定的技术。在这两种情况下,对于产业的边界以及应该如何描述它的历史,都存在着一定的随意性。因此,晶体管在真空管基础上的发明和升级换代,应该被看作是开创了一个新的产业,还是对已建立的电子器件的生产部件进行的改造?在技术变得可行之后,那些开始生产个人电脑的企业,是否应该被视为开创了一个新的产业,还是开创了一个定义更广泛的计算机产业的新分支?产业定义的广义或狭义的差异,无疑是我们稍后将要考虑的、不同产业的生命周期特征差异背后的一个重要因素。(我们注意到,在上一节中讨论的产业横截面时间序列数据中也出现了同样的问题。)

　　如上文所述,目前有大量关于不同产业历史的研究,有些研究侧重于某一特定国家中产业的发展,有些则以生命周期框架为导向,更加全球化地看待这一产业。尽管具有异质性,但在这些产业动态的研究中,有很大一部分显示出了许多相似的模式。

　　与刚刚描述的使用产业普查数据的研究相一致,这些模式在产业生命周期早期阶段显示出高进入率和高退出率的特点。在很大一部分被研究的产业中,大多数进入的企业都是小企业,其中一些来自使用相同技能的另一个产业,一些则是新企业;汽车产业就是一个很好的例子。然而,在一些新的产业中,有相当多的大型在位企业进入,它们在新领域开展分支业务;大型机计算机和晶体管就是例子。在生命周期的早期阶段,由不同企业设计和生产的产品往往会有很大的不同,反映出客户的不同购买观念,以及企业之间不同的竞争能力。在新产品或新技术开发的早期阶段,范式往往是松散的。由于产品仍然是初级的,很少有企业能够销售得很好,而且有很多企业的销售不足以维持其长期的经营。如前文所述,在产业生命周期中的这个阶段,退出率很高。

在最终变得重要的产业中,能够吸引大量客户的产品设计,迟早会被开发出来。生产这些产品的企业数量不断增加。那些自己无法开发和销售具有吸引力产品的企业,试图向更成功的竞争对手学习,其中,有些企业取得了成功,有些企业则失败并退出了该产业。在产业"兴起"的早期阶段,新企业的进入可能会加快。但随着该产业中企业规模和实力的增长,进入将变得更加困难。活跃企业的数量趋于稳定,然后下降。而平均企业规模往往会越来越大。

伴随着产业结构的发展,企业提供的产品的变化幅度趋于下降,产品创新往往侧重于改进现有的设计,这一趋势又强烈地影响着产业结构。作为企业规模增加的结果和推动力,工艺研发和创新开始不断增多。

在几乎所有研究案例中,随着产业的成熟,产业结构变得更加集中。在许多这样的案例中,高度集中与"主导设计"的出现相关(Utterback and Abernathy, 1975; Anderson and Tushman, 1990; Suarez and Utterback, 1995)。当一种定义广泛的产品的潜在客户的需求和偏好之间存在很大的相似性时,一种主导设计可能会出现,这种设计能够很好地满足那些需求,并且吸引大部分需求份额。在这种情况下,如果该设计的某些方面是专有的或由于其他原因难以模仿的,抑或是在特定产品的生产中存在显著的规模经济,则可能会出现垄断或高度集中的市场。如果主导设计的存在促使企业能够成功地开发更有效且适合其生产的生产设备及工艺,则生产中存在的规模经济的影响可以动态地得到增强。

Klepper(1997)认为,即使在没有主导设计的情况下(除非"主导设计"是指主导企业生产的产品),生产中存在的规模经济往往也非常重要,那会导致垄断或高度集中的产业。随着企业产出的扩大,提高生产率所带来的好处也开始增加。Klepper指出,在他所研究的产业中,最初的经济衰退导致中等规模以上的企业在其工艺研发中产生了显著的增长,而在这方面比较成功的企业的规模会变得更大。他的论证中隐含着这样一个观点,即当特定产品的生产中存在显著的规模经济时,有一种设计可能会主导市场(通常是由占主导地位的企业生产),即使这一特定的产品设计可能不会特别好地满足特定客户的需求。

但接下来的问题是,消费者想要什么样的样式,以及他们对特定产品的偏好如何。显然,在许多情况下,特定买家的需求在很大程度上受到他们以前购买过的和其他客户正在购买的东西的影响。用户已经学会有效运用的产品设计,可能是他们想要添加到库存中或取代已运行物品的首选设计。在对导致早期大型计算机产业集中的驱动因素的研究中,Malerba等人(2016)认为这种"锁定"是发挥作用的一个重要因素。而另一方面,潜在客户也可能会被吸引到一个很多其他客户已经购买的设计上,因为这种设计具有兼容性的优势,或仅仅因为其他客户都购买了该设计,而这意味着它质量良好。Malerba等人(2016)提出,这种"追随"效应对于IBM在早期大型计算机产业中的主导地位也很重要。

这些关于为什么高度集中的产业经常出现的理论,也解释了在某些条件下这种情况不会发生的原因。其中一个条件是市场上的客户非常多样化,需求也有很大的不同。在这里,制药产业就是一个很好的例子。如果将制药产业视为一个整体,那么,它是一个成熟但仍然具有创新性并且不是非常集中的高科技产业。一个重要的原因是,虽然特定疾病的治疗市场可能由一种或几种药物主导,但如果考虑一般的药物市场,主导设计是不会出现的,因为患有不同疾病的人需要完全不同的药品种类(分析参见 Malerba et al., 2016)。

另一个阻碍新兴产业向高度集中产业演化的因素是纵向分离。面向生产相关产品的下游产业,设计和制造生产设备或关键部件的公司,可能会形成一个独立的专门产业。因此,下游产业的潜在进入者不会面临具有卓越的生产和零部件技术的现有企业的障碍,它们可以独立地发展。也就是说,产业内所有的企业都可以使用最先进的生产技术。Malerba 等人(2016)认为,个人计算机产业从未像大型计算机产业那样集中的一个重要原因是,一个独立的零部件产业在前者中出现得相对较早。

由于信息与通信(IC)技术的显著进步,存在某种特定主导设计的市场范围可能正在缩小。这些新技术极大地提高了企业根据客户的不同需求定制产品的能力,竞争也迫使他们采取这样的行动,而不是试图将一种基础产品销售给具有不同需求的各种客户。这些技术也将更多的设计灵活性融入生产设备中,从而降低了规模在特定设计生产中的重要性。因此,Klepper 在他所研究的许多产业中认为的非常重要的现象,可能就变得不那么重要了。

产业周期理论的一个隐含假设是,在一个产业兴起并经历快速技术进步和快速增长的时期之后,迟早会出现收益递减现象,因为进一步发展的机会已经耗尽。这种模式确实适用于许多已经被研究过的产业,但并非所有产业。在该模式适用的情况下,产业可能仍然是经济的重要组成部分,但以相对稳定的技术生产相对稳定的产品。汽车轮胎似乎就是一个例子。或者,这个产业可能会被一个新产业所取代,这个新产业使用新的、不同的技术,但生产的产品却满足同样的需求。真空管产业的消失以及新半导体产业的替代,就是一个典型的例子。

在大多数情况下,当一个新的技术体制取代一个旧的技术体制时,在旧体制中占主导地位的企业,往往不会在新领域中取得卓越绩效,而是走向衰落和破产,而在新的产业中,一批全新的企业将会变得很重要。

管理学文献(如 Tripsas，1997)中有大量这样的企业案例研究：一些企业一度非常强大，但未能认识到一种新的技术正在出现[在某些情况下是由于一种"非本地发明"(not invented here)综合征]，或者确实采用了新技术，但不能很好地管理它。但是事实并非总是如此。因此，许多早期设计和生产晶体管的企业，都是在真空管产业中占据突出地位的企业。然而，有趣的是，随着新半导体产业的兴起，像微软这样的新企业开始占据主导地位，老牌在位企业则纷纷衰落或退出。已经有大量文献涉及所谓"能力摧毁式"(comptence destroying)技术进步(Tushman and Anderson，1986)，即一个产业的基础技术的变化，这使得围绕旧技术建立起来的企业能力变得过时。重要的管理学文献已经探讨了在相关技术基础变化的情况下，什么因素能够促使企业学会有效地运作。第 2 章对其中一部分文献进行了分析。

4.4　产业"做事方式"更广泛的演化

我们先前强调，经济活动中的"做事方式"远不止通常所说的"技术"。我们在第 2 章中指出，企业使用的技术是企业能做什么的主要决定因素。然而，这些技术——产品的设计和生产方法——能制约但不能决定工作是如何完成的、所涉及的劳动分工、协调和控制的方法，以及关于这些事项的决策和执行方式。大量的实证研究表明，使用相同基础技术的不同企业，在产品质量和生产成本方面可能存在显著差异，而这些差异背后的一个重要因素在于工作的组织和管理方式。

学习如何有效地组织和管理新技术的运作，进而在使用的技术发生变化时作出相应的改变，对管理者来说是一项艰巨的挑战。许多企业仅仅通过忽视新技术来回避这个问题。在那些决定采用新技术的企业中，一些企业显然比其他企业更善于学习掌握它，而这方面的差异对企业的生存能力而言，可能和所使用的技术同样重要。随着一个领域中所使用的技术开始在各个企业之间稳定下来并变得更加标准，正如产品周期理论所指出的那样，学习过程迟早会变得更加具有累积性，企业也可以尝试从它们所能辨识出的其他企业正在做的事情中学习。我们将很快介绍一些促进这一进程的制度发展。但在这里我们注意到，在 Klepper 所研究的那样的产业中，随着产品技术的稳定，工艺技术的变化速度实际上可能会加快。

Klepper 强调，这些在工艺技术方面的发展，常常要求企业以更大的规模来进行运营。虽然销售额的增长可能证明这一举措是合理的，但重组和重构治理模式以实现更大规模的有效运作的过程，可能是一项巨大的挑战。这可能需要对企业组织和惯例进行重大重组。阿尔弗雷德·钱德勒（Alfred Chandler，1977）对美国大规模生产企业的发展进行了深入研究，详细介绍了这些企业为寻找和实施能够应对大规模运营挑战的组织和管理模式所做的努力。他认为在组织创新中，更重要的是多部门企业的发展。稍后将会有详尽的讨论。但更普遍地来看，管理学文献清楚地表明，钱德勒的"规模经济和范围经济"是不容易实现的。

随着产业的发展，关于不同企业的参与范围，也有一些问题必须解决。如果所涉及的产品或服务有许多不同的组件，那么，一个企业就必须决定自己生产哪些组件。而如果该企业希望销售完整的产品，则必须决定从其他企业那里购买哪些组件。一些企业可能专门生产一个或几个组件，并将这些组件出售给组装出完整系统的另一家企业。一些产业已经具备专门的组装商，它们自己不生产或只生产少数的组件。

关于企业纵向一体化的程度，也存在类似的问题。如前文所述，在一些产业中，原来就有或者正在发展出专门从事生产设备的企业。还可能会出现专门从事与客户互动和营销的企业。然而，其他一些企业可能更喜欢高度纵向一体化，建立自己的客户关系和营销，并设计和生产自己的生产设备。

许多年前，亚当·斯密（Smith，1776）提出："劳动分工取决于市场的范围。"许多年以后，乔治·施蒂格勒（George Stigler，1951）给出了许多遵循这种动态模式的产业实例。当代经济学家对产业生命周期进行研究时,很少关注我们这里一直考虑的产业结构和产业行为方面。但我们认为斯密的观点基本上是正确的。随着产业走出早期形成阶段,基础技术和其他做事方式变得更加稳定,整个市场规模也越来越大,企业横向专业化和纵向专业化的趋势增强。企业网络变得更加稳固和重要。

现代经济中生产组织的特点,是具有不同技术知识和专业知识的异质行为者之间的广泛分工(Teece,1987)。但为了取得成效,这种分工需要强有力的沟通和协调机制。没有一家企业能够应对与其运营相关的所有技术变化。因此,企业寻求获取外部知识来源。涉及许多企业和其他行为者的创新网络(Pyka,2002),是产业研发越来越重要的一个方面。20世纪90年代,学者们首次认识到并开始研究这些网络,认为它是制药领域的一个新发展,其中大型多元化制药企业与较小的专业生物技术企业合作,这些生物技术企业通常是新企业,并且与大学密切相关(如Powell,Koput and Smith-Doerr,1996)。当时经常有人认为,这种安排是暂时的,大型制药企业迟早会在新领域建立自己的内部能力,一些专业的生物技术研究企业也将成长为完全成熟的制药企业。这种情况在一定程度上已经发生了,但网络安排在这一领域仍然突出,并已经延伸到其他领域。

创新网络随着产业的发展而不断演化,并逐渐适应产业所采用技术的发展方式。在新兴产业中,特别是在主导设计出现之前,人们经常可以看到产业中的企业与各种外部专家进行探索性研究(explorative re-search)。在此阶段,创新网络能够快速增长,但各种行为者之间的联系往往相对松散。随着技术日趋成熟,企业越来越多地从事开发性研究(exploitative research),旨在对产品进行更好的调整并降低成本。此时网络变得更加紧密和持久。

大多数对这些模式的研究都是以案例研究的形式进行的。关于这类网络以及它们在产业和时间上的差异,研究几乎没有达成共识。阿尔弗雷德·钱德勒注意并研究了以下这种现象:在许多产业中,大企业倾向于经营许多不同的准独立部门,这使得从经验上记录上述时间模式变得特别困难。在很多情况下,这些独立部门就像是独立的企业一样运作。

在任何情况下,在组装一个完整产品系统的企业与购买组件的独立企业之间,或者在生产产品的企业与根据下游企业的需要来设计和制造生产设备的独立企业之间的研发和其他交易,很少是通过标准经济学教科书中所描述的那种匿名买卖进行的。这种交易通常会涉及大量的讨论,包括需要什么、花费多少,以及在一些细节上的讨价还价,而在提供和转移所需物品方面也会建立一些明确的合作。这些关系的有效发展需要时间和学习。其底层结构可以被描述为完全铰接、部分连接的网络。

更普遍地说,经济学教科书上描述"市场"的方式掩盖了这样一个事实:许多市场涉及相当复杂的制度结构,这些结构在各个行业之间存在显著的差异,并且随着时间的推移而不断发生演化。以产品市场为例,这种制度结构将商品或服务的客户或用户更普遍地与商品或服务的生产商或提供商联系起来。如前文所述,在许多产业中,有一系列位于生产商和用户之间的企业:汽车产业的汽车经销商;家庭购买蔬菜的食品杂货店;为戏剧和音乐会提供舞台的剧院,而表演节目的生产通常是在另一家企业的控制之下。与制造产品或服务相比,营销和分销产品或服务往往需要不同的专业知识,这通常反映在从事相关业务的不同企业中,尽管多部门企业的存在可能会使这种区别变得模糊。随着产业的发展,产品市场会随着时间的推移而不断演化。

上游产业也是如此。我们之前提到,在许多产业中,一批专业设备供应商应运而生,他们往往与其下游客户有着相当复杂的市场关系。我们还注意到,新兴产业中的企业经常会面临融资难题。随着产业的成熟,金融机构对金融业务的了解越来越深入,制定和处理金融业务的安排模式也就逐渐形成了。

我们强调了不确定性和热情,它们往往代表着形成一个新产业的努力。一些企业家利用自己的资金,或者说服家人和朋友来筹集资金。而很大一部分企业家需要从外部人士或金融机构那里获得资金。一般来说,银行不从事这样的融资业务。它们可以利用可靠的专业知识来判断一个项目申请获得成功的可能性,但是,在新产业发展的这个阶段,这样的专业知识是缺乏的,而且多年以来,银行也并没有将自己视为高风险企业的资金来源。新企业家通常无法说服为新的风险问题提供担保的金融机构去为他们的想法融资。在早期,以冒险为乐趣的富人以及企业家的一些朋友和亲戚,是新产业中企业融资的重要资金来源。

自第二次世界大战结束以来,许多国家出现了"风险投资"制度,这是新兴产业中新企业的重要资金来源。然而,各种研究表明,在商业产品的推出得到充分证明之前,风险资本家通常不愿意给予支持。近年来,许多国家出台了为新兴产业的发展提供资金(直接地或间接地)的政府计划,但总的来说,这些资金相当有限。在大多数国家中,为新兴产业中高度不确定的风险企业融资,仍然是一项极具挑战性的业务。

然而,一旦生产出的产品能够销售并保证盈利,情况就会发生巨大的变化。金融机构和股票市场对新的成功产品是开放的。银行为某些类型的活动提供融资成为可能。如果该产业兴起了,金融机构将在项目评估和资金申请方面发展出专门的知识。

随着新兴产业的发展,产业协会逐渐形成,由最初的非正式组织发展成为后来的正式组织。这些组织提供了解决内部冲突和共同利益的机制,也提供了与重要的外部产业和团体进行互动和游说的机制。

并非所有产业都需要具备特殊技能的工人,但很多产业是需要的。同样,随着产业的发展,一个专业化的劳动力市场往往也在不断发展,它将潜在雇主和具有这些技能的熟练劳动力汇集在一起。阿尔弗雷德·马歇尔(Marshall,1890,1892)非常重视19世纪在曼彻斯特周围发展起来的劳动力市场,并认为这一因素解释了为什么曼彻斯特的企业在如此长的一段时间里都是纺织业的领导者。

一些(当然不是所有)产业发展的一个非常重要的方面是,学校(如果技术非常复杂那就是在大学)里出现了一些能够提供必要的专业能力培训的项目,以便学生能有效地执行需要完成的任务。在一些情况下,一种新的专业可能会出现,并具有相应的标准外在标志:会议、期刊、奖项等。在少数情况下,一门新的科学学科也可能会出现,它以产业技术的科学基础为导向,大学也可能开始在这一领域进行研究。化学与电气工程作为大学教育和科研领域的出现,就是很好的例子。计算机科学的发展是一个近期的例子,它生动地说明了一个产业的发展与支持它的外部制度发展之间的共同演化。

随着产业的发展,政府的政策和计划也在不断演化。当产业刚出现的时候,其中的企业不得不在一定的监管机构和更普遍的公共政策的环境下运营,这些政策环境是在更早的时期实施到位的,但对企业可以和不可以做什么都有很大的影响。随着产业的形成,并开始作为一个独立的实体受到关注,法律就面临着变化的压力。其中一些压力来自产业内的企业,它们经常通过产业协会来摆脱没有意义的限制,并游说政府出台更多的扶持性政策。一些压力则可能来自外部的各方,它们受到新产业的存在及其产品的广泛影响。随着产业的成熟,这些压力及其促成的法规和法律也会不断演化,并且更多地关注了与产业及其产品相关的问题和需求。

汽车产业就是一个很好的例子。随着道路上汽车数量的增加,显然有必要规范驾驶行为。一整套新的交通法规与警察的新任务也一同出现。后来,一系列关于汽车设计和驾驶行为的法规应运而生,以保护车内的人免受伤害。再后来,环境问题导致了另一个法律体系的发展。虽然汽车例子特别生动,但在许多产业的历史中都可以看到类似的新法律和法规体系的出现和发展。制药产业就是一个很好的例子。最近,推动纳米技术发展的创新者们一直在与一系列新的、旧的法律作斗争,这些法律限制和塑造了他们可以做的事情。

以上这两个产业以及飞机和航空旅行产业是说明以下事实的好例子,即在许多情况下,一个新产业要得到有效的发展,可能需要新的政府计划和投资。汽车拥有量的增加导致对政府提供平整道路的需求增加，同时道路建设和维护成为政府重要的预算项目。制药产业的崛起及其相关游说，是二战以来许多政府投入大量资金支持生物医学研究的一个重要原因。政府负责设计和运行使得当今高密度的飞行模式变得可行的空中交通管制系统，并且在许多情况下，政府还负责建设和维护机场。

显然，产业演化是一个非常复杂的过程，涉及许多相互依存的方面。很少有关于产业演化方式的研究，涉及我们在本节中讨论的产业结构的各个方面，而且我们所了解的研究也没有系统地研究过支持性制度的共同演化（另见 Hanusch and Pyka，2007）。但我们认为，如果不考虑经济产业或行业演化的这些方面，分析就会非常不完整。

4.5 更广泛地坚持明确的演化观点

本章提出的产业行为、绩效和动态的演化观点与新古典主义理论的观点有很大的不同。然而，正如我们在本章开始时所表明的那样，长期以来，主流学科中一直存在着一种研究和分析产业经济学的传统，即以相对实用和动态的方式看待产业行为和绩效。这在一定程度上反映了熊彼特的影响，但这一传统可以追溯到更久远的时期，并在阿尔弗雷德·马歇尔（Marshall，1919）的《产业与贸易》（*Industry and Trade*）一书中得到了突出体现。本章所分析的大量研究，都是经济学家在经济学系所做的研究成果。

但我们认为，可以公平地说，对经济活动持有明确的演化观点的一个主要优势是，这使得我们本章所讨论的不同领域的研究能够融贯地结合在一起。我们所提到过的一些经济学家也有这种倾向，但至少从目前来看，很多经济学家还没有认识到这一点。

我们在这里要指出的一点是，演化经济学的方向既是宽泛的，能够容纳实证研究所发现的、与研究主题相关的各种现象，又在理论上具有广泛的建设性,有助于理解这些现象是如何联系的,以及它们如何影响或受影响于产生它们的演化过程。换句话说,演化理论确实会事先将注意力集中在某些现象和过程上,但它很容易认识到许多因素和机制可能是起作用的,因而有能力从理论上对正在发生的事情作出解释,对我们从经验中学到的东西进行广泛的回应。

我们认为,这一特点在我们从演化角度对产业行为、绩效和动态进行的研究描述中清晰可见,并且对于研究经济学作为一个研究领域所特有的现象和提出经济学所特有的问题来说,这一特点也是非常可取的。我们注意到,如今许多经济学家的操作和思考都相当务实,其中很多人明确地认识到,经济世界需要被理解为一个不断变化的世界。我们认为,对于倾向这种观点的经济学家来说,明确的演化方向将是非常有帮助的。

4.A 附录:历史友好模型

悉尼·G.温特

第4章的附录对历史友好模型进行了概述。历史友好模型是使用正式建模对产业动态进行分析的灵活方法。这种方法考虑到了特定产业的演化,以及促进产业演化的一般性的因素。正如第4章的讨论所强调的那样,影响产业发展动态的因素,在不同产业之间存在很大差异。这些差异曾在历史研究和政策导向的分析中记载过,并且也在那些技术研究和组织研究等领域的文献中被识别出来。这些差异延伸到了对长期增长至关重要的问题上,如创新机会的性质,以及寻求利用这些机会的企业行为特征。

对特定产业动态的解释,必然涉及"理论"要素(尽管它可能没有用正式术语表述)。由于不同产业之间的差异性很大,这就产生了一个问题:使用一个理论框架解释这些不同产业发展时,在多大程度上概括产业的相似性是合适的？很明显有些相似现象是可以进行相似性处理的，但是，也有一些差异需要在不同情形中进行区别对待。例如，在制药产业，专利制度对创新激励的影响很大，因此，关于专利制度如何起作用的思想，构成了关于产业动态如何运作的思想的一个重要子集。将专利制度排除在制药产业的背景之外，或者将专利制度进行简单化处理，而不是通过研究手头的实际案例来了解专利制度，显然会使分析面临严重错误的风险。然而，并不是说，对专利制度的重视，是每个特定产业动态分析中不可或缺的要素。因此，有必要对某一特定产业整体情况中的各个要素进行某种粗略的成本收益分析，这种分析将意味着不同产业将会有不同的变量选择。

历史友好的艺术形式提供了一种灵活的、情景相关（context sensitive）的方法，来分析各种不同的产业动态。这一方法在这里被解释为对三重挑战的特殊回应。三重挑战是指，所有那些试图对现实进行解释的各种理论模型所面临的挑战。以下将分别讨论这种方法是如何回应这三重挑战的。

4.A.1 三重挑战

第一，进行理论化的特定真实现象的选择是一个挑战；第二，为了达到理论化的目的，对这些现象的表征形式的选择是一个挑战，这包括概念、变量、公理和潜在假设，它们将共同来"代表"这些现象；第三，选择表征的操作模式——这些工具允许理论化过程到达目的地，而不是简单地重述其起点。在"科学"或有抱负的科学的背景下，对第三个挑战的回应是以逻辑论证规范引导的，也是由超逻辑（extra-logical）规范引导的，这些规范反映了"科学"的含义，或特定背景下所讨论的特定科学应该意味着什么。然而，"理论"所采取的具体形式却截然不同。

这三个挑战带来了权衡。将分析限于少数变量和因果机制的决定，有利于实现或者说明一个简单的理论表达的逻辑。简单的表达形式，通过数学或逻辑演绎工具的使用，为探索这些表达方式的含义提供了特殊优势。自 20 世纪中叶以来,这种分析方式在经济学理论界就一直有压倒性优势,其成果在理论文献中随处可见,一个令人印象深刻的例子,是包含两个要素和两种商品的国际贸易理论——该理论未包括地理、运输成本或技术变革等因素。简洁性受到高度重视,尤其是那种让理论家可以提出一个问题,然后用有限的数学技巧来解决的简洁性。① 与此相反,倾向于广泛的范围和参与复杂性的理论选择,在传统上反映为更多使用文字论证来探讨情境的逻辑;这种选择在政策导向或历史研究中更为普遍。历史友好模型是一种形式化的理论模式,它提供了一种替代方案,以取代以简洁性为主导的、关于如何在三个基本挑战之间进行权衡的观点;它是现有方法在知识领域的一个新竞争者,现有方法特别应对的是这些挑战中的一个或另一个。

对于第一个挑战,选择现象需要已有理论的支撑,历史友好模型的灵感来自经济史,尤其是在经济增长大背景下突出的那些特定产业的历史当中。更具体地说,它着眼于更大范围内相关的各个产业的历史。进一步讲,关注在历史中显得至关重要的那段时间的故事。

关于第二个挑战,历史友好模型在很大程度上采用了演化经济理论中使用的表达形式。因此,企业是重要的行为者(focal actors),它们的创新行为(或缺乏创新行为)被视为关键的因果机制。每个企业的能力不同,并且通常通过长期努力来塑造这些能力。这些重要的行为者所处的背景,既不是简单的,也不是被动的。个别行为者的有效能动性受到严重制约,这不仅源自人们熟悉的竞争机制,也源自外在因素,如特定需求来源的出现或消失。

最重要的是,历史友好模型方法强调时间维度的重要性。例如,企业不是天生就是大企业或反映了实现最优产量的均衡条件。相反,一些企业经过多期的积累和增长而变大,通常是在长期内的增长。企业规模之所以重要,有很多原因,但尤其是因为规模经济有利于企业对创新收益的占有。产业结构(简单理解为企业规模的分布)不断演化,也很重要。技术随着时间的推移发生的变化,既是内生(通过研发和研发)的,又是外生(通过外部技术机会)的。由于研发的这种链接,技术的演化往往与企业能力、盈利能力、增长和企业规模分布密切相关。

在需要考虑历史现象的复杂性(挑战一),并反映变量之间的逻辑关系(挑战二)的情况下,理论家如何应对第三个挑战?如何以一种追求高标准逻辑解释的方式体现复杂过程?计算机仿真是研究历史友好模型的学者们提供的答案,但也是为了应对科学领域中类似的挑战。例如,我们今天所拥有的、有一定帮助的中期天气预报,是建立在物理学理论框架内对大量特定时间数据的有效计算加总的基础之上的。②

基于这些案例,历史友好模型的建模者试图展现出重要历史事件的关键动态,为研究工作中所考虑事项的相对复杂的表达打下基础,并大量依赖计算机来产生一开始并不显而易见的有趣结果——这些结果在逻辑上(至少原则上)符合要求。建模者并没有忘记简洁性和对范围的某些限制的要求(挑战一)。但是,他们并没有把这些约束奉为圭臬,而是为了纳入复杂性而尝试突破它们。③

4.A.2　历史基础

指导理论化需要焦点,但问题在于指导焦点的选择。在历史友好模型的构建中有许多标准,其中一些毫无疑问是在潜意识层面上运作的。在所宣称的标准中,与现代经济增长宏大故事的相关性,占据首位。我们(对历史友好模型的建模者)对这一故事持一种特殊的看法,认为它涉及现代经济体制(不完美地称为"资本主义"或"市场体系")的发展与知识(尤其是技术和组织知识)进步之间强有力的因果互动。我们不认为知识在这个故事中具有因果上的优先地位(如同一些"线性模型"的版本一样),也不认为经济发展是市场体系自身运转的结果,或借助"创业"产生的成果。在强调互动的同时,我们追随了至少自亚当·斯密以来的大量学者的贡献。其中包括许多对特定产业和技术的详细研究,这些研究借助理论层面上的判断来解释历史[如第1章及下文所讨论的"鉴赏式理论"(appreciative theories)]。实际上,这些研究很少能为关于重大事件的纯知识或纯资本主义的观点提供令人信服的支持。④

到目前为止,只开发了少量的历史友好模型。这些模型中关注的重点显然是经济发展历史上的重要事件。Malerba 等人(2016)仿真了美国计算机、半导体和制药产业历史上大致 50 年的发展历史。半导体和计算机的进步对总体经济增长的影响是显而易见的。在制药方面,德国合成染料产业是历史上第一个真正以科学为基础的产业(Murmann,2003),也是当今以研究为基础的制药产业的先驱。Garavaglia、Malerba 和 Orsenigo(2006),Brenner 和 Murmann(2016)以及其他人,用历史友好模型的方法探索了其因果动态关系。在所有这些研究案例中,以及其他历史友好模型文献中,生产性知识和追逐利润的企业这两个领域之间的互动,被视为关键的因果分析重点。然而,每一个互动关系都是在特定背景下发生的。因此,描述不同互动关系的方法应该是完全不同的。

4.A.3 表征

如前文所述,在历史友好模型中选取的表征与当代演化经济学整个范围中所支持的内容有很多共同之处,甚至还超越了当代演化经济学。我们假设商业企业群体在市场环境中竞争,这种环境由成本、需求和技术机会决定。这些模型企业不是通过与真实企业的详细匹配来设计的,它们并不会引用历史上那些企业的名称。⑤在大多数情况下,企业(或它们的一个大型子集)的初始状态,也就是说,在模型的随机元素和累积动态有机会产生差异之前,实际上被表示为相同的。这些元素中的一小部分首先会在企业中建立异质性,并且是一种路径依赖很强的异质性,随着仿真时间的推移,这种异质性会变得更加明显。⑥

在模型中,企业既可以被视为非常简单,也可以被视为非常复杂,这取决于同什么进行比较。如果人们着眼于经济现实,或者文献中对现实的解释,那么按照这个标准,企业可以被视为非常简单。然而,如果在主流经济学的教科书和论文中找寻比较对象,那么,历史友好模型的企业就非常复杂。它们是存在很多维度的实体。在 Malerba 等人（2016）的计算机产业模型中，每个企业在每个时间点大约有 25 个变量，并且通常按市场细分或技术类型等因素来区分。而其他一些变量（包括许多随时间变化的变量的初始值）则是（或可以是）按公司而不是按时间来区分的。很多参数出现在企业惯例和决策规则中，这些参数塑造了企业的行为，这些参数也可以相当合理地被视为特定于企业的参数，但是为了简单起见，在建模工作的报告中并没有展示出来。

企业决策领域体现了历史友好模型和当代主流经济学理论的精神之间最鲜明的对比。在后者中，能够显著影响企业行为的理性代理人，只有在"深思熟虑"之后才作出决定，而且他们往往会考虑竞争对手"深思熟虑"的行为。在历史友好的表征中，企业选择问题被视为分散的或"几乎可分解的"，与此一致，在大多数规模较大的企业中，行动变量实际上被分散控制。此外，关键的企业选择是由决策规则驱动的，这些决策规则是对企业及其环境可用的当前数据的响应，一次响应一个问题——这些响应不是对未来理性详尽的预测，也不是对"深思熟虑"的响应。

这里，"可用的当前数据"有两个紧密联系的含义：第一，在特定仿真时间点输入到模型决策规则中的数据，必须以某种方式进入模型，要么作为开始时输入的参数值，要么作为模型在较早时间里生成的变量值；第二，在解决有关模型中包含的参数和变量的问题时，需要引用经验证据和相应解释性工作的指导，从而确定模型中最终"可用"的数据到底是什么。在这些指导下，从假定的决策规则中产生了一种面向未来的"智慧"元素：虽然模型企业不参与模拟未来的详细预测，但它们所遵循的规则可以部分被合理化为适应复杂多变的环境的努力。

例如，一个关于专业的计算机制造商是否为其计算机生产半导体组件的决定。在 Malerba 等人（2016）采用的模型中，这种选择是由"倾向"模型（"propensity" model）决定的。在特定时间段内进行一体化的概率会随着组件技术的发展而增加，前提是随着时间的推移，技术不确定性的降低会降低一体化生产的风险。这一概率也对该企业的电脑产量与最大零部件供应商产量的比值作出了积极的响应⑦，反映了这样一种观点，即当该比值较小时，研发的规模经济会倾向于依赖外部专业供应商。这两方面影响实质上的大小，由一体化模型中指定的参数决定。这个例子很好地说明了演化或者历史友好模型的典型特征。例如，虽然假设的规则可以解释为"追求利润"，但它对不确定性、战略地位和企业异质性的考虑作出了响应，这些考虑通常在主流模型中被抑制，也不能合理地解释为"利润最大化"。

建模者通过猜测这些结构的性质和可能会有影响的变量的特性，以及能够将这些判断纳入计算建模范围的、强简化的特征，作出了他们的选择，尽管他们的信息可能并不完全。与许多平行的案例一样，这些建模者坚持这样的观点，即这些方法虽然仍在发展中，但相较于将企业作为"单一理性决策者"，它们更符合可观察到的现实。

除了这些在演化经济学中司空见惯的基本表征特征之外，一种特定的历史友好模型还考虑了基于特定历史阶段具体情况的表征，如专利系统的作用或政府对研发的资助的作用。当然，这些具体情况本身并不能说明，什么才是对它们的有效表征。正如第 1 章所讨论的那样，演化经济学家通常在很大程度上依赖学者们提出的"鉴赏式理论"，这些学者专注于某一特定主题，并努力解决描述其主要作用机制的问题。这种方法被用于历史友好模型的构建中，特别是对于由特定产业在特定时期定义的"主题"。

鉴赏式理论通常是文字表达的，而不是通过符号和方程来表示的。它通常表现为很有说服力的故事，因此，读者肯定会觉得它比理论更具描述性。但它是解释性的描述，这是理论要素不可避免要涉及的地方。鉴赏式理论是解决复杂主题的解释挑战的关键资源（如一个主要产业的历史阶段）。过去鉴赏式理论学者在各种领域积累的知识存量，被历史友好模型的建模者视为非常珍贵的中间投入品。这些领域的学者包括产业学者、商业史学家、经济政策研究学者。然后，他们试图用更正式的计算机代码来重新塑造故事的逻辑，从而为分析提供新的机会，包括仔细审视解释逻辑,以及探索反事实案例。

以美国电脑业为例,其历史的一个突出特点是 IBM 在前半个世纪的大部分时间里占据着主导地位。关于 IBM 的主导地位存在许多问题:为什么会这样?为什么它最终会结束?为什么这是大型计算机市场的特色,而个人电脑市场却是另一种情形?许多学者对这些问题进行了探索,并得到了一些结论,指出这取决于特定的历史背景以及相关经济机制。⑧具体来说,IBM 的产品创新特点和战略都构成了"追随效应"和"锁定"现象的基础:前者是 IBM 良好声誉的累积效应;而后者是指,客户需要扩展和升级设备时,倾向于回到 IBM,这给客户带来了极大的便利。尽管技术环境动荡多变,但 IBM 公司从研发的规模经济中获得的"成功孕育成功"的机制,也有利于 IBM 保持实力。这些"鉴赏式"的见解被纳入了 Malerba 等人(2016)开发的历史友好模型中,并在该模型可靠地产生类似 IBM 主导模式的趋势中发挥了关键作用(见图 4.2)。在这个意义上,形式化模型为鉴赏式理论的解释力提供了支持;它还指出了该理论可能被改善的方面。⑨

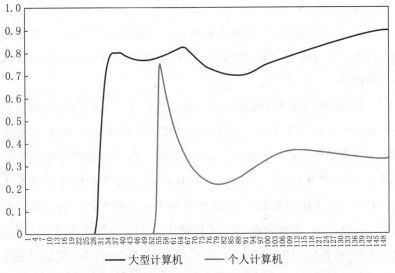

图 4.2　个人计算机和大型计算机市场中的赫芬达尔指数(标准集)

4.A.4 可操作性

近几十年来,信息技术的进步促进了仿真建模的研究发展。计算编程要求本身几乎已经成为可以忽略的考虑因素,除非建模的系统非常大(如天气预报),或者涉及的交互非常微妙(如蛋白质折叠)。尽管这样具有挑战性的条件在社会科学应用中并不陌生,但在这一领域还是相对少见。特别地,建立历史友好模型的努力,一直在追求计算编程方法的前沿。

如 Malerba 等人(2016)所述,一个典型的模型可能涉及几十家企业的相互作用,每家企业的特征可能涉及 25 个左右的时变变量和其他参数。然后是描述环境和企业间相互作用过程的方程。故事在一次由 200个时间步长组成的"运行"中展开,每个时间步长大致相当于日历上的一个季度。在此过程中,模型的随机元素在随机数中抽取,这些随机数服从各种分布假设。每一个企业或每一个时间段都有一些这样的情况,这意味着整个运行会涉及数千次随机抽样。将所有这些运行若干次,得出结果的平均值,以发现模型的系统趋势。Malerba 等人(2016)的研究中一共运行的次数是 1 000 次。

这种大型运算在演化仿真的早期是难以实现的,但现在不再是困难的事情了。相比而言,模型的设计,以及对模型的评估、结果分析等,相对更加困难。

在对结果的评估中,描述变量所起的关键作用是值得关注的。这些变量揭示了产业在某一段时间内有趣的特征。在模型逻辑中,这些变量可能不起主动的作用。例如,传统衡量企业规模分布的指标经常出现在结果分析中,如赫芬达尔指数(Herfindahl Index),或者其数字等价指标或者前四大企业的市场份额,但这些变量很少出现在解释因果关系的方程中。在分析中,这种衡量指标是检视市场中企业的实际规模值(通常指销售额)的替代方法。进一步,运行很多次(如 1 000 次)然后求解这些运行结果的平均数,并按时间顺序把平均数描绘出来。图 4.2 显示了

Malerba 等人（2016）的研究中美国计算机产业的演化结果。

与基础数据——各个时期各个公司的规模——相比，这是一个极度被压缩的讯息。这种压缩显然在便于解释方面具有巨大优势。然而，这种解释行为是以理论框架的实质性指导为条件的，在这一理论框架中，集中度很重要，而且可以用赫芬达尔指数来衡量。也许不同的描述变量能提供更多的洞察——但如果是这样的话，就必须从另一个理论框架中产生，然后再付诸实施，而这是模型本身无法提供的。

尽管仿真运行和相关理论解释是历史友好模型的主要特色，但也有其他方法，这些方法通常作为核心方法的补充。有一些是非形式化的，例如在模型执行中，改变相应代码或参数的值，问一问"如果……会怎样？"的问题，尝试深思熟虑一番，再检查对比不同代码或参数下的结果。有一些是形式化的，例如特定关系的数学表达，或者在电子表格程序中进行计算。这些分析对模型的设计而言是很重要的，对提高模型设计者的自信也很重要，而这种分析在大多数情况下是"看不到的"。

4.A.5　历史友好模型的未来发展

大量的机会吸引着对历史友好模型感兴趣的学者进行深入探索。这种机会探索的潜力从根本上取决于该方法处理经济复杂性给我们理解社会现象所带来的挑战的能力。这种能力也体现在解释特定历史事件的价值，以及吸收或利用不同资源的能力。通过更好地将模型细节与焦点事件的可用信息匹配，可以获得更引人注目的模型。并不是所有的信息都是具体历史事件所特有的。例如，关于企业行为的一般特征的新洞察，也可以重塑模型的构建。

在对焦点事件进行定量描述的过程中，任何可用的东西都可以作为一种资源，既可以提出模型表述，又可以评估它们是否合格。理想情况下，在执行"历史友好"模型的仿真时，产业总体上的关键趋势可以呈现出来。如果不能呈现出来，那说明模型配置方面还存在很多问题。当然，要确立这一原则，无疑是在提出这样一些描述性数据无法回答的问题:"关键"是什么意思? 如何区分关键趋势与那些无关紧要或偶然的趋势? 应该在多大程度上追求符合真实趋势的数量精确性? 如何在模型中发现和反映关键趋势的因果关系? 这些问题再次强调了这样一个观点,即在仿真中,理论思维是必不可少的组成部分。模型的构建工作应该优先考虑这些理论逻辑在特定历史事件中的作用。

企业行为的模型表达,最好建立在对企业惯例和决策规则更好的了解的基础上。历史友好模型的发展,如果辅之以对企业行为的新研究——一个相当于复活卡内基学派研究方法的研究纲领(Cyert and March,1963)——可能会更具吸引力。[10] 对我们来说,这是一条漫长的道路。幸运的是,在更广泛的历史案例的背景下,可以更多地探索,进行渐近式改进。Malerba 等人(2016)在其总结章节也是这样建议的。

注 释

① 典型的理论家的本领随着时间的推移而不断发展,尽管总是有充分的理由保持在现有数学理解所支持的边界内。

② 有关天气预报的简明历史,请参见 Auerswald(2017, Ch. 4)。

③ 参考 Rodrik(2015)对简化建模的评论。然而,Rodrik 的案例似乎与之前的其他案例一样,建立在一个未予辩护的假设上——即世界的复杂性可以在一个足够简单的模型中得到充分的处理,以适应当今数学经济学家限制性的建模偏好。类似的偏好并不会限制其他科学或工程学,当现象的内在复杂性很高时,这些科学或工程学会设法找到应对的方法。

④ 阅读每两年颁发一次的熊彼特奖的获奖研究,是了解这一点很好的开端。请参阅 https://www.issevec.uni-jena.de/Schumpeter+prize.html。

⑤ 在阐述美国计算机产业模型的结果时,Malerba 等人(2016)有时将模型企业称为"IBM"。该模型企业(通过仿真程序的一次运行得到)与历史上的 IBM 有关——但是只有在模型动态下,这些模型企业才扮演了一个类似于真实历史中的企业的角色。

⑥ 人们常常忘记,随着时间的推移,非常简单但累积性的随机过程(以硬币匹配博弈为代表),会产生极端的异质性。

⑦　背景中的单位选择,决定了每生产一台计算机就需要一个半导体组件,因此这里所述的比率就是,如果计算机公司从该零部件来源满足其需求,它所购买的组件占组件公司总产出的比率。

⑧　具体参考 Malerba 等人(2016:43)。

⑨　更重要的是,它使得可以在不使用历史上 IBM 的独特属性的情况下解释这种现象,这一观察与上面注释⑤中讨论的命名问题相关联。

⑩　虽然卡内基对组织和决策的看法具有广泛的影响力,但很少有人努力追随卡内基,对企业决策和惯例进行以经验为指导的仿真建模。

长期经济发展的演化视角

安德烈亚斯·佩卡　皮耶尔·保罗·萨维奥蒂
理查德·R.纳尔逊

5.1　引言

　　亚当·斯密 1776 年出版的《国富论》(*The Wealth of Nations*)以描述英国当时的经济发展为开端。事后看来，很明显他所描述的大部分内容都是一个历史性的分水岭。在 18 世纪中后期之前，虽然世界不同国家所达到的生活水平不断变化，起伏不定，但在英国、美国以及北欧的一些国家，甚至后来在更广泛的地区，并没有任何生活水平持续上升的记录。在本书第 1 章中，我们指出，也许演化经济学家最认可的目标，是更好地理解经济发展过程。

　　清晰地了解经济发展是亚当·斯密的核心挑战，同时，大多数追随亚当·斯密的伟大古典经济学家都尽其所能地致力于研究经济发展的来源和前景，以及决定资源分配和价格的因素。然而，随着新古典经济学的兴起，研究焦点突然转移到对经济均衡条件的分析上，并且对长期经济发展决定因素的研究兴趣似乎逐渐消退了（像熊彼特这样的"异端"学者除外）。

在第二次世界大战后的几年里，这个问题上的兴趣和书写又有了强烈复兴。两方面的知识发展促进了关于长期经济变革的新观点的出现。一方面，新古典增长理论的出现。如第 2 章所述，新古典增长理论以经验为导向，强调技术进步是经济增长背后的关键驱动力，现代演化经济学家已经接受了这一观点。另一方面，新古典增长理论将经济增长过程视为一种动态均衡，经济行为者因为生产率和收入迅速上升而改变行为，以持续获得最大化利润和消费者效用——这一点与更宽泛的新古典视角相一致。注意，这并不是早期古典经济学家提出的经济增长的观点。当然，熊彼特将经济增长过程描述为持续的"创造性破坏"，并提出了与新古典经济学截然不同的立场。相较于新古典增长理论，现代演化经济学家关于经济发展的观点与熊彼特的观点更加吻合。

同样重要的是要认识到，新古典增长理论和其"增长核算"模型的解释导向，是关心"生产函数"的相关变量：劳动力和资本、决定两者质量的其他投入，以及这些投入如何随着时间而改变。技术进步被视为提高这些投入生产率的动力（未明确定义）。摩西·阿布拉莫维茨（Moses Abramowitz）称这些是经济增长的"直接"（proximate）来源。虽然诸如工厂系统以及后来的现代公司和大众营销的兴起，或股票市场和其他现代金融机构的兴起，或工会的兴衰，以及科学的不断发展，或政府角色的变化，这些作为影响增长过程的因素，可能被认为是直接来源的变化背后的因素，但该理论对于经济活动组织方式的变化还没有明确的认识。我们再次注意到，这与早期经济学家对增长决定因素的分析截然不同。

导致第二次世界大战后对经济增长研究复兴的、第二个方面的知识发展，是可以获得国民产品和收入的统计数据，它提供了以前不可获得的国民经济产出和收入的综合衡量指标，以及这些指标随时间的变化情况。因此，分析经济增长的主要任务，被视为解释实际（或人均）国民生产总值（GNP）的发展路径。

虽然关于国民生产总值应包含和不应包含哪些内容,以及这些包含的内容应如何被衡量等方面存在严重问题,但我们同意新古典主义经济学者的下述观点:国民生产总值或相关数字为衡量国家经济产出提供了一个有用的描述性指标,并且在不同国家,随着时间的推移,这些数字能告诉我们相当多关于经济发展过程的东西。然而,单一地关注总体指标,以这些指标来界定经济发展分析,会隐匿对经济体产出的多样性和持续变化的分析。它遮蔽了我们所经历的经济发展过程的特点,即新产业的周期性兴起以及旧产业的衰退和消失。

我们注意到,技术进步是我们经历的经济进步背后的主要推动力,这已成为当今社会的共识。已经出现的一些技术进步可以合理地描述为:如何在生产相对标准化的产品中实现更高的生产率?煤炭和玉米生产中使用的技术进步就是很好的例子。但是新技术也使得我们能做以前做不到的事情,满足以前无法满足的需求,如电报和电话、电子计算机、互联网。这些进步对人们如何生活和互动的影响,难以用产生"更多产出"来精确表达。同样地,医学进步已经消除了很多疾病,或者为解决这些疾病提供了治疗方法。这些疾病曾经被看作是大规模杀手或者人类灾难的根源。

人们的生活方式以及各种需求的满足方式也发生了巨大的变化。除此之外,满足个人需求的生产所占比重已经大大减少,这种生产自亚当·斯密时代一直持续到 19 世纪末一直是经济活动的重要组成部分。另一方面,自 20 世纪中叶以来,各种政府项目已经成为经济中的重要组成部分。

使用经济"增长"而不是经济"发展"这一术语来表示经济体通过商品和服务生产来满足人类需求的过程,反映了二战后理解长期经济发展的大多数狭隘观点。大多数演化经济学家认为:我们需要更广泛地描述经济增长满足需求的能力,而不仅仅是测量实际国民生产总值的增长;此外,对经济发展的直接来源的关注,也太过肤浅。

5.2　多种视角

关于经济发展的这一更宽泛的研究视角,显然要求分析各种变量和过程。认为我们的科学目标,应该是提出一种能够阐明所有相关方面的、非常简洁的理论,这样的观点似乎是非常值得怀疑的,甚至是不可能的。相反,尝试开发多种视角似乎更合理,每个视角都集中在某方面的一个重要且融贯的子集上,每个视角在某种意义上是独立的,但它们共同提供了一个相当融贯的整体画面。科学的目标不是要发展一种紧密结合的经济发展演化理论,而是要发展各种视角并理解它们之间的相互关系。

我们注意到很多关于复杂现象的自然科学就是这样。例如,我们对全球变暖的原因及结果的理解,或对森林动态生态的理解,或在社会科学领域中我们对城市如何随时间发展的理解。在这些情况中,我们都不依赖于一种理论或一个模型,并且在任何一种情况下,我们都不能简单地用一小组数字来反映现象。我们的论点是,这就是我们关于经济发展作为一个演化过程的认识。

虽然存在一些重叠,但我们可以从演化经济学家关注经济发展过程不同方面的研究中识别出三组研究集群。其中一组包括了现代演化经济学家最早的一些著作,并且今天仍然是研究和创作的重要领域,这组研究实际上探讨了第 2 章所述的技术进步的演化过程是如何推动长期经济发展,并产生各种总产出和投入的时间序列(新古典增长理论指导下的研究焦点)的。这项工作大部分涉及正式建模。正如我们稍后将要阐述的那样,这一研究脉络的结论是,明确的经济发展演化理论可以得出已经发生的各种宏观经济时间序列,同时与任何时候观察到的经济活动的巨大差异以及扩散曲线等现象相吻合,扩散曲线描述了新的和更有成效的做事方式如何进入并渗透到经济中。但就经济产出随时间发生的变化而言,这一演化研究脉络将经济增长视为一种宏观经济现象,其解释取向是寻找"直接"增长来源。

演化经济学家的第二类分析和论述,包括定性研究和更晚近的正式建模,打破了以实际国民生产总值这样的宏观经济变量来描述经济增长的模式。这一组研究明确地关注经济产出的构成随时间的变化,特别是新产品类别的出现与增加和新产品类别的减少与消失,以及经济发展进程中相关产业的兴衰。第 4 章描述的产业周期文献,是这一组研究的重要组成部分。在这一组研究中人们看待经济发展的方式,与更注重宏观经济的演化增长文献相比,不仅更广泛而且大不相同。

演化经济学家关于经济发展的第三个研究重点,是制度和制度变革,以及制度如何与使用中的技术和经济结构共同发展。当代对这一广泛主题感兴趣的起源,是关于创新系统的研究和论述的出现,这在第 2 章中有所描述。这里需要理解的关键是,如果不认识到参与这一过程的各种制度(包括非市场和市场),以及在它们之间的劳动分工和相互作用方式,就无法有效地分析推动经济发展的技术创新背后的因素。这种视角逐渐扩展到明确承认:经济中运作的一系列制度,会反映和诱发当前使用的主要技术和产业结构的变化,并会与之共同演化。

在本章的以下三节中,我们将更详细地描述这些研究和著述。在结论部分,我们认为关于长期经济发展过程的每个不同观点都是有价值的,它们应该被同等对待。

5.3 演化增长模型

早期的演化增长模型是在新古典增长理论的影响下发展起来的,新古典增长理论主导了当时大多数经济学家关于经济增长本质的观念。早期演化增长理论遵循大部分经济学家关注的焦点,认为:随着时间的推移,人均国民生产总值和人均国民生产总值的增长,是一个好的增长理论应该去解释的现象。正如第 2 章所指出的,人们普遍认为技术进步是经济增长的主要推动力,而经验研究揭示了技术进步所涉及的过程,这促使一些经济学家试图发展一种由技术进步驱动的、关于经济增长的演化理论。这种理论可以解释所经历的国民生产总值的增长模式,但该理论对技术进步的描述,要比新古典理论更符合人们对技术进步过程的认识。许多演化增长理论的开发者都认识到他们的构想在某些重要方面是熊彼特式的。他们多年来发展起来的各种演化/熊彼特式增长模型,在某些方面有所不同,但都有类似的基本格式(有关这些模型的示例,请参见:Nelson and Winter, 1974; Chiaromonte and Dosi, 1983; Soete and Turner, 1984; Metcalfe, 1998)。

所有这些模型都是关于单一行业经济体的(我们将在下一节中考虑多行业演化增长理论)。模型对不同企业随时使用的各种实践、企业之间的差异,以及它们的表现等因素进行了描述。然而,这些模型却假设,所有技术和所有企业都在生产相同类型的产品,因而可以将它们的产出相加,并将总数视为国民生产总值。

由于这些模型在某些细节方面存在些许差异,因此以下的讨论主要围绕 1974 年 Nelson-Winter 的模型展开(因为在许多方面它适用于大部分模型)。在 Nelson-Winter 模型中,企业在完全竞争的市场环境中运营。每家企业都满负荷生产,因为它所使用的技术取决于其资本存量的大小。企业所需的其他投入量——在 Nelson-Winter 模型中只有劳动力——取决于其产量和技术。因此,技术水平和要素价格决定了企业的单位可变生产成本。本节中描述的各种模型在如何确定要素价格(在大多数情况下是工资率)方面有所不同,但在 Nelson-Winter 模型中,工资率对行业需求的总量很敏感,供给曲线随着人口增长而向右移动。

因为不同的企业使用的技术不同,因而它们的单位生产成本也不同,利润率即资本存量的回报率因企业不同而异。有利可图的企业(那些采用更高技术的企业),利用其利润来扩大产能,而无利可图企业则缩减产能。与此同时,一些未使用最有利可图的技术的企业,学习并采用了盈利能力较强的竞争对手的技术。因此,使用不同的主流技术的相对重要性,正在通过不同的企业增长和企业转换技术的行为而发生变化。随着这种情况的发生,一些企业正在创新并向经济体引入新技术。

这个过程会不断持续。在 Nelson-Winter 模型中,这些动态过程导致总产出、资本和就业的增加,以及在大多数时期内工资率的上升。由于资本增长对资本回报率的敏感性,在这一模型中,总回报率随着时间的推移趋于相对恒定。

这些演化模型已经能够产生并由此"解释"各种不同的现象,这些现象标志着我们所经历的经济发展。Nelson-Winter 模型能够生成总产出、资本和劳动力投入、劳动力价格和资本回报的时间序列,而后者具有历史记载数据的广泛特征。在下面的图 5.1 中,下面那条曲线显示了 Nelson-Winter 模型一次运行产生的工人每小时产出的时间路径,而上面那条曲线显示了工人每小时的实际 GNP 的时间序列路径。很明显,经济增长的演化理论与宏观经济时间序列数据是一致的。

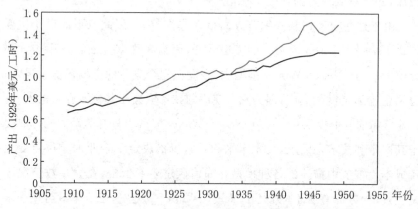

图 5.1 Nelson-Winter 模型中工人每小时产出(下)与真实的工人每小时国民生产总值的时间序列(上)

与此同时,这些模型产生的企业在规模、生产率和盈利能力方面的分布存在显著差异,新古典增长理论较少提到这些现象。这些模型还产生了 S 形的扩散时间路径,即生产性新技术在引入经济之后,其使用量不断增长,并随着更好的技术的出现以及相关产业结构的变化而下降。

如果我们反思一下,就会发现对于相对简单的模型来说,演化模型所能实现的这些分析是一项非常了不起的成就。

在这些模型中,与新古典增长理论一样,人均产出的增长和生活水平的提高既与技术进步有关,技术进步提高了生产中所用的投入品的生产率,也与每个工人的资本存量的提高有关。然而,在新古典理论中,这两个来源被认为是独立的,而在演化增长理论中,它们被认为是紧密相连的。与现有技术体制相比,以更加资本密集的方式运营的能力,被认为需要开发资本密集程度更高的新技术。在 Nelson-Winter 模型中,由产出的快速增长和劳动力需求的增加引起的工资上涨,促使技术进步向节省劳动力的方向发展,并使资本与劳动力的比率上升以及工人生产率提高。

因此,与新古典增长理论相比程度更甚,但与熊彼特的总体取向相一致的是,新的做事方式的构想、创造和实施,在演化增长模型中处于中心位置。经济增长速度的基本决定因素,是那些决定着广义的技术如何进步的因素。

上文中我们认为,经济学中形式化的模型,主要用于探索和检验关于经济活动领域正在发生的事情的、定性但更丰富的理论逻辑,并用于对该逻辑的扩展提出建议。从这个角度来看,虽然我们所描述的模型显然丢失了很多正在发生的事情,并以高度抽象的形式描述大部分相关活动,但它们肯定已经对在跨越多年的时间里经济生产率如何快速上升的、广泛的演化视角提供了支持。

另一方面,这些理论将经济增长视为总产出指标的增加,这完全掩盖了一个事实,即我们所经历的经济增长的特点是,随着新经济产业的崛起和其他经济产业的衰落,新产品和新服务会不断引入,而其他产品和服务会逐渐消失——这些现象在对宏观经济的探讨中是无法被认识到的。现在,我们转向较新的演化方法来理解增长,其中经济生产的商品和服务的多样性以及随着时间推移所生产的产品的转变至关重要,而经济增长的意义就在于此。

5.4　多行业演化增长模型

我们已经着重论述了熊彼特的著作对于演化经济学研究方向的影响。前一节中所描述的演化增长模型,是演化经济学家早期努力的结果,他们做了许多结合熊彼特重要观点的经济增长的分析,并且表明这种分析至少在解释经济增长的宏观经济模式方面,是与新古典增长理论同样有效的。然而,这些模型没有认识到,我们所知的经济增长,是来源于新产品和新兴产业的诞生,以及其他产品和产业的衰亡,而这一观点与单纯地将经济增长作为一种总体现象来对待是相矛盾的。近年来,演化经济学家在他们的模型中引用了更多熊彼特的观点,在他们对经济增长过程中所发生现象更加鉴赏式的描述中也是如此。

我们已经强调过,在很大程度上,演化经济学家比在新古典主义传统下工作的经济学家更倾向于根据凭经验观察到的事实来建立他们的理论观念,而不是立足于抽象的理论。有越来越多的演化经济学家将一些"特征化"的经验事实纳入他们对经济增长过程的分析之中。

首先,正如熊彼特强调的那样,至少从 19 世纪中期开始,我们所经历的经济增长已经以新产品类别以及生产这些产品的新产业的广泛出现为标志,并且通常伴随着旧产品及旧产业的逐渐减少甚至消亡。其次,与此同时,在广泛的产品类别和行业中,生产的产品的质量以及提供给客户的产品的多样性,都有了显著的提高。由于这两方面的发展,19 世纪末和 20 世纪的标志性特点就是,向家庭提供的商品和服务种类急剧增加,顾客购买和使用的商品范围也大幅度扩展。①

与此同时,生产率,即人均产出,正在持续、大幅度地增长,这种生产率的增长与许多产业的资本密集程度的显著增加有关。这些正是新古典增长理论所关注的经济增长的特征。但是,衡量生产率进步的指标,并没有显示出实际所生产的商品和所提供的服务的范围在不断扩大这一现象,而且完全忽略了这样一个事实:许多新产品和服务使用户能够做一些以前无论他们购买或使用多少旧产品都无法做到的事情。

这些发展所带来的生活水平的提高,并非适用于人口中的所有群体。Hobsbawm(1968)认为,刚进入 20 世纪时,英国的工人阶级家庭除了购买传统的生活必需品外,负担不起其他东西。但是,随着 20 世纪下半叶经济的持续增长,工人阶级家庭的实际收入显著增加,他们开始加入到中产阶级的行列,并开始购买和使用各种各样的商品。

除了经济增长所带来的生产的进步,分配给教育和新的有形资本的资源也有了显著增加。在出现经济增长的经济体中,越来越多的人至少有机会接受到初等教育,到后来,能够完成高中毕业的人数也显著增加。特别是在第二次世界大战后的几年里,大学的入学率和学位的完成率都有了很大的提高。这些"人力资本"的增加,显然是促成经济体生产商品与提供服务的能力提高的重要因素,我们认为它们也是消费形态扩大和丰富的一个重要原因。从 19 世纪中期开始,不断上升的识字率与阅读报纸和杂志的人群大幅增加有关,这些报纸和杂志讲述的是每个人的身体和社会局限之外发生的事情。与此同时,中产阶级和下层阶级的受教育程度之间存在着的巨大差距,可以说正是 Hobsbawm 描述的下层阶级生活水平提高滞后的重要原因(Saviotti and Pyka,2013b;Jun,Saviotti and Pyka,2017)。

我们所描述的经济增长过程中涉及的因果机制,是多种多样且极其复杂的。演化经济学家们发现,将教育的进步、生产资本密集度的增加、生产率的提高以及经济所能提供的产品和服务的范围扩大,视作一个协同演化的过程,是十分有益的。这个协同演化过程的最终驱动力,是已实现并在持续增加的专有知识。我们认识到,作为这种协同演化过程中的另一个方面,经济增长中有持续的结构性变化——熊彼特称之为"创造性破坏"——在任何时候都有更多的资源流入某些行业,而另一些行业的资源则在减少。那些与后者有利害关系的人的利益,有可能或者已经受到了正在发生的事情的严重损害。但从发展的角度来看,创造性破坏是经济增长过程中的一个重要方面。

正如我们所经历的那样,经济增长的另一个显著特征是,这个过程从来都不是一帆风顺的。不论以哪种标准衡量,某些时期的增长都会比其他时期快。在许多情况下,增长放缓与经济衰退甚至严重萧条有关,而有时增长加速则伴随着通货膨胀。有人提出,经济增长是以"长波"(Schumpeter, 1939;Freeman, Clarke and Soete, 1982;Freeman, 1983,1984,1987,1994;Perez, 1983,2002;Silverberg and Lehnert, 1993,1994;Silverberg and Verspagen, 1995,2005;Freeman and Louça, 2001;Silverberg, 2007)的形式进行的。以此观点来看,经济的上升和快速增长,与重要的新技术和新产业的出现和发展密不可分。而随着这些新兴产业的成熟,经济增长开始放缓,衰退也随之开始。新的上升往往与新的产业集群的出现有关。这些模式清楚地反映了金融机构的运作机制,以及技术进步过程中固有的异常行为。

同样重要的是要认识到,我们所看到的经济增长有一个标志性特点,那就是影响经济活动的制度发生了重大和持续的变化。这些年来,企业和市场的结构都已经发生了巨大的变化。学校系统已经大大扩展,它们的组织方式和资金支持发生了重大变化。金融体系也发生了巨大的变化。特别是在 20 世纪,政府的作用大大增强。下面的部分我们将更广泛地讨论制度变迁和经济增长的相关内容。

本节的重点是阐述经济增长涉及的商品种类和服务范围的扩大、新产业的出现与旧产业的衰退,以及生产率增长的一些基本含义。或许我们更应该注意到的是,如果技术进步只能使得生产一组给定的商品和服务的效率提高,那么经济增长将不能持续很长的一段时间;如果想保持经济的持续进步,那就必须要有新的或者更好的产品或服务不断地(不一定是均匀地)出现。

Pasinetti(1981,1993)为此提供了最著名的论证。其中一个最基本的命题是,消费者对某种商品或服务的需求,将会在购买和使用一定数量的这种商品或服务后趋于饱和——在某个点之后,无论是商品价格的下降还是收入水平的提高都不会使消费者去购买更多。因此,如果没有新的或更好的商品被引进,而现有商品和服务的生产率又在不断提高,那么,迟早会出现消费和支出赶不上生产率增长带来的收入增加的现象,这个时候凯恩斯主义的需求不足问题就会出现。我们所经历的经济增长则避免了这个问题,因为新的产品和服务一直都在不断地涌现,所以收入增长的同时也促使消费和支出一直维持在较高的水平。最近,Saviotti(1996)以及 Saviotti 和 Pyka(2004,2008a,2008b,2013b)也进一步论述了这个论点。

他们的大部分分析是在多行业经济增长的常规模型背景下提出的。在这种模型中,经济增长既通过新经济行业的出现和发展,也通过经济行业中企业所生产商品的质量和种类的提升及其生产率的提高来实现。一个经济行业通常依据生产的一系列产品的类别来定义,而在同一类别中又可能存在相当大的差异。在任何时候,现有的各种产业中的企业或者其他组织,都会进行研发,其中一些可以使企业所在的经济行业能够得到发展,而通常另一些则可以促使新的产品类别以及新产业出现。

当后一种类型的研发取得成功时,企业家就有可能抓住新的机会,建立生产新产品的企业,并定义一个全新的行业。如果新企业发展得够好又成功吸引到潜在客户的话,将会陆续有其他的企业家进入这个行业。这时候,类似于产业产品周期(正如第 4 章中描述的那样)的现象将会发生,但是在 Saviotti-Pyka 模型中不会有主导设计出现。实际上,产业所能提供的产品的种类将会持续增加,即使产业的发展将会放缓并最终停滞不前。

在他们的模型中,消费者对某一产品的需求,取决于这些产品的质量如何、产品种类多寡,以及产品价格和潜在客户的收入水平。Pasinetti提出的需求饱和效应也被引入到模型中。因此,在这种模型中,一个行业在实现了高水平的生产率(从而价格降低)、产品质量和产品多样性之后,其发展注定会最终陷入停滞。正如 Pasinetti 所提出的那样,经济的持续增长必须依赖于新的产品种类和新行业的不断引入。

正如几位作者提到的那样,这种对长期经济增长过程的描述,符合 19 世纪中期以后那些快速增长的经济体所经历的生产和消费模式。经济实力的增长一方面体现在人均产出和消费的增加,特别是广义的传统消费品,如食品和服装;另一方面则体现在这类产品质量的提升。因此,进入 20 世纪后,至少中产阶层的人已经住在更大更好的公寓或房子里,里面有完备的中央管道和自来水。市政当局也建造了更好的污水处理系统和提供清洁水的供水系统。②但是,经济增长带来的许多好处都与可用的新产品和新服务有关,它们往往使用户能够做一些全新的活动。生活区的电力供应改变了人们生活的方方面面。快捷而廉价的长途旅行,以及即时的长途通信,都是十分明显的例子。医学知识和技术的进步,使得人们可以消灭或者治愈许多长久以来使人们深陷苦痛的疾病。正如我们所强调的那样,实际上这些都没有体现在 GNP 衡量经济增长的指标上。

我们已经提到,Saviotti-Pyka 模型倾向于认为,当一个经济体中引入新的产品类别和新行业之后,将会逐渐发展至繁荣的极点。而当行业发展成熟且不再有新的其他行业出现时,就会逐渐陷入衰退,直到新的产品种类出现,才会又一次发展到繁荣的极点。然而,大多数演化经济学家对经济增长过程中"长波"的论述,都没有考虑到这一点。

熊彼特的《商业周期》(Business Cycles,1939)一书,是大多数此领域的经济学家写作时参考的主要来源。熊彼特本人深受俄罗斯经济学家康德拉季耶夫(Kondratieff)的影响。康德拉季耶夫在之前的数年就提出,经济增长是以"长波"为标志的,这些长波与重要的新技术和新产业进入经济体的时机有关。近年来,Freeman(1983,1984;Freeman et al.,1982),特别是他与 Louça(2001)以及 Perez(1983,1985,2002)完成的工作,使他们成为研究这一课题的最杰出的学者。

随着经济学家们对"长波"概念越来越感兴趣,关于长波是否真的存在,以及如果存在,是在何种意义上存在,都存在着相当多的争论(参见:Silverberg and Lehnert,1993,1994;Silverberg and Verspagen,1995,

2005；Silverberg，2007）。而现在人们普遍认为，尽管经济增长的速度往往会随时间而变化，也会出现繁荣与萧条，但这些发展并没有固定的时间。另一方面，大多数以经验为基础来研究这一问题的经济学家都会同意，重要的新技术和新产业的出现，往往与随后经济的快速增长有关，而随着时间的推移，经济的繁荣往往会逐渐消失。这大体上正是 Saviotti-Pyka 模型所论述的。

卡洛塔·佩雷斯（Carlota Perez，2014）在研究长波的最新文章中，将金融制度的运作方式引入了人们的视野。她认为，重要的新技术和新产业的引入，使得金融系统的固有的运作方式变得更加不稳定。新的产品类别以及生产它们的企业的出现，似乎预示着未来将有高额的利润产生，结果导致了远超合理水平的市场进入以及投机现象的发生，最终导致许多企业家和投资者破产。与此类似，随着一个产业的成熟，在经济增长放缓的同时，资本的撤出程度远远超过了合理水平，从而导致了更加严重的衰退，如果资本市场可以不那么反复无常的话，这种衰退也就不会如此严重。

佩雷斯（Perez，1983，2002）和弗里曼最近的著作（特别是 Freeman and Perez，1988；Freeman and Louça，2001），详尽地论述了以下观点，即新技术和新产业如果要发挥作用，通常需要有新的制度。佩雷斯将一系列适合有效发展的技术和制度的整体叫做"技术经济范式"；弗里曼显然也有类似的观点。

下一节将讨论制度和制度变迁在经济增长过程中所起的作用。

5.5　制度、制度变迁与经济结构演进

经济学家认为，一个国家的制度是影响其经济发展能力的首要因素。这种观点在经济学史上可以追溯到很久以前，而且这显然是亚当·斯密所采取的立场。但随着新古典增长理论的兴起，对制度的分析至多成为

背景因素。我们在本章中讨论过的早期演化增长模型也是如此。然而，近些年来，制度及其演变方式已成为演化经济学议程中的首要议题。③

正如我们所指出的那样，经济学家以各种方式使用"制度"（institution）一词。现今，在道格拉斯·诺思（Douglass North，1990）的启发之下，"制度"一词最常见的定义是指：经济活动舞台上的"游戏规则"。但诺思本人和其他经济学家已经广泛地使用这个术语来涵盖更广泛的治理结构，这些治理结构引导着经济行为，阻止某些类型的行为并支持其他类型的行为，从而在经济领域产生一定程度的标准化和可预测性。因此，如何组织和管理公司、金融市场形成结构的方式，以及活动领域中工会的存在与否，将被视为生活中的制度性事实，从而影响经济行为者在经济活动领域的所作所为。此外，对经济发展至关重要的是，新知识在经济中的创造和传播，是由一系列制度所操控的，这一系列制度支撑并引导着企业、大学、政府、监管机构以及其他相关组织之间的互动。第2章所讨论的"创新系统"正是关于制度的。

当我们提及"制度"一词时，我们往往是在强调其持久且难以改变的特性，学者们也通常会默认制度拥有这一特征。将经济增长的概念视为经历了一系列经济时代的经济学家，倾向于将一个时代的特征界定为一系列特定的制度，这些制度在那个时代出现并持续存在。这种观点倾向于淡化制度总是在不断发展的事实。然而，在特定经济时代的后期，变革的步伐往往比新时代刚刚开始时更慢。

那些一直影响经济活动、塑造工作方式、分配经济利益的制度，往往是庞大且多样化的。正如我们在本章开头所强调的那样，在过去的两个世纪中，经济的结构与运作方式，以及人们谋生和生活的方式，发生了巨大的变化。这些变化既受到了制度变迁的诱导，也受到了制度的支撑。尽管历史学家已经对这一现象作出了详尽的描述，现代经济学家对这些新变化作出的明确分析并不多，无论是演化经济学家还是新古典经济学家都是如此。

正如我们前面提到的，这当中存在着一个例外，即演化经济学家一直在关注创新系统。我们在上一节结束时简要介绍了卡洛塔·佩雷斯和克里斯托弗·弗里曼提出的论点,即推动不同时代经济发展的关键技术和产业需要不同的制度组织才能有效。这一观点近些年来受到越来越多的关注。我们现在将要了解支持这一论点的经验案例。虽然演化经济学家在很大程度上依赖于其他学者对特定新技术如何促进新制度发展的实证描述,但我们认为这些描述清楚地表明了演化过程是如何运作的。④

我们的第一个例子是阿尔弗雷德·钱德勒(Chandler,1962,1977)对 19 世纪最后一个季度美国和欧洲大陆上大规模生产兴起的描绘。这显示了新技术之间的相互作用、更广泛地发展组织和管理工作的新方法,以及相关制度的演变。钱德勒提出,几种新技术的发展使这一过程得以实现。这些关键技术,即铁路和电报的技术,使企业能够在更大的地理区域内推广其产品,同时开发出能够在大规模生产中显著提高生产率的机器。

为了利用这些"规模经济和范围经济"(钱德勒的概念),企业必须比常规情况大得多。然而随着规模的扩大,公司的组织和管理都容易出现重大问题。公司的组织问题可以部分地通过现代科层组织公司及多部门企业(有时称为"M 型企业")的出现来解决。我们同意钱德勒的观点,即铁路和电报公司本身就是这种组织演变的先驱。

新的商业组织模式只是需求的起点。要管理这些庞大的公司,需要更多的高级管理人员。采用通常的做法,即通过拉拢家人和朋友来获取,是无法实现这一目标的。专业管理的概念应运而生,商学院成为培养职业经理人的制度机制。巨型公司的财务需求超出了现有金融机构所能满足的水平,现代投资银行和现代股票市场应运而生,以满足其需求。

所有这些发展都引发了复杂的公司法、劳动法和金融法等法律问题。这些问题都逐渐得到了解决。与此同时,新兴大型企业的市场势力及其串谋的倾向,引出了新的监管法和反垄断法。

　　新技术能力的出现导致新制度发展的另一个重要案例，是合成染料行业。这最初发生在 19 世纪后期的德国，随后广泛地发生在世界各地。Murmann（2003）详细叙述了这个故事。

　　与之相关的初始事件，是与有机化学相关的科学知识和研究技术的突破。由于这些进步，在该领域接受过高级培训的人员，具有了创造和开发新合成染料的特殊能力。为了利用这种新的能力，企业必须将工业研究实验室的概念与结构，发展成为在高校中接受培训的科学家与同行一起发现和开发新产品的地方。这些产品相对不受公司日常生产和营销活动的影响。德国专利法也进行了修订，以更好地使企业从他们创造的新染料中获利。并且，劳动法也需要进行修订，才能有效地处理所涉及的新型雇佣关系。

　　此外，德国的大学系统必须扩大并重新调整其教育计划，从而培养更多化学领域的学生。这些学生将在工业界找到工作。德国政府提供了大量资金支持这一发展，并在此过程中建立了工业大学（Technical Universities），为新兴产业的工程师提供培训。

　　20 世纪初汽车发展及其普遍使用所引发的制度变革，是新技术引发制度变革的另一个突出例子。正如第 4 章所述，道路上快速增长的汽车数量，使得政府需要制定一套交通法，相关的执法很快成为警察部门的主要职能之一。道路的建设和维护，成为政府的重要职责，也是一项重要的预算项目。在第二次世界大战后的时代，人们对汽车驾驶员安全的关注增加了。一系列法律出现了，包括所有汽车都须安装安全带并且满足其他安全标准的要求。当然，最近，环境问题催生了大量关于产品和产业的新规则。

　　最近的一个例子是生物技术的兴起。正如一个世纪前合成染料制造技术的出现，当时首先获得发展的是新的科学知识和技术，而此次则是分子生物学。分子生物学的发展似乎为药物开发开辟了一条新的道路。至少在一开始，现有的制药公司内部并没有相应的能力。因此，大学研究人员和他们的学生脱颖而出，成为突破性技术的潜在来源。这些技术对于着眼于将它们商业化的公司来说,意味着丰厚的利润。

在生物技术的案例中,特别是在美国,事情的结局是建立了一些由大学研究人员及其学生组成的新生物技术公司。他们或者开发新药品,将成果许可给已建立的制药公司,或者自己进入下游的制药业务。一些普遍存在的制度因素促成并鼓励了这些发展。至少在美国,其中一个制度因素是许多大学有着鼓励教师创业的文化。第二个因素则是成熟的风险投资行业,后者迅速地将对生物技术初创公司的投资,视为潜在的盈利业务。

在生物技术的推动下,一些制度进步支持了这些方面的发展,其中之一便是一项关键的法律决定。这项法律决定表明,生物技术研究的产出可以获得专利,而在这个问题上曾存在一些疑问。第二个关键事项是美国国会在 1980 年通过所谓的《贝赫—多尔法案》,鼓励大学取得研究成果专利。

事实证明,迄今为止,生物技术革命中出现的新药物,并没有像乐观主义者所预期的那样多,只有少数生物技术研究公司一直在获利。但是,这个案例确实说明,新技术的出现(往往伴随着新产业的诞生)与旨在使新技术发挥效力的新制度的发展交织在一起——这一点是我们在本节中一直强调的。

正如这些不同的例子所示,新制度的出现和发展,可能是私人倡议或新公共政策的结果。其中可能涉及许多不同的行为者和机制,虽然这些行为者和机制可能形式上是分开的,但往往存在着强烈的相互作用。我们认为,新制度产生并随时间推移而发生变化的过程是演化的。这是因为,虽然所采取的行动往往是为了满足感觉到的需要,以便抓住机遇,而且往往经过了深思熟虑,但随着时间的推移所发生的事情,一般来说在细节上是无法预测的,而且会产生新的挑战,诱发人们根据经验采取自己认为适当的、新的应对措施。同时,不同的变体几乎总是在任何时候并存,其形式有时取决于流传下来的做法,但更普遍地是取决于对最佳前进方式的不同认识。

在我们所考虑的这些案例中,制度的演变显然是由新技术的出现以及与之相关的新产业(或旧的产业转型)的诞生和扩张所引起的。而且,这些新的制度结构,显然会对这些技术和产业的后续发展产生影响。反过来,这些发展也往往会导致进一步的制度变革。

在某些情况下,制度先于新技术和经济结构而产生,并在很大程度上支持这些新技术与经济结构。美国在二战后建立的国立卫生研究院、国家科学基金会和国防部的高级研究计划局(ARPA),是其在生物医学科学和电子产品领域快速发展的一个重要原因。

新制度结构的出现可能与正在进行的经济发展有广泛联系,而不是与特定的新技术和新产业有关。失业保险和社会保障的崛起就是一个例子。更一般地说,过去半个世纪以来,许多国家在"福利国家"的称号下,政府提供或补贴的商品和服务范围大幅增加。

我们认为可以这样说,虽然经济学家认识到了这些制度发展,但是演化经济学家和更正统的经济学者都没有将对这些发展的理解,纳入对长期经济增长过程的性质的描述中。演化经济学家在这方面有了一个开端,他们越来越认识到长期经济增长应被理解为由技术、经济结构和制度的共同演化所驱动,但显然我们还有很长的路要走。

5.6 不同视角下对经济发展的不同观点

前面几节中描述的长期经济发展的观点各有不同。所有人都将经济发展视为一个演化过程。然而,5.3节所述的演化分析,旨在探讨技术进步与生产资本密集度以及劳动生产率的提高之间的关系,从宏观经济层面来看,这已成为经济增长的显著特征。5.4节所述的演化分析,则侧重于处于不断变化中的、各种产业与所生产和消费的产品的组合,这也是我们所经历的经济发展的突出特征。5.5节的分析,侧重于经济制度的变化,以及它们是如何与已经发生的技术和经济结构的演变相联结的,这是经济发展过程的另一个显著特征。

我们认为所有这些观点都是有价值的。将经济发展理解为演化过程,需要从所有这些角度来观察。

一个显而易见的问题是:为什么不把所有这些不同的观点放在一个统一、复杂但却融贯的理论中呢? 我们的回答是,对于一个广泛而丰富的主题而言,这样的做法是不利于人们的理解的。长期的经济发展会导致一个理论过于复杂而无法被理解,也可能导致一个理论极度简化和抽象而对人们试图了解的现象没什么启发。

虽然这一点还没有得到应有的认可,但使用几种不同的视角可以提供更全面的情况。科学家们借此方法来理解许多复杂现象的特征,如地震、飓风、干旱对一个地区生态的影响。对这些现象的理解不是以一个融贯的理论形式出现的,而是结合了不同的知识体系,以及与现象相关的不同方面的理论。经济学家需要认识到,对于长期经济发展等复杂主题的理论化也是如此。

5.A　附录:Pyka-Saviotti 模型

安德烈亚斯·佩卡　皮耶尔·保罗·萨维奥蒂

在第 5 章的附录中,我们更详细地讨论由 Pyka 与 Saviotti 开发的多行业模型 TEVECON。在 TEVECON 中,长期经济发展基本上取决于新兴行业的出现。在这个模型中,新的行业是由能够产生巨大市场的激进而普遍的创新创造的。每一个新的行业都是由一个暂时垄断的熊彼特式企业家创造的。继最初的成功创新之后,一批模仿者扩大了市场,并逐渐降低了暂时的垄断程度,将创新行业转变为熊彼特式循环流转的一部分。对于该行业中的企业数量而言,这意味着,经过一段时间的大规模进入,一个以退出、合并和收购为特征的整合过程,以及随之而来的平均企业规模的增加。这个行业利润率的下降再次触发了新的创业活动,并最终形成了一个新行业。因此，过去经济活动的演变，导致了新的经济活动出现。行业内和行业间的这种相互作用，产生了行业层面的总经济增长。该仿真模型在类似于熊彼特式竞争的环境中产生了一系列产业生命周期。

TEVECON 的一个重要特点是，它能够产生不断增加的产品多样化。上述生命周期中既有将新兴产业转变为成熟产业的产业内动态，又有创造新产业的诱因，而新产业让暂时的垄断重新成为可能。随着产业内和产业间动态的结合，TEVECON 既是一个内生增长模型，也是一个品种不断增加的模型。

模型的详细形式描述可以从 Saviotti、Pyka 和 Jun(2016)的研究中获得。行业动态是由下面这个 TEVECON 的核心方程所决定的。

$$\mathrm{d}N_i^t = k_1 \cdot \underbrace{FA_i^t \cdot AG_i^t}_{\text{进入项}} - \underbrace{IC_i^t - MA_i^t}_{\text{退出项}} \tag{1}$$

新企业进入一个行业取决于财务可用性 FA_i^t 和行业的调整差距 AG_i^t，AG_i^t 描述了一个新行业的潜在市场规模。企业的搜寻活动扩大了调整差距，这些搜寻活动注重提高生产效率、产品差异化和质量改进。企业退出程度随着竞争强度 IC_i^t 的增大而增加，竞争包括产业内竞争也包括产业间竞争。后者产生于不同的产业提供可比的服务，是市场可竞争性的一个例子。此外，MA_i^t 表示的是企业失败以及并购，减少了成熟行业中企业的数量。金融可用性，技术机会的利用、需求，以及竞争和失败的相互作用，导致了经济体系的行为，其中一些方面如图 5.2 所示。在中间那个图中，每个行业的企业数量趋向于随着生命周期的演进先增加，达到最大值，然后下降。这样的生命周期不是在模型中编程的，而是由创新、需求和竞争交互作用的结果。图 5.2 的左边部分显示了总就业趋势，并表明尽管个别行业的就业减少，但只要出现新的行业，总就业可能具有增长的趋势。

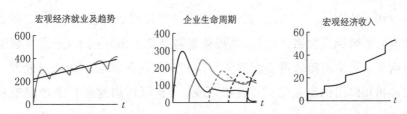

图 5.2　多行业模型（TEVECON）中新产业的出现、总就业和收入增长
注:该图描绘了企业的数目、总就业和宏观经济收入增长随时间变化的情况。

在 TEVECON 模型中,搜索活动可以分为两类:行业搜索活动,旨在提高行业内的生产效率、产品质量或产品差别;以及基本搜索活动,旨在探索更多的基本知识,并且可以提高新行业出现的可能性。将新知识转化为技术经济机会的发现过程,是由那些寻求激进创新企业家触发的,当他们(以熊彼特式的方式)开始对现有行业中获利机会的减少感到不满意时,这种创新就能够开辟一个新行业。

TEVECON 模型模拟了一个复杂的经济系统,其中大多数变量可以与任何其他变量相互作用。由 TEVECON 模型生成的产业生命周期序列,类似于实际的产业生命周期序列,如图 5.3 对韩国情况的描述。在真实的经济系统中,交互性很重要,但是它使得建模更加困难。TEVECON 允许我们研究共同演化的重要形式,例如,创新与需求之间的形式(如

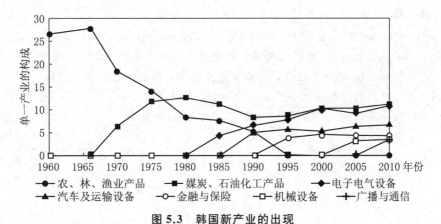

图 5.3　韩国新产业的出现
资料来源:Yeon、Pyka 和 Kim(2016)。

Saviotti and Pyka，2013a）。除非为相应的产品创造需求和市场，否则创新不会影响经济发展。因此，经济体系需要创造出新技术，还需要创造出购买新技术所需的可支配收入。共同演化在需求与创新之间或者一般在相互作用的变量之间产生正反馈，并且可以加速新行业的出现和增长。

TEVECON 模型提供了一个灵活的框架，可以应用于一系列有关长期经济发展的问题。例如，Saviotti 和 Pyka(2013b)分析了需求和创新共同演化的长期含义，以探索不断提高的效率、品种和产品差异之间的复杂相互作用。借助于该模型，确定了从 20 世纪初开始在资本主义经济发展中出现的"从必需品向想象世界"过渡的条件。Saviotti 等人（2016）研究了教育对长期经济发展的影响，将该模型的就业人员扩展到蓝领和白领。在现有的研究中，收入增长与收入分配的共同演化，是在一个类似的框架下进行的。分析表明，在具有结构变迁、不断变化的需求和教育系统的演化多行业模型中，Kuznet(1955)提出的先增后减的收入不平等曲线，以及 Piketty(2014)提出的指向收入不平等增加的长期发展，都是可以观测到的。

注　释

① Hidalgo 等人（2007）以及 Hidalgo 和 Hausmann(2009)的研究表明，与其他国家相比，高收入国家的产出和消费的组合往往更加多样化。

② Robert Gordon(2016)对许多这些方面的发展提供了很好的描述。

③ 更广泛的分析参阅 Nelson 和 Sampat(2001)。

④ 接下来的讨论遵循 Nelson(2008a)的思路。

后发者经济赶超的演化过程

李根 佛朗哥·马莱尔巴

6.1 引言

从亚当·斯密时代起,许多对世界经济感兴趣的经济学家就认识到,各国经济在生产率水平、能够提供的生活水平,以及更为普遍的经济发展速度和水平方面存在着巨大差异。然而,应该鼓励对差异背后的因素以及显著落后于前沿经济体的国家的经济发展进行研究,但直到第二次世界大战后,这才成为公认的经济研究领域。研究早期,大部分精力集中在两个不同变量上:一个是贫困国家较低的物质资本和人力资本水平,后来出现的新古典增长理论指出,该条件与较低的生产率和收入水平直接相关;另一个是这些国家的制度结构方面,它们似乎阻碍了发展。

早期研究在对经济不发达的原因进行分析时,一个引人注目的方面是:如果有足够的资本,那么较接近经济前沿的经济体所使用的技术和实践并不被认为是难以掌握的(Nelson and Pack，1999)。尽管人们认为"技术转让"本身没有问题，但一些分析人士担心，它在某些情况下可能会被知识产权持有人阻止。很少有人注意到，那些试图使用新技术的人可能需要经历的学习和能力建设的过程。

近年来，这种情况发生了变化，尤其是随着 Globelics① 等新兴学术团体的出现。本章将对过去四分之一世纪中出现和发展起来的、深受演化经济学观点(Nelson and Winter，1982)影响的研究和著作进行考察，这些研究和著作关注的是最初远远落后于经济和技术前沿的国家的学习、能力建设和赶超过程。本章将经济赶超定义为缩小与领先国家或企业的差距。然后，将集中讨论国家和行业系统在支持实现赶超的民族企业的能力建设方面的作用。这一章要传达的信息是，成功的赶超不能仅仅通过复制来完成，而是最终需要通过创造一条不同于先驱者的新路径或轨迹来实现，尽管在最初阶段也是从学习和模仿开始的。

我们在这里描述的内容在很大程度上是建立在马丁·贝尔(Martin Bell)、查尔斯·库珀(Charles Cooper)、若热·卡茨(Jorge Katz)、金麟洙(Linsu Kim)和桑贾亚·拉尔(Sanjaya Lall)的开创性研究基础上。这五位先驱学者在技术和经济发展的分析中，广泛探讨了以下因素对经济发展的作用：国内企业的学习和专有性技术(Bell，1984；Katz，1984，2001；Bell and Pavitt，1993)、科学与技术(Cooper，1973)、技术能力和公共政策的多样性(Lall，1992，2000；Lall and Teubal，1998)，以及模仿与创新之间的联系(Kim，1997)。虽然他们的贡献是这一章的基础，但是为了避免重复，我们没有不断地引用他们。

本章在前人研究成果的基础上，尤其是通过对近期文献的回顾，进一步拓展了前人的研究思路。首先，我们明确采用创新系统的视角，从而将我们的分析范围从企业层面扩展到行业和国家层面，如行业和国家层面的创新系统，这样我们不仅可以涉及市场失灵的概念，也可以涉及系统失灵的概念。其次，我们认为，对于后来者来说，赶超不仅是学习和培养能力的问题，而且是寻找细分市场和行业专业化的问题，因为后来者是已经确立的国际分工中的后进入者。第三,我们认为,从长远来看,成功的赶超不仅需要能力的逐步增强,还需要利用为赶超者提供的各种机会进行根本性的跳跃式发展。最后,我们从更长远的角度来理解赶超周期,包括赶超者从在位者手中接过行业领导地位,后来又被新的赶超者获得行业领导地位的情况。

在简要讨论了赶超文献与理论视角后(6.2节),本章提出,国内企业的能力建设,必须与系统因素(国家和行业层面)相结合。本章接下来分析这三个主要层次。我们首先讨论企业的学习和能力在赶超过程中的中心作用(6.3节)。然后,继续讨论国家因素和国家创新系统在影响经济赶超方面的作用,这是文献中被多次讨论的一个主题(6.4节)。鉴于各国经济发展不平衡,我们提出,经济发展和赶超更多地发生在行业层面,且各行业在实现赶超所需的条件方面差别很大。从总体上观察经济发展会掩盖这一重要事实。因此,6.5节和6.6节从行业和技术的维度进行考察。最后,6.7节简要讨论了行业领导地位的连续变化和赶超周期。本章提出的观点与本书在其他章节中描述的关于技术进步、企业能力和行为的演化论述有着密切的学术联系。

6.2　经济赶超的视角

我们首先要说的是,赶超并不意味着仅仅是克隆。成功赶超所取得的实际成果,总是在某些方面与作为基准模式的国家的做法相左。在某种程度上,这种差异反映了这样一个事实,即完全复制几乎是不可能的,而复制的尝试充其量也只能达到相当接近的程度。在某种程度上,这反映了需要根据当地情况进行量身定做的修改。生产实践的组织、管理和制度方面,往往是最难复制的,也是最需要适应当地条件、规范和价值观的。因此,每一个发展中国家都以不同的方式行事,结果是学习和能力的建设不断发展,这一过程往往伴随着基本意义上的创新(打破传统的做事方式)。

在赶超过程中,新引进的做事方法当然不算是全新的,但是对这个国家来说却是新的。引入它们存在相当大的风险,并且需要大量的"试错"才能使学习变得有效。将赶超视为一种学习和能力建设过程的国家,可能沿着不同的技术和产品发展轨迹,以不同的方式发展,处于赶超阶梯上的不同位置。然而,各国不能严格通过模仿和复制之前经济体来赶超,而只能走与它们不同的道路(Lee, 2013a)。这就意味着,除了那些在某些行业和技术方面已达到国际领导地位的国家之外(例如,韩国以及近年的中国),通常来说,要将一个国家列为在赶超过程中明显成功或失败的案例,是很困难的。

对赶超的分析有着悠久的历史,可以追溯到格申克龙(Gerschenkron, 1962)的作品。他的《经济落后的历史透视》(*Economic Backwardness in Historical Perspective*)一书,描述了 19 世纪末欧洲大陆经济增长赶超英国的情况。后来,随着 Abramowitz(1986)的《赶超、领先与落后》(Catching-up, forging ahead and falling behind)一文的发表,"赶超"的概念成为经济发展领域的标准词汇。从那时起,熊彼特主义经济学家和创新经济学家在前人——马丁·贝尔、查尔斯·库珀、若热·卡茨、金麟洙和桑贾亚·拉尔——的研究基础上,取得了巨大的进步,如 Fransman(1985)、Freeman(1987)、Amsden(1989)和 Mathews(1996)。与此同时,跟随 Nelson 和 Winter(1982)开创的演化分析传统,另一组文献探讨了学习、知识和能力的赶超。[2] 我们将在接下来研究这些文献的主要观点和结果。

这些文献第一个主要特点是强调技术能力是赶超的促成因素,改变了 20 世纪 60 年代和 70 年代早期文献中认为资本积累是赶超的主要驱动力的观点。新的研究认识到,学习不是在国外技术转让时自动进行的,而是具有高度不确定性,学习失败在试图走向"现代化"的发展中国家中间是普遍存在的。因此,似乎只有那些在技术和研发、组织和管理能力方面投入巨大的国家,才有赶超能力,而那些没有这样做的国家则落后得更远③。

传统的发展经济学文献没有过多地关注技术知识是一种特殊的投入要素这一事实。与他们不同,分析赶超的演化经济学家或熊彼特式分析方法指出,技术知识具有不完全可模仿性和默会性等基本特征,且这些特征应被视为常态的,而非例外。这对技术转让有重大影响,我们稍后会讨论。

此外,上述意义上的创新被认为是成功赶超的关键因素。然而,按照熊彼特主义经济学传统,创新不仅包括技术创新,还包括组织和制度创新。

为了实现赶超,国内企业的学习和能力建设必须辅之以有效的创新系统。创新系统由各种不同的行为者、特定的制度背景,以及行为者之间的互动联系构成。其中,行为者包括供应商、用户和消费者、大学、公共研究实验室、政府和金融机构,他们会影响国内企业的创新和生产过程。制度背景包括教育系统、规范、法规、标准等。创新系统的大量文献讨论了国家系统(Lundvall, 1993;Nelson, 1993)、区域系统(Cooke, 2001)和行业系统(Malerba, 2002)对创新和经济增长的影响作用。必须指出的是,"创新系统"的概念,可以与有关制度在经济发展中的作用的讨论联系起来。

在下面的内容中,我们将集中讨论刚才提到的主题。在这里,我们首先想把讨论范围从学习、能力和创新系统,扩展到可能干扰赶超的"失灵"类型,这里的"失灵"与新古典主义"市场失灵"的概念截然不同。

在传统的新古典主义研究中,"市场失灵"源于这一事实,即知识是一种公共产品,因此,有必要进行研发补贴以应对学习投入不足的问题。因为当资本和风险市场中存在缺陷,以及不完全竞争行业中存在学习溢出等相关市场失灵时,就会出现学习投入不足的问题。从这个角度来看,实际的研发金额往往低于在没有市场失灵的情况下所能达到的最优水平。因此,鉴于知识生产所涉及的外部性,建议政府补贴研发。然而,在演化的框架中,其他两种失灵可能在阻碍经济发展和赶超方面更为重要:"能力失灵"和"系统失灵"(Lee, 2013b)。

在"市场失灵"的讨论中,一个常见而隐含的假设是,企业和其他经济行为者已经具备了生产和创新的能力,而政府可能只是简单地试图改变它们的活动范围。因此,在市场失灵观点中,失灵的原因是在企业外部:这些领域也正是被建议为政府应执行"纠正政策"的领域(Lee, 2013b)。然而,发展中国家面对的严峻现实是,经济行为者(特别是企业)的能力极其薄弱。在一些发展中国家,私营企业无法进行内部研发,它们认为这是一种不确定的努力,回报也不确定。所以,问题不在于减少或增加研发,而在于"零"研发。因此,与"市场失灵"的概念相反,本章在处理赶超问题时强调了"能力失灵"的概念,以及在正式研发之外的广泛创新领域提高企业、行业和国家能力的必要性。根据这种观点,学习失灵是因为缺乏有效学习和能力建设的机会。因此,正如本节中所讨论的那样,能力失灵观点本质上强调了通过提供学习机会来提高企业能力水平的重要性。

除了能力失灵之外,"系统失灵"也可能是由关键元素(系统中的一个节点)缺失、能力有限或吸收能力低而导致的。因此,与动态互补相关的良性循环不可能发生。相反,行为者仍然困在低互动和低学习的恶性循环中。因为不同的行为者之间缺乏互动和互补活动,系统失灵也会发生。这可能是由于缺乏关于其他行为者的信息,或是由于有限理性限制了行为者的行为。在这种情况下,创新系统不能得到充分的发展,系统的整体探索和开发水平可能受到限制。最后,失灵可能发生在现有创新系统的变化过程中或新系统出现时。在这种情况下,由于正在转型的既有系统中的行为者之间存在不匹配或不协调的情况,或者由于一个新的创新系统可能无法出现和发展,政策可能会介入进行干预④。

总之,赶超基本上是一个能力建设、制度建设和创新系统创造的过程。各国产业绩效的差异,主要来自能力和制度发展的差异,包括长期生产和销售具有国际竞争力产品的能力。新古典主义经济学不可能是"好的发展经济学",因为它只是简单地假定(现有)资源的最优化和最优利用,并隐含着这样一个假设:所有资源都已存在,我们只需考虑如何在运转良好的市场中最有效地利用它们。事实上,大多数发展中国家不必担心资源的最优化利用问题,因为它们手头没有这些资源。对我们来说,就赶超而言,更关键的问题是如何建立这样的能力,以及如何发展创新系统(包含广泛的制度环境),来支持企业的赶超。

6.3 企业层面的赶超

本节关注发展中国家的商业企业,主要围绕以下关键问题:与发达国家的企业能力相比,是什么因素,至少在发展初期,限制了发展中国家企业的能力? 实现赶超的企业如何做到的? 关于企业层面的赶超,最近三个方面的贡献与该议题相关。

第一个方面关心的是能力,以及能力是如何随着时间积累和变化的。在这里,康斯坦丝·赫尔法特在第 3 章中讨论的吸收能力(Cohen and Levinthal, 1989)和动态能力(Teece et al., 1997；Teece, 2012)的概念处于中心位置。Helfat 和 Peteraf(2003)介绍了能力生命周期的概念,概括了组织能力随时间演变的一般模式和路径,并以有助于解释组织能力异质性来源的方式,综合分析了能力的创造、发展和成熟。第二个方面涉及创业的存在和市场领导力的提升。通常赶超企业大量涌入,是因为有些企业家开创了新公司,这些公司能够进入国内市场的细分市场,并学习、积累能力和实现增长(Malerba et al., 2016)。第三个方面关心的是企业集团(Amsden and Hikono, 1994；Guillén, 2000；Kock and Guillén, 2001)及其多样化——一种利用其独特能力或资源的重要方式。

发展中国家特别是东亚的企业,其初始能力的获得与企业本身的独特起源有关。通常,发展中国家中的那些从一些简单的劳动密集型产业开始发展起来的后发企业,在许多先发优势明显的新的、资本密集型产业中,面临着进入和增长的严重障碍(Chandler, 1990)。由于缺乏相关产业的专有技术,其多样化模式往往遵循政府产业政策确定的几个关键部门(Amsden and Hikino,1994),这种情况一直持续到 20 世纪 90 年代初。通过重复的、往往不相关的多样化,它们能够学习和积累知识,这可以称为项目执行能力。直到后期或 1997 年亚洲金融危机之后,随着一些大企业陷入了危机的困境,一些高科技导向的新企业才开始出现。

在这种背景下,一些学者——如 Hobday(1995)、Mathews(2002),以及 Bell 和 Figueiredo(2012)——将来自新兴经济体的"后发企业"定义为"资源匮乏的后进入者"。换句话说,"缺乏资源"和"进入较晚"是定义发展中国家后发企业的两个重要方面,除非它们是跨国公司(MNC)的附属公司或子公司。在下文中,我们将依次讨论这两个方面。

首先,"资源贫乏"这一方面意味着,发达经济体和发展中经济体的企业之间,最根本的差异之一是,前者的多样化资源可以从企业内部或其他企业获得,而后者的关键资源很难从企业内部或其他邻近企业获得。因此,赶超的主要任务不仅是学习如何有效地利用现有资源,更重要的是如何在企业的生命过程中获得极其缺乏的资源并提高其可用性。获得的利润不仅要在企业的所有者中进行分配,还需要用于进一步扩展公司的资源。换句话说,由于发展中国家的企业承担了额外的"增长成本",盈利能力可能会降低,这已经在 Lee(2013a)关于韩国企业(赶超企业)与美国企业(先进企业)的实证研究中得到了证实。增长成本包括在提高工人、经理、研发团队、品牌等的能力时所产生的成本。虽然这些成本是任何一个企业(包括发达经济体的企业)都理所当然要承担的,但对于发展中国家的企业来说,它们会更加沉重,因为这些企业面临着市场机制不完善以及商业环境或投资环境中的其他限制(如下述文献所指出的:Tybout,2000;World Bank,2005;Lee,2013a)。

影响企业绩效和增长的资源是多种多样的,包括社会资本(人脉网络和社会关系)、物质资本、人力资本(体现在公司员工中)、管理资本、研发资本(独立进行研发的能力),以及品牌资本。长期以来,人力资本和干中学的相对重要性,被认为是发展中经济体经济增长的决定性因素之一。

在一个国家内或不同国家间，企业的关键资源可能不同。实际上，利用2000年世界银行对八个发展中国家的调查数据（秘鲁、印度尼西亚、孟加拉国、埃塞俄比亚、中国、巴西、坦桑尼亚和印度），Lee和Temesgen（2009）指出，对于一般企业而言，特别是发展中国家能力水平较低的企业，增长主要来自物质资本和基本的人力资本等相对基础的资源，而对于发展中国家的高增长能力企业而言，增长在相对意义上更多地受到管理资本和研发资本等更高层次资源的驱动。

其次，发展中国家企业进入全球经济的时间较晚。这是因为当它们开始制造活动时，生产价值链已经在它们进入的细分市场很好地建立起来了，并且已经被发达国家或其他发展中国家的企业所占据（Ernst and Guerrieri，1998；Sturgeon and Gereffi，2009）。鉴于它们进入较晚，后发企业别无选择，只能继承一些从发达经济体企业那里脱离出来的细分市场，或从贴牌生产（OEM）开始（Amsden，1989；Hobday，1995）。OEM是一种特定的分包形式，根据该形式，生产企业严格根据分包公司的规格要求提供完整的合格产品。一些OEM企业发展成原始设计制造商（ODM），这些企业执行大部分详细的产品设计，而ODM企业的客户企业继续执行营销职能。同时，自有品牌制造商（OBM）进行生产、新产品设计、材料研发、产品加工，并为自己的品牌进行销售和分销。从OEM到ODM再到OBM的路径，已经成为后发企业的标准升级过程。

另一个是Kim（1997）提出的后发企业阶段理论，该理论提出了重复性模仿、创造性模仿和创新三个阶段。然而，确实很少有后发企业能够进入OBM或创新这一最后阶段，因为OBM存在很多进入障碍（Chu，2009）。如果企业停留在分包或协作的既有路径上，不可能过渡到OBM状态；相反，只有当企业采用自己的路径创造策略进行结构性突破时，才有可能实现转型。但是，创建一条自己的路径需要创新能力，韩国成功的中小型企业（SME）就是向OBM过渡的例证（Lee，Song and Kwak，2015）。因此，从长期动态的角度来看，如何建立创新能力，也是后发企业的关键问题。

这就引出了后发企业同那些发达国家的企业相比在企业层面的知识和能力问题。我们可以考虑几个能够以近似的方式衡量企业的知识基础、知识的特征,以及基础技术的变化的变量。专利是一个明显且被广泛使用的变量。

Lee(2013a, Ch.5)用韩国企业代表赶超企业,考察了这些企业的技术特点,发现:它们在许多方面都不如美国企业,如专利数量、质量、独创性、自我引用率(在美国很高)和多样性(美国公司的专利范围更加多样化);除此之外,与美国企业相比,韩国企业往往拥有更多短周期的专利(6.6节将进一步讨论周期时长问题)。⑤我们发现自我引用率是衡量企业层面技术能力的有用方法。更高的自我引用率意味着,美国企业相对更多地依赖于它们在过去时间里自己积累的知识库,这可以被视为先进企业的属性。企业层面的回归分析表明:高自我引用率在解释美国企业的企业价值方面具有统计上的显著性;而在韩国企业中,自我引用率太低而不具有显著性,不过在韩国企业中,更多的短周期专利与更高的盈利能力相关。鉴于韩国企业增长与投资比率显著相关,因此这一结果可以解释为,赶超企业通过更多的借贷和投资来追求增长,而专注于短周期技术的行业,则是实现最低盈利水平的一种方式(Lee, 2013a, Ch.5)。

本节的最后一部分致力于讨论,在赶超背景下关于企业增长的资源基础观理论的一些局限性。众所周知,对企业增长的资源基础观理论(Penrose, 1995)的一个重要批评是,许多现代企业倾向于依赖外包,而不是由企业自己来做所有的事情。国际网络和一体化对发展中国家的企业尤其重要,因为许多关键资源在国家领土内无法获得。韩国企业增长的关键因素之一是,将可靠的国际和国内企业的知识库联系起来。相比之下,企业集团或联合企业内部几家企业(或工厂)的整合,是通过在特定边界内共享资源来应对资源稀缺的努力(Amsden, 1989; Chang and Hong, 2000)。人们可以考虑不同的网络或整合策略,例如:在出口安排(出口导向)上,与外国买家企业建立联系;作为外国企业的合资伙伴(外商直接投资),被整合为联合企业的一部分;从其他大企业那里进行分包;或出售给国有企业从而与政府建立联系。企业集团内部的整合,作为国际网络的形式,在文献中受到了更多的关注。

　　成为联合企业或企业集团成员的优势,已经在市场失灵(Leff, 1978;Goto, 1982)或"制度缺失"(institutional voids)(Khanna and Palepu, 1997, 2000)的背景下被讨论过。基本论点是,由于许多支持商业活动的制度在世界许多地方都不存在,企业集团的出现,填补了制度上的空白。例如,在资本市场中,如果没有信息,投资者就不会将资金投入到不熟悉的企业中。在这种情况下,已建立的多样化的企业集团,可以更好地进入资本市场。在劳动力市场,由于发展中国家缺乏训练有素的商人和教育设施,企业集团可以通过在集团内部培养有前途的管理者来创造价值,并可以将固定的职业发展成本分散到集团内的业务中。从资源基础观来看,企业集团的一个明显优势是分享和协调稀缺资源的使用,这已经在韩国财阀的案例中得到证实(Chang and Hong, 2000;Choo et al., 2009)。

　　研究已经指出,在相似的情形下,吸引外商直接投资的战略存在局限性。尽管外商直接投资可以通过模仿和学习带来新知识(Findlay, 1978;Blomström, 1986)、在当地市场引入更多竞争、促进人力资本流动(Fosfuri, Motta and Rønde, 2001),和/或促进纵向生产联系(Rodriguez-Clare, 1996),但实证分析并不能很好地证实外国直接投资的这些积极影响(Gorg and Greenaway, 2003)。例如,Aitken 和 Harrison(1999)未能发现 20 世纪 80 年代委内瑞拉跨国公司的技术溢出与当地企业之间有任何正向的联系。对于外国人拥有的外商直接投资企业而言,知识转移可能是有限的,或者学习并不是自动的。实际上,只有当东道国有足够的吸收能力时,外商直接投资才能促进经济增长(Borensztein, Gregorio and Lee, 1998)。

　　虽然文献在外国直接投资的影响方面存在较大分歧,但在出口收益方面似乎分歧较小。出口可以帮助资源紧缺的企业,因为出口是向外国买家学习蓝图、设计、质量控制和技术建议的一种方式(Rhee et al.,

1984；Dahlman，Westphal and Kim，1985）。总的来说，与其他网络或整合战略（包括外商直接投资战略、分包和与政府建立联系）相比，Lee 和 Temesgen（2009）发现出口导向和联合企业是最重要的企业增长战略。

因此，可以这样对上面的讨论进行归纳。首先，来自不同经济发展阶段的国家的企业，关注企业发展的不同资源。在早期阶段，它们专注于建立物质资本和比较初级的人力资本，这些人力资本大多受过中小学教育。随着经济的发展，它们想要升级生产流程，则需要逐步转变以提升管理和研发能力/资源。其次，赶超企业可能会尝试以出口为导向，因为出口是向买家学习的机会窗口，也是向全球竞争和规范学习的机会窗口。然而，鉴于出口导向与外商直接投资之间存在显著的相关性，我们可以说，当外商直接投资是为了出口而不是服务当地市场，这种特定类型的外商直接投资会更好地发挥作用（如 20 世纪 80 年代和 90 年代中国的情况）。这种对外商直接投资作用的观察并不意味着，后发国家不应该"邀请"外国公司。许多韩国财阀，包括三星电子的附属企业，过去都与跨国企业有外商直接投资或 OEM 的关系。

最后，一旦进入技术发展的更高阶段，赶超企业可能希望结成国际联盟甚至合资企业，以应对日益激烈的全球竞争并保持领先地位。然而，只有在后发企业掌握一定水平的技术能力（能够影响它们的谈判地位的技术能力）之后，联盟或网络战略才是可能的，并且才能发挥作用。如今，如 Lee 和 Malerba（2016）所分析的那样，我们正在目睹更多后发企业接管行业领导地位的案例。当后发企业达到较高的技术能力水平时，利用一些外生的机会窗口进行发展是可能的。我们将在最后一节中讨论这个问题。

6.4　国家层面的赶超

在本节中，我们将对演化经济学家在更广泛的国家层面的研究和著作,特别是他们对国家创新系统概念的发展进行分析。

Nelson 和 Pack(1999)以韩国为例,区分了他们所谓的关于发展的"积累"(accumulation)理论和"同化"(assimilation)理论。对于前者来说,发展的问题往往是物质投资偏高(或偏低)导致相对应的资本—劳动比率的偏高(或偏低)。而对于后者来说,发展不仅仅是简单的资本积累,它与创新和学习掌握新技术以及其他对于国家而言较新的实践相联系。因此,在同化理论(这是本章精髓所在)中,发展基本上是一个学习和创新的演化过程:往往从转移国外技术开始,且涉及高度不确定性。在这个框架下,各国在学习和创新方面的成败取决于各种因素:正规教育水平的提高、训练有素的技术人员供给的增加、创业公司的存在,以及政府适当的政策体制。

然而,只有在特定的制度环境中,学习和能力构建才会发生,这些制度环境与国家创新系统(NIS)相关。如第 2 章所述,国家创新系统由行为者、制度(Nelson, 1993),以及所有这些行为者之间的互动和关系组成(Lundvall, 1992)。从演化的角度来看,国家创新系统影响新知识的生产、扩散和使用。一些行为者是国家创新系统的重要组成部分,并且影响知识、创新和赶超的产生。大学和公共研究机构可能在赶超上发挥关键作用,因为它们从事基础研究和应用研究,并提供高级的人力资本(Mazzoleni and Nelson, 2006)。金融机构(如银行、股票市场和内部融资)是技术扩散、创新和赶超的主要来源,与供应商和用户的纵向关系,可以为赶超企业提供生产和创新的投入以及相关知识和信息(Lundvall, 1988; von Hippel, 1988)。更广泛的制度背景也很重要,教育系统被证明是促进学习和创造高级人力资本的关键因素(Nelson, 1993)。公共政策通过积极支持基础研究、教育体系、企业的产业研发、具体行业、创业和监管等方面,在赶超中发挥着重要作用(Kim, 1997; Amsden and Chu, 2003; Bretnitz, 2007; Cimoli, Primi and Rovira, 2011)。

Freeman(1987)的书中展示了一个很好的例子:在 20 世纪 80 年代日本赶超的过程中,由企业、行为者和制度之间的相互关系组成的国家系统起到了重要的作用。在这里,政府和公共政策在知识传播,以及支持和引导私营企业以一种系统和前瞻性的方式发展方面,发挥了重要作用。

Fagerberg、Srholec 和 Knell(2007),Fagerberg 和 Srholec(2008),Fagerberg 和 Srholec(2008),以及 Fagerberg,Srholec 和 Verspagen(2010),对技术能力和制度在赶超中的作用进行了定量分析。他们考察了 100 多个国家和地区的增长情况,认为技术能力和国家系统确实影响人均 GDP 的增长,而单位劳动成本和经济开放度所起的作用相对较小。在这里,国家创新系统和制度从更广泛的角度可以理解为高等教育、法律体系、规范、技术合作和公共政策等。

最近关于国家创新系统、制度和赶超的讨论,可以在 Arocena 和 Sutz(2000)、Cimoli(2011)、Malerba 和 Nelson(2012)、Muchie 和 Baskaran(2013),以及 Lundvall(2016)等研究中找到。这些在拉丁美洲、非洲和亚洲国家的经验上总结出来的著作,存在三个共同的主要观点:广义的制度在赶超中起到了重要的作用;经济增长和发展需要积极的公共政策,而不是政府袖手旁观;随着时间的推移,国家系统的特征和结构在不同国家之间存在巨大差异,因此,当它们与赶超联系在一起时,不能生搬硬套。

在前面的讨论中,可以添加两个关于知识和赶超的有趣发现。第一个发现考虑了本土知识的创造和传播与对外国知识的依赖之间的关系(Lundvall,2014)。知识本地化衡量的是在国内创造了多少知识。Lee(2013a)研究表明,与其他中等收入国家或地区相似,韩国在 20 世纪 80 年代早期,知识创造的本土化程度较低,远低于发达国家。然而自 20 世纪 80 年代中期以来,知识创造的本土化程度迅速增加,到 20 世纪 90 年代末达到了发达国家的平均水平,表明这方面已经取得了非常显著的赶超。

第二个发现是关于赶超最需要的知识类型。东亚和拉丁美洲的经验存在一个有意思的差异:对经济增长最重要的不是科学知识,而是技

术知识,而科学知识的产生并不会自动导致技术知识的产生。Kim 和
Lee(2015)进行了国家面板计量经济分析,重点研究了科学与技术知识
对经济增长和知识生产功能的不同作用。他们将技术知识与企业研发
努力联系起来。因为与东亚国家相比,拉美国家更缺乏企业研发努力。
在韩国,政策制定者倾向于技术政策,而不是科学政策,他们将重点放在
私营工业部门的技术发展上。相比之下,拉美国家认为科学是工业技术
重要的来源和投入,他们更加强调科学(通过科学文章来衡量),而不是
技术(通过公司专利来衡量)。这种政策选择将学术界与私营部门及其
技术活动隔离开来。在拉丁美洲,科学界和学术界往往不反映产业需
要,而倾向于进行更多的学术研究。在两者没有互动的情况下,这两个
部门都开始落后。相比之下,东亚的本土企业在适应和吸收外国技术
后,已经投资于自己的内部研发活动。反过来,工业部门对学术界应用
科学研究的需求不断增加,使得大学和产业间能够进行有效互动。

到目前为止,我们还没有提到另一个影响到国家层面赶超的主要因
素:本土需求。在人均收入、消费者偏好、当地工业需求以及公共采购等
方面,本土需求相对于全球需求的特殊性,可能会为本土企业提供一个
试验平台,使它们在足够长的时间内免受国际竞争的影响,从而得以生
存和成长。当这种需求也像中国、印度和巴西那样巨大时,它就提供了
规模经济,可以启动学习、能力构建和增长的良性循环(Malerba, Mani
and Adams, 2017)。一类较大的本土需求是价格敏感的低端市场,如中
国或印度的汽车产业以及印度的制药产业(Guo, 2017;Mani, 2017)。
对于这些市场,本土企业可能会为低端细分市场提供低价解决方案,这
与为发达经济体提供的解决方案不同。考虑到人口规模,特别是在中国
和印度等国家,这些市场也为本土企业提供了从生产和销售的规模经济
中获益的可能性,如果成功的话,可以发展壮大。另一种类型的需求与
特定的用户群体有关,这些用户需要定制产品来满足他们的特定需求,
如巴西等大国的软件需求(Araujo, 2017)。虽然这些市场比无差异的低
端产品市场要小,但它们仍然足够为本土企业提供必要的需求量,使其

在经营中达到具有竞争力的规模经济(Malerba,2017)。

以往关于赶超的分析大多是指新兴国家在制造业和服务业上的赶超,没有通过使用和改造自然资源来解决赶超问题。Sachs 和 Warner(1995)提出的"资源诅咒"假说,后来被 Katz(2006)、Iizuka 和 Soete(2011),以及 Lundvall(2016)等人讨论过。这些作者大多数指出,与北欧国家从强大的自然资源中发展出具有竞争力且多样化的经济不同,拉丁美洲或非洲几个发展中国家未能实现赶超的原因是,这些国家在知识方面的投资有限,以及较差的制度环境不能支撑相关制造业和服务业的学习、升级和多样化进程,而这些制造业和服务业本可以使得这些国家摆脱在领地上孤立经营的局面(Lundvall,2016)。Iizuka 和 Katz(2011)讨论的智利鲑鱼养殖案例表明,拥有自然资源产业的国家需要建立一套适当的机构,在长期可持续的条件下监督和管理公共资源池的开发,并与自然资源产业保持密切有效的互动,以促进环境的可持续发展。

最近,"中等收入陷阱"的概念成为一个新的研究前沿(World Bank,2010)。这种陷阱被描述为这样一种现象:发展中国家成功地实现了增长并获得了中等收入地位,但这些国家经济增长从此停滞,不能进入高收入水平阶段。遭受中等收入陷阱的国家有巴西和阿根廷,它们的经济增长在 20 世纪 80 年代和 90 年代停滞不前。印度尼西亚和泰国也有类似的情况。似乎只有非常少的曾经的中等收入经济体跨越了中等收入水平,加入了发达经济体行列。这些少数经济体的例子包括韩国,它的人均收入在 20 世纪 80 年代和 90 年代增长了两倍,而在 20 世纪 80 年代初,韩国的人均收入与拉美国家持平。这种增长差异证明有必要对增长进行诊断,以便确定每个国家增长的约束条件。尽管瓶颈或约束条件不仅对每个国家不同,而且对不同的国家集团也不同(Rodrik,2006;Hausmann, Rodrik and Velasco,2008),但创新能力似乎是中等收入国家阶段的关键约束因素(Lee and Kim,2009)。换句话说,中等收入国家之所以会出现中等收入陷阱,是因为中等收入国家夹在低工资制造国和高工资创新国之间:它们的工资水平太高,致使无法与低工资出口国竞争;而

它们的技术能力又太低,因此无法与发达国家竞争(Yusuf and Nabeshima,
2009；World Bank, 2010，2012)。

6.5　不同行业的赶超

为了在演化的框架中充分理解赶超,我们需要从行业层面进行分
析。赶超发生在特定的经济行业,这些行业往往驱动着一个发展中国家
整体经济的增长。以印度为例,该国在制药业方面已经相当成功了,但
在电信设备方面却没有成功。巴西已经在农业食品上成功地实现了赶
超,但在制药方面则相对落后。中国在汽车和电信行业的发展速度很
快,而在半导体行业则相对较慢(Lee, Gao and Li, 2017)。从演化和系
统的角度来看,行业创新系统的概念在阐明影响不同行业赶超过程的企
业与系统因素方面,是很有用处的。行业系统框架将行业视为一个系
统,并将重点放在支撑创新和生产的知识、企业学习和能力、参与创新和
生产的其他非企业行为者,以及决定一个行业特征的广义制度上(参考
Malerba, 2002，2004)。有充分的证据表明,行业系统维度在解释国家
间赶超过程的差异方面,被证明是相当重要的(Mowery and Nelson,
1999；Malerba, 2004；Malerba and Mani, 2009；Malerba and Nelson,
2012；Lee, 2013a)。

通过对各行业影响赶超的因素进行广泛比较,可以发现各行业系统
之间存在一些主要的相似性。其中,一个共同因素涉及企业的学习和能
力建设,另一个共同因素涉及企业获取国外知识诀窍的过程[6.4 节已经
讨论过,另可以参考 Malerba 等人(2017)研究中的案例]。第三个因素与
技术人力资本的供给有关(已在 6.3 节中讨论过),这在高度依赖高技能
劳动力和高科技创业的行业中尤为重要。

然而,对几个行业的实证研究发现,在导致赶超的行业系统因素方
面存在较大的行业间差异。

第一个区别是支持行业创新系统的知识库类型。在一些行业中,创新是基于技术进步的,与科学进步没有相当大的关系(机械行业就是一个例子)。当然,在几乎所有的技术领域中,工程师都需要在某些科学领域有一定的知识,但是在这些领域中,他们所需求的科学知识在某种程度上已经建立了起来。另一方面,在其他一些行业中,理解和推进科学知识对于赶超是非常重要的。制药和生物技术就是很好的例子。正如下面将要讨论的,这两类行业之间的差异也意味着大学将扮演着不同角色。

第二个区别与产业结构有关。熊彼特 Mark I 是拥有很多小企业和很高的新企业进入率的行业(Nelson and Winter, 1982; Malerba and Orsenigo, 1996),如软件和农业食品,在这样的行业中,新企业在赶超过程中起到了重要作用(Gu et al., 2012; Niosi, Athreye and Tschang, 2012)。熊彼特 Mark II 是企业规模较大、市场集中度较高的行业,如汽车和电信,在这样的行业中,大企业一直是赶超过程的关键驱动因素(Lee, Mani and Mu, 2012)。在非常普遍的演化水平上,这一差异在很大程度上取决于不同的技术体制(就技术机会、累积性和适用性条件而言)和需求体制(就同质需求或细分需求而言)的作用(Malerba et al., 2016)。

此外,跨国企业在不同行业中所扮的角色也不同。在那些具有垂直分工和知识专业化的行业(如软件、半导体和农业食品)中,跨国企业在全球价值链中控制着创新和生产过程。在这种情况下,赶超过程首先始于面向全球价值链进行本土生产,以及面向先进国家的领先企业承接国际外包(如印度和菲律宾的软件企业、中国和马来西亚的半导体企业,以及哥斯达黎加的大多数咖啡生产商),然后转向技术和营销能力的建设,最后通往升级以及沿着价值链向上移动(Gereffi, 2005; Ernst, 2002; Lee, 2005; Morrison, Pietrobelli and Rabellotti, 2008; Gu et al., 2012; Niosi et al., 2012; Rasiah et al., 2012)。正如上面关于企业层面赶超的部分所讨论的,从 OEM 到 ODM 再到 OBM 的过程,是赶超企业常见的升级过程。在其他行业，跨国企业在发展中国家也很活跃，但赶超的情况却是喜忧参半。在一些行业，如制药业，跨国企业在当地的分支机构对知识扩散没有积极的影响，并且主要为全球市场或其总部进行生产（Ramani and Guennif，2012）。在另一些行业，跨国企业与当地子公司建立合资企业和联盟，是国内企业学习和积累能力的一个关键手段，中国汽车生产商就是一个很好的例子。如前文所述，如果赶超企业具有一定的技术能力，那么，联盟或网络战略就是有效的。

第三个主要区别指的是当地集群，以及用户或供应商与生产者之间建立的当地的纵向关系。在一些产业，如印度的软件或中国的半导体和计算机，当地集群已经引发了频繁的正式和非正式的互动、知识共享和显著的劳动分工（Niosi et al.，2012；Rasiah et al.，2012）。在其他产业，全球价值链使新兴国家能够专注于特定的生产阶段，然后沿着价值链升级，如信息和通信技术与制药的各个环节（Ernst，2002；Gereffi，Humphrey and Sturgeon，2005；Giuliani et al.，2005；Lee，2005）。当地用户和当地生产者之间，或当地生产者和当地供应商之间的纵向关系所起的作用是非常有趣的。在汽车产业中，这些纵向关系被证明是非常有效的，它们带来了国内先进汽车零部件行业的崛起和增长。在软件等其他行业，与国际先进供应商的密切联系为本土企业提供了新的投入和互补性知识，并使它们能够学习和发展能力（如中国和马来西亚的例子：Niosi et al.，2012；Rasiah et al.，2012）。必须指出的是，本土上游和下游产业的存在，并不一定意味着可以推动赶超的强大纵向关系的形成。

从全球范围看，在竞争激烈的行业中，如果当地供应商没有先进技术，国内企业就不能成为对当地供应商大量需求的来源。因为这些国内企业的竞争是全球性的，且需要先进的机器和零部件来保持能力和绩效，所以，它们需要投入最先进的技术和机器，而这些是当地供应商无法提供的。当这种情况发生时，国内下游生产商和本地供应商之间的关系就无法发展，进而本地学习就无法实现。因此，一个强大而有竞争力的国内下游产业的存在，并不总是产生一个同样强大的本地上游产业的充分条件。Kim 和 Lee(2009)讨论了韩国机床产业中的这种现象,Lee 等人(2017)以及 Yuet 等人(2017)研究了中国电信和半导体产业发展的不同产业动态。

最后,不同的产业之间在赶超上的作用和影响方面的主要差异,也可以在行业系统的另一个组成部分中被发现——大学和公共研究中心,如前文所述,这是由于在产业创新中所需要的知识类型不同。在某些行业,科学对创新非常重要;而在另一些行业,要紧的是技术进步,而不是科学。因此,大学、公共研究实验室或旨在推广新技术的组织,在不同的行业所发挥的作用大相径庭。例如,在中国和韩国的农业中,研究站和实验站以实用主义为导向,关注用户需求,向广大农民传播新信息和新技术,增加他们的知识和能力(Hayami and Ruttan, 1985;Gu et al., 2012)。在电信领域,公共研究实验室开展前沿研究,并在研发方面与国内大型企业进行了广泛的合作,对它们的研究能力产生了积极的影响,如韩国和中国(Mazzolen and Nelson, 2006;Lee et al., 2012)。相反,在制药业中,本地的和国际的大学,通过与本土企业联合开展项目研究,在国内产业的崛起中发挥了重要作用,如印度(Ramani and Guennif, 2012)。

最后,根据行业系统的特点,广义的制度和具体的产业政策在赶超的类型和效果方面,在不同行业中各不相同。在规模较大的行业中,如电信设备行业,企业开展的大型研发项目和技术变化是累积性的和增量式的,公共政策的设计旨在支持国内企业的研发、支持研发联盟、利用公共研究机构,并促进产品标准化以推进国内企业的通用知识和能力建设,如韩国和中国(Lee et al., 2012)。与之不同的,是知识库主要来源于高技能劳动力或者由新企业驱动产业增长的行业,例如软件行业。在这种行业中,政府促进了教育和高级人力资本的形成,支持和资助了新的小型企业的研发,引进了优惠的企业税率,并建立了吸引外商直接投资的激励机制(Niosi et al., 2012)。相反,在那些经验知识对生产很重要、行为者数量少并且分散的行业,如农业食品行业,技术和科学基础设施、实验中的公私合作关系、规制政策,以及市场制度的扩散,被证明是相当

成功的,巴西、中国和哥斯达黎加就是很好的例子(Gu et al.,2012)。最
后,在与科学和研究相关的行业中(如制药),大学的支持和大学研究对
赶超非常重要,如印度(Rasiah et al.,2012)。

　　最后一点是关于影响赶超的国家系统(如6.4节所讨论的)与行业系
统之间的关系。两者的互动为说明为什么有些行业可能会出现并实现
赶超,而另一些行业则不会提供了一种解释。国家系统和制度框架的确
对那些与其国家规模相适应的行业的发展和增长,产生了积极的影响。
但这种关系也可能适得其反。如果行业行为者或制度在一个特定的行
业系统中是有效的,两个行业系统又有类似的特点,那么通常这个特定
的行业系统可以被成功地复制到另一个行业系统。以印度为例,其软件
行业的产学研合作、高级人力资本的形成和新企业的进入,随后在制药
业中得到了应用。类似的情况,还有韩国通过许可证获取外国知识、对
本土企业的支持,以及对国内市场的早期保护政策:这些政策最初是在
汽车领域制定的,后来电信和半导体领域也采用了这些政策。但是,如
果两个产业的行业系统特点十分不同,任何将一个行业系统中的行为者
或制度复制到另一个行业系统中的企图,都可能注定会失败。一些赶超
经济体试图把在信息和通信技术方面成功的政策和制度复制到生物技
术产业就失败了,这是因为生物技术的行业系统与信息和通信技术的行
业系统有很大的不同。真正需要的,是一套适合生物技术特点的创新系
统的政策和制度(Dodgson et al.,2008)。

6.6　赶超、行业专业化和跃迁

　　在一些高科技行业中,韩国和中国在半个世纪前还远远落后于经济
前沿的经济体,但是,这些经济体的企业取得的成功给人留下了深刻的
印象,并且为很多其他发展中国家提供了一个发展的方向。然而,正如
前面所讨论的,这些企业在高科技领域取得的成功,是其母国长期能力

建设的结果,其次是随着技术的变化而不断创新的能力。

如 6.1 节所述,我们认为赶超不仅是学习和能力建设的问题,而且是寻找细分市场和行业专业化的问题。后发者是已经确立的国际分工中的"新进入者":随着时间的推移建立了更多或更新的能力之后,后发者可以进入不同的新行业。

考虑到许多发展中国家一开始面临劳动力(或自然资源)丰富的局面,专家建议它们专攻劳动力(或资源)密集型产业。因此,资本—劳动比率成为行业专业化的关键变量。在远远落后于技术知识和技能前沿、劳动力充足而资本稀缺的经济体中,市场力量和传统通常都会支持劳动密集型行业,这样的行业不需要技术或商业上的成熟经验就能收到成效(Kuznets,1966)。积极的政府政策对此几乎无能为力,至少在短期和中期是这样。本章前文中的大部分讨论都是经济学家的共识,即超越低水平的技能和技术知识的成功经济发展,需要企业发展出更强的能力,还需要相关制度提供支持。

历史经验表明,随着这些能力的发展,经济发展的下一个阶段将随着资源流入资本密集度和劳动生产率更高的行业而出现。这些行业可能需要一定数量的技术知识、技能和管理经验。因此,在不同的资本密集型行业之间进行选择可能是一个困难问题。换句话说,因为有太多的资本密集型行业,简单的资本—劳动比率标准不再适用。历史表明,过去赶超者选择的是技术相对稳定或已经成熟的行业,因此,在这样的行业中更有可能以较低的成本获得技术转移(参考 Viner,1958;Lin,2012a,2012b)。对于已经建立起相当强大的劳动力培训能力,并且至少拥有一批相当成熟的商业领导者的发展中国家来说,令人满意的竞争能力在这样的行业中是可以实现的,且进入门槛较低。比高收入国家低的工资会有所帮助。技术通常是成熟的,或者变化不是很快,这一事实意味着,一旦获得了一定的竞争力,紧跟技术进步这个问题就很容易解决。另一方面,虽然进入这些产业是落后国家攀登经济阶梯的途径之一,但要爬得更高需要付出更多。

正在经历经济快速发展的高技术行业,成为这些发展中国家的下一个目标。就像我们前面讨论的那样,这些国家已经拥有了相对高水平的能力。韩国等经济体在20世纪80年代中期达到了这一阶段,它们必须升级产业结构,以适应所谓的高科技产业的发展。进入这些行业会面临的问题是:为了做到这一点,本土企业要与技术前沿国家的企业进行直接竞争,这些前沿国家的企业在技术领域有更丰富的经验。在这些行业中,较低的工资水平并不能带来很大的竞争优势,而持续的国际竞争力与跟上其他企业的进展密切相关,即使在技术日新月异的情况下。

对韩国等经济体发展得比较好的高科技产业的技术动态分析,呼吁我们注意这样一个事实:不同行业的不同之处在于,正在出现的新技术所需要的诀窍和技能,在多大程度上与其所取代的技术类似,而不是全然不同。后者包括许多"信息"技术,被称为"短周期"技术,这一术语指的是,在与这些技术相关的行业中,所需的特定知识和能力往往会周期性地变化。李根和他的同事(Park and Lee,2006;Lee,2013a)指出:在发展中国家的企业已经取得世界级能力的那些行业,技术通常是"短周期"的,因此,前沿国家的企业因其在该行业中的经验较长而具有的优势,在前沿技术发生变化时对它们帮助不大。Tushman 和 Anderson(1986)提出的"能力摧毁式"创新,就是产生技术短周期的一种情况。

在技术进步会导致经验贬值的行业,"赶超"国家的企业表现良好,这一观点与"跨越式发展"(leapfrogging)以及"机会窗口"的概念非常吻合(Perez and Soete,1988)。在这种情况下,新兴技术,尤其是能力摧毁式创新,让赶超的国家可以有一个领先的开始。⑥在一个新的技术经济范式下的竞争中,无论是在位者还是(具有一定的能力)新进入者,都从同一起跑线出发,但是在位者往往坚持它们的已有技术,它们从中获得过一定的优势。这种跨越式发展类似于一种"跳远"(long jumps)(Hidalgo et al.,2007),即经济体必须将自身转移到远离当前产品位置的空间,从而实现随后的结构转型。

当与林毅夫(Lin,2012b)的潜在比较优势概念相结合时,从技术周期时间长短来看待行业专业化,可能为发展中国家的经济增长提供一个全面的政策框架。在中低收入阶段,后发者的目标是成熟产业(容易实现技术转移)。这阶段之后,发展中国家可以进入下一阶段,即周期较短的技术行业(进入壁垒低),或者可以跨越式地进入新兴行业。换句话说,要想实现可持续增长,不仅需要进入成熟的或邻近的产业(这些产业对后发者来说仍然是新的),还需要跨越式地进入短周期产业,或进入对发达国家和发展中国家来说都是新的新兴产业。如果没有跨越式发展,它们可能会陷入中等收入的困境。亚洲"四小龙"的经验就接近于这种情况。

亚洲"四小龙"在过去 30 年的技术发展(Lee,2013a)反映了它们在短周期技术产业方面的专业化程度在不断提高。在 20 世纪 50 年代和 60 年代,它们专门从事劳动密集型产业(低附加值长周期技术),如服装和制鞋业。随后,在 20 世纪 70 年代和 80 年代,经济发展进入了低端消费电子产品和汽车组装的短周期或中周期行业,在 20 世纪 80 年代末进入了电信设备的短周期行业,在 20 世纪 90 年代进入了内存芯片、手机和数字电视行业。它们的产业不断转向较短周期的技术产业,以实现技术多样化。

上述讨论表明了三种可选的赶超战略:低、高和中间发展路径。低发展路径是指中低收入国家专门从事低附加值活动或较长技术周期领域的低端产品。这一条件可以看作是一种取决于初始资源禀赋的比较优势的选择。因此,沿着这条发展路径,国家往往会实现一定程度的经济增长,这可能会产生一种被 Hausmann、Pritchett 和 Rodrik(2005)以及 Jones 和 Olken(2008)描述为"井喷式增长"(growth spurt)的现象。这种现象在 20 世纪 60 年代和 70 年代的韩国、20 世纪 80 年代初的中国以及当今的低收入经济体(如孟加拉国和斯里兰卡)中表现明显。然而,这些国家或地区发现想要超越它们目前的地位是很难的,除非它们能实施升级并建立一种不同的专业化技术。高发展路径是一种旨在通过研究硬科学或高度原创的技术,从而直接复制高收入国家的知识库的战略。几个相对发达的拉美国家,如巴西和阿根廷,似乎已经接近这条发展路径,因为它们在科学方面的学术研究有一定的领先水平。但是这些经济体并没有有效地在以科学为基础的产业中变得有竞争力,因为它们的学术研究与相关商业行业的关系并不是很密切(Kim and Lee, 2015)。

中间发展路径与亚洲"四小龙"所走的道路非常接近。然而,并非所有东亚经济体都像亚洲"四小龙"那样成功。例如,一些处于赶超的第二层级的东亚国家,如马来西亚和泰国,它们进入了像 IT 这样的短周期技术行业,但是,在升级方面没有取得决定性的成功(Rasiah, 2006)。这些国家陷入所谓的"中等收入国家陷阱"(Yusuf and Nabeshima, 2009),因为它们仍然在中间发展路径上摸索。因此,尽管短周期在一定程度为掌握了一定技术能力的国家提供了赶超机会,但是,技术的频繁变动可能也是这些国家发展的一个障碍:如果这些国家没有一定的吸收能力,频繁的技术变化会干扰企业的学习过程,导致技术学习中断。Lee(2013a)在其书的第 4 章对比亚洲与拉丁美洲赶超经验时讨论了这个问题。从这个意义上说,中间发展路径不是最终升级的充分条件,而是接近于必要条件。

6.7 在企业、产业和国家层面长期演化过程中的赶超

我们通过讨论长期演化过程中的赶超来结束本章。通过对长期演化过程中赶超的分析,通常会发现多次产业领导地位从在位国家转向后发国家的变化。例如,20 世纪上半叶,美国企业在钢铁行业占主导地位,但很快就被 20 世纪 70 年代出现的日本企业所取代。然而,自 20 世纪 80 年代以来,日本企业就一直受到韩国企业的挑战。而最近,由于国内钢铁需求的飙升,中国企业自 21 世纪初以来迅速崛起(Yonekura, 1994; Lee and Ki, 2017)。造船业在产业领导方面也经历了类似的变化。在第二次世界大战期间,美国企业处于造船业的最前沿,但英国企业在 20 世

纪 50 年代追赶上来了;从 20 世纪 60 年代到 90 年代中期,日本造船业主导了这个行业;此后,韩国企业取代日本企业成为领导者(Lim, Kim and Lee, 2017)。这种领导地位的连续改变,在汽车产业的历史中也很明显,从德国到美国、日本,甚至可能到韩国或中国。最后,在手机行业,摩托罗拉发明了手机,因此,它被认为是业界的先驱。然而,随着不同标准的手机的出现(GSM 数字技术),诺基亚掌控了市场。然后,在智能手机时代,三星和苹果推翻了诺基亚的统治(Giachetti, 2013;Giachetti and Marchi, 2017)。

Lee 和 Malerba(2017)考察了产业领导地位的连续变化现象。在这些案例中,在位者不能保持其在技术、生产或营销方面的优势,后发者赶上了在位者。随后,获得领导地位的后发者也会被新的后发者取代。产业领导地位连续变化的原因在于行业系统长期的不断发展变化。其中一些变化是渐进的、建立在先前的特征之上,而其他变化则更为激进,与过去相比表现出了一些不连续性。

我们将行业系统动态中的这些不连续性称为“机会窗口”,可以识别出三种机会窗口:技术窗口、需求窗口和制度/公共政策窗口。“技术窗口”指的是技术的重大变化:参见 Perez 和 Soete(1988)关于引入新技术范式的开创性讨论。例如,它可以解释,相较于模拟技术时期拥有主导权的日本,数字时代韩国电子产品生产商取得的进步(Lee, Lim and Song, 2005)。“需求窗口”指的是新型需求、本地需求的重大变化,或商业周期。例如,中国某些产品需求的大幅增长,或者印度对低成本汽车产生需求的新消费者的增加,为新的国内企业进入市场和发展创造了可能性。此外,商业周期可能会导致在位者在经济衰退时期遇到困难,而后发者的进入成本可能低于正常时期(Mathews, 2005)。“制度/公共政策窗口”可以通过对行业的公共干预或制度条件的急剧变化来打开。公共政策窗口在几个赶超案例中都很突出,例如,韩国的高科技产业(Lee and Lim, 2001;Mathews, 2002)、中国的电信业(Lee et al., 2012),以及印度的制药业(Ramani and Guennif, 2012)。

　　然而,为了成功改变产业领导地位,窗口的开放必须与企业以及赶超国家的行业和国家系统的"响应"相结合。企业的响应取决于国内企业的能力水平及其学习过程。相应地,系统的响应则取决于教育水平、大学和公共研究系统的特点、积极公共政策的作用,以及适当的制度和金融系统。

　　随着窗口的打开,由于"在位者陷阱"(Chandy and Tellis, 2000),以及新窗口中的系统错位或不足,目前的领导者可能会缺乏有效的应对而落后。企业领导者往往自满,固守当前的成功,往往不关注新技术、颠覆性创新、新型需求或不断增长的市场。并且当前领导者所深嵌的系统可能无法改变或适应新窗口,从而会阻碍在位者或产生消极影响。

　　在行业和国家的长期演变过程中,机会窗口的不同组合以及在位者和后发者的反应,决定了不同行业中可能出现的连续赶超模式。

　　这些关于产业领导地位在长期中不断变化的评论,结束了我们将赶超视作一种演化过程的一章。在本章一开始,我们将经济赶超定义为缩短企业或国家与领先企业或国家之间的差距。本章指出,尽管可以通过模仿先行者来开始赶超,但如果只是一味的模仿现有产品或技术,那么,在长期内,实现赶超是不可能成功的;相反,后发者通过创建与现有产品或技术相比不同的产品或技术,或通过开创与领先国家或企业不同的全新轨迹,则可以实现赶超。创造新轨迹的任务不仅需要生产,还需要创新能力,这些能力仅靠发展中国家的企业的努力,是很难建立起来的。

　　与演化观点一致,本章指出,赶超企业的学习和能力必须得到有效的国家和行业系统的支持。这些系统以各种方式对国内企业进行补充,涉及各种行动者和机构,并且随着国家和行业的不同,在结构和动态上可能大不相同。有能力的企业以及强有力的国家和行业系统的成功组合和整合,才促成了赶超。在这种情况下,公共政策在赶超的基础层面,通过促进企业能力的学习和发展以及创建适当的经济、技术和科学基础设施而发挥积极作用。发展中经济体存在着公共政策的空间的原因是,那里不仅市场失灵程度更高,而且更重要的是,能力和系统失灵的程度也更高。

实际上,后发企业和行业是"资源贫乏的后期进入者",这就是为什么它们只能从国际分工中的低端细分市场(这可能是它们的利基市场)开始。但当达到中等收入阶段时,它们可能陷入低工资生产者和高工资创新者之间的陷阱,因为它们的工资率太高而无法与低工资出口商竞争,它们的技术能力水平又太低而无法与高收入国家竞争。在这个阶段,为了继续赶超,它们必须从基于禀赋的专业化转向基于技术的专业化。因此,赶超不仅是建立创新能力的问题,而是寻求进入更高端市场的新空间的问题,如短周期的技术或低成本进入壁垒的行业。然后,只有在拥有更高水平的能力之后,它们才能进入长周期或更高成本进入壁垒的产业。这也是顶尖收入国家的标志。刚刚讨论的内容代表了长期发展中的弯道发展(Lee,2013a):最初从专注于低端市场(或低附加值的长周期行业,如服装)开始,然后进入短周期行业(如 IT 制造或服务),最后进入长周期行业(如高科技或制药)。在这种弯道发展中,连续不断地升级进入更高端的市场并不是一个简单的过程,通常需要一种跨越战略,并等待与新技术范式、新需求、新制度安排或新公共政策相关的机会窗口的开放。

总而言之,经济赶超是一种渐进的学习和能力积累的过程,通常需要很长时间,并且往往受益于为后发者开放的利基市场或机会窗口。从长远来看,经济领导地位的变化将再次发生,其特点是新企业和新国家成为领导者,随后落后于新的后来者。而这个过程会一遍又一遍地重复。

注 释

① 这一学术团体(www. Globelics.org)的主要研究主题是创新与发展,其具体目标是促进后发经济体及其企业实现赶超和包容性发展。

② 例如,Verspagen(1991)、Nelson(1995,2008d)、Nelson 和 Pack (1999)、Fagerberg 和 Godinho(2005)、Lee(2005)、Mazzoleni 和

Nelson(2007)，以及 Malerba 和 Nelson(2011)。

③　在 20 世纪 70 年代末和 80 年代早期，若热·卡茨等学者强调了获取"本土"技术赶超能力的重要性。

④　有关能力失灵的讨论参阅 Lee(2013b)，有关演化失灵和系统失灵的讨论参阅 Metcalfe(2005)、Bergek 等人（2008）、Malerba（2009），以及 Dodgson 等人（2011）。

⑤　技术的周期时长是通过引用滞后年数的平均值来衡量的，短周期意味着旧技术很快就会过时。

⑥　用数字技术替代模拟技术，为某些后来者，尤其是韩国等经济体，提供了机会窗口。产品和生产过程的数字化对后来者的不利影响较小，因为这些产品的功能和质量是由电子芯片决定的，而不是由在模拟产品中很重要的工程师的技能决定的。

演化经济学的演化

库尔特·多普费　理查德·R.纳尔逊

前面的章节已经回顾了演化经济学关注的几个主要研究领域。我们认为，在演化视角引领下，这些领域中一些经验现象的许多重要方面不仅有了其他视角下所没有的清晰认识，而且我们更普遍地对这些经济活动领域中发生的事达成了某种新的理解。最近，演化经济学家扩展了他们讨论的主题，在这一章中，我们会尝试把那些我们认为诉诸演化论视角即会产生丰硕成果的更广泛的经济现象和问题都纳入进来。但是，在此之前我们还是需要就第1章中的观点做进一步的讨论，关于演化导向提供的、看待经济结构和活动的总体视角。

7.1　演化经济学的导向

前面章节中考虑的不同主题，在关注焦点和风格方面各不相同。这清楚地表明，我们需要从更广泛的理论视角去理解演化经济学,而不是将它仅仅看作是一套狭义的分析工具。我们认为这类似进化论在生物科学中所起的作用。

许多生物学家会告诉你,不论是从总体意义上的生命还是每一个具体的物种,都是通过一个长期持续的变异和选择的过程演化而来的——该观点由达尔文提出,后人对其表述进行了完善,并通过后续分析给出了一套机制——正是基于这样一种理解,生物学成为一门科学。①但是,这并不意味着生物学家们拥有一个清晰的进化论可以作为描述或推进他们的科学知识的主要工具。在生物学的某些领域,进化论的确是可以被集中和明确地使用的,生态学就是一个很好的例子。但是还有许多生物学知识和研究是关于生物化学的,例如,关于"脑科学"的研究涉及生物化学和神经学以及许多与生物结构相关的学科,却并不涉及明确的进化论。在许多生物学分支学科都存在类似的情况。一方面,这些领域的生物学家和生物医学家实际上都拥有这样一个背景认识,即所有生物以及它们发挥功能的结构和过程都是通过进化过程而形成的。另一方面,生物学各个分支领域的研究其实很少用到进化论。通常人们是在思考"研究对象是如何进化的"这类问题时才会诉诸进化论。

我们的建议是,人们应该以同样的方式去思考一种广泛的演化理论在经济分析中能够并且应该起到的作用。大多数演化经济学家都在观其所观,只研究他们自己正在研究的东西,因为他们想要更好地理解某些经济现象,并对就此产生的各种各样的经济问题给出更好的回答。这使得他们常常把经济看作是一个演化系统,因为他们相信这种观点会有助于他们更好地理解那些他们所感兴趣的现象。追随熊彼特,我们中的许多人都把兴趣集中在推进和塑造经济变迁的那些过程上,这导致我们将注意力明确集中在了相关的演化机制上,但是,这种导向并不适用于所有的经济学问题。如同进化论在生物学中一样,经济学家对于许多问题寻求的基本理解,并不是塑造和持续改变相关现象的演化过程,而是在寻找关于当前经济结构及运作方式的知识。但是,演化经济学家们会争辩说,许多经济学问题会因为人们认识到了正在发生的事件是某种演化的结果而可以获得更好的理解,即使这个演化过程的细节可能并不是核心相关的。

我们在这里想强调的是,关于经济活动的演化视角可以从以下两个方面来理解:一方面,针对具体经济现象或过程进行明确的演化分析,特别是着重分析当前的状态是如何获得的,以及这种状态将会如何发生变化;另一方面,涉及一种广义理解,即人们随时可以观察到的经济结构以及做事方式正是一个持续性演化进程的显现。这样一种理解试图表明,尽管人们可能并没有诉诸明确的演化论述,但是,在思考经济运作时却明显受到了演化思想的影响。尽管相关分析很明显需要依托于某一具体的研究主题,但这样的视角实际上整合了在微观、中观、宏观所有层次上人们对于经济中的结构和运作机制的看法。②

此前我们曾提到一个很好的例子,讨论了人们如何理解经济活动的当前配置背后的那些因素,包括被生产和消费的商品和服务、价格、采用的生产方式及要素价格、主要的产业组织形式……这些都是经济学家们透过新古典主义这副眼镜看到的图景,这种图景至少可以类似于一般均衡分析的系统。之所以如此,是因为在新古典主义视角下,经济行为人会按照最优化条件进行活动,如果可能的话,其中也会包含一些“市场失灵”的要素,但是所有市场中的供需终会达到均衡。演化经济学家看不到这些,他们只能看到一种配置,这一配置经由达到目前这个状态的演化过程而实现,并且还将继续演化下去。他们会期望看到一些在当前情境下显得笨拙、不太可能会长期存续的行为,但是它们却与其他一些显得能力出众的行为一样,都产生于演化过程。更一般地,在演化的情境下,会不可避免地导致同一行业内的企业却有不同的作为,在某些情况下尤其如此。例如,一些公司会比其他公司更有效率;有的公司盈利,而有的公司亏损甚至破产。人们预计,一些市场的供需双方会处于合理的平衡状态,但另一些市场则会出现供给过剩或需求过大。

我们注意到,这种演化论观点虽然从根本上改变了人们对当前经济活动配置的理解,但并没有涉及导致这种结构演化过程的任何具体细节。如果想要去探究当前的配置未来会发生什么变化,则需要进行更明确的演化论分析。想要解决这样的问题需要我们去关注如下要素:对于紧跟技术前沿的公司而言,是否容易采取最佳实践,或者更一般地讲,对经济行为人来说,采取最佳实践是困难的还是相对容易的;亏损企业是否很快会被迫停业,或者是否有资金来源使其继续存活下去;以及这些变量是如何影响演化动态的。

就本书前文各章所述的领域而言,对演化过程的明确分析在研究中发挥着不同程度的核心作用。例如,第2章中将技术作为一个演化过程的观点就清楚地表现出了这种核心作用。另一方面,虽然第3章描述的演化经济学家对企业行为和能力的分析,将企业结构及行为视为是一种演化过程的结果,但本书介绍的、对企业行为细节以及商业计划和战略有效性的分析,却很少会对正在发生的事情进行明确的演化分析。但是,对企业战略和行为的变化进行明确的演化分析,有时与企业所在行业的演化动态分析相结合,当然可以、有时也的确丰富了这些研究。

在某种程度上,演化论视角在大体上是马歇尔式的。③因此,演化经济学家会和我们那些更正统的同行一样,倾向于更多地(但不是全部)从市场情境去审视经济活动。演化经济学分析的一个重要部分是要阐明在不同经济部门生产和购买大量产品背后的因素,以及交易发生的价格,并且反思相关市场需求和供给方面要素间的相互作用。和其他经济学家一样,演化经济学家会假设:潜在用户购买产品与否,如果买的话买多少,取决于产品价格;供应商提供什么、它们在什么情形下拥有定价势力、它们会如何定价,都取决于它们对潜在市场的规模和性质的判断。演化经济学家们也会认为,供求之间发生重大差异时常常会导致价格、产量和购买数量等出现一系列变化。

但是演化经济学家在对以目标为导向的经济行为和市场运作本质方面的讨论,与行为优化理论经济学以及那种认为人们所观察到的经济行为配置是一种均衡状态表现的当代新古典理论有重要的不同。一言以蔽之,我们的论点是,所谓"理性的"经济行为和人们观察到的经济活动配置，一直都处于动态的演化之中。从这种视角看，一方面可以使我们对于由市场所塑造的混乱的经济活动，比如失败的企业、劣质产品以及失望的客户等，能够清楚地做出识别；另一方面，在观察经济活动时，也能引导我们从公司和用户接受产品的过程当中去了解产品在哪些方面有效、哪些方面无效，而这往往是具有高度创造性的创新。尽管认识到不称职的经济行为是持续存在的，但与新古典理论相比，演化视角更加强调在许多经济活动领域中经济主体行为方面展现出的惊人的有效性。它将这种可观察的、强有力的有效行为，解释为一种长期的集体演化过程，而不是现有经济主体复杂的目标寻求行为，并且能够通过这样的演化过程产生、发现并筛选出各式各样的做事方式。

正如我们强调的那样，演化经济学家坚持认为，经济在任何时候的运作都需要被理解为是经济历史不断发展的图景中的一帧。

在这个计算机科学和生物技术的时代，我们有了一个"知识"经济的概念，即知识是决定商品和服务生产的主要因素。其中一些知识关系到如何做事，还有一些是关于做什么事是有效的。演化经济学家强烈支持这样一种观点，即这两类知识是决定一个经济体在多大程度上满足人类需求的关键因素。贯穿整个经济史，知识都是一个影响潜在产出的主要因素。注意到这一点，演化经济学家进而论证，与经济相关的知识往往具有不可思议的力量，而且发展迅速，因此，要想了解现代经济的发展情况，就必须从演化的角度来看待问题。

正如我们之前所主张的，尽管今天的标准经济学肯定已经认识到技术诀窍（know-how）的进步是经济发展的核心驱动力，但它关于市场经济运作方式的基础分析却"如此偏颇"，即它仅将知识作为一种既定的前提。对于演化经济学家来说，通过科学知识进行学习，通过专注开发新的更好的技术进行学习，通过学以致用并观察其他主体的行为进行学习，才是现代经济运作方式的主要方面。

以前几章讨论的演化经济学为例，它们主要是对研究领域中正在发生的事情进行经验观察。我们认为，这种演化论视角强有力地将人们推向了一种实用主义实在论。从演化视角出发,今天的经济活动和结构的所有细节并不是必然的。产生它们的演化过程、经济的历史完全有可能以不同的路径导出一种不同于我们今天的经济。因此,认为存在一种能够反映经济本质的理想化经济学形式的说法,在某种程度上简直就是胡说八道。为了理解经济的实际运作,我们需要仔细地去观察实际发生了什么。

当然,人们会看到什么现象、它们具有什么形态,以及人们会对什么视而不见,在很大程度上取决于一个人佩戴了什么样的概念眼镜。本书一直试图论证的是,演化论的观点引导人们以演化视角看待经济,这和过去半个世纪以来标准教科书教导我们去佩戴的那副理论眼镜是不同的。我们认为,面对广泛的经济活动和问题,演化视角所获得的信息量更大。

7.2　从这里出发,我们要走向何处?

虽然演化经济理论视角下的大多数研究和论文一直限于前面章节所涉的领域,但有一个重要的部分则与这个范围之外的一些问题相关,而且近年来关于这个部分的探索一直在扩展。我们希望这种扩展趋势能够进一步深入,因为我们相信,随着演化视角下研究的不断增加,许多重要的经济现象和政策问题的研究都能带来更加有效的回报。接下来我们着重谈论几个方面。④

首先,几乎所有演化经济学家的分析和著作都与经济活动的供给侧有关,而我们却几乎没有一本关于需求影响因素的演化论著作,因此,需要在这一点上作出平衡。

尽管演化经济学家已经做了一些关于家庭消费的研究,但所涉及问题的范围依然有限。⑤有必要从演化视角去阐明一些关于家庭消费品和服务方面的重要问题。标准消费理论的假设是,潜在用户对他们即将购买的产品和服务是了解的。而实际情况是,现代资本主义经济条件下的家庭和个人面对的是源源不断的新商品和服务。潜在客户如何洞悉新的购买选择、哪些要素会影响他们是否以及何时购买新产品等问题,尽管在关于扩散的一些文献中有某种程度的涉猎,但这些问题其实根本没有被纳入标准消费理论中。家庭和个人都在变化,并且随着他们的变化,他们的需求也在变化。随着新商品和服务持续不断地引入,消费者的选择问题也变得愈加复杂。因此,即使在经济学世界中,将可用商品和服务的集合作为一个常数,个人和家庭依然处于一种需要不断去了解和学习如何评估新事物的境地。

今天,不仅仅是演化经济学家,许多经济学家都开始明白企业需要被理解为一个随着时间推移而改变和学习的实体,会经常受到它们所处环境的变化所带来的挑战。而另一方面,在包括演化经济学家在内的许多经济学研究中,依然存在用静态框架审视家庭行为的强烈倾向。显然,对于家庭是怎样应对随着他们自身变化而变化的经济世界这类问题,我们需要给予更多的重视。

一个基本问题是,偏好是如何形成的? 其中,广告起到什么作用? 偏好的形成是受意见领袖还是同伴的影响,抑或是由个人经历决定? 迄今为止,演化经济学的研究传统中没有任何东西能表明应该如何去探索这些问题。但是,将经济行为者视为有限理性的人,而且往往是被迫在他们经验很少或毫无经验的情况下做出决策,这种视角要比从假定经济行为者能够以某种方式最优化(尽管他们可能不得不处理不完整的信息)出发的视角,更容易接受经济行为者的探索。

我们转向演化经济学研究需要被扩展的第二个方面,演化经济学家的大部分研究和写作都有意无意地与制造行为或制造行业更相关。⑥但其实在高收入国家,与制造业相比,服务业的产出和就业率显然更高。在某些其他重要方面,例如,在创新特点上,服务业也往往与制造业不同。我们认为,如果采用演化角度,就可以理解这些领域中许多正在发生的重要变化。

医疗保健行业就是一个很好的例子。演化经济学家会说,人们根本无法理解医疗保健领域正在发生的事情,除非人们认识到技术创新是快速的,并且新产品的功效和实践又往往是高度不确定的。在过去的半个世纪中,高收入国家的预期寿命增长主要是由医学进步带来的,但这些技术进步也是医疗支出增加的一个主要因素。持续的技术创新是导致不同的医院在治疗特殊疾病以及治疗效果方面存在显著差异的一个主要因素。虽然健康经济学家知道这一点,但迄今为止,还是缺少对其演化过程的研究,以及关于该过程对医疗保健影响的分析。

为了转向更广泛的议题,正如前面几章所强调的那样,演化经济学家长期以来一直强调,不同的经济产业和行业,在结构上以及在它们用来影响其演化方式的实践的性质上,存在重大差异。尤其是,各行业的生产率以及商品和服务水平的进步速率有很大差别。我们许多最紧迫的社会问题常常(但不总是)是因为提供各种服务的经济活动或行业出现了停滞或进展得非常缓慢,其中教育就是一个明显的例子。如果能够更好地理解进步速率差异背后的原因,以及采取什么措施能在总体水平上加快那些进展缓慢行业的发展,将会非常有帮助。这正是演化经济学家们面临的主要挑战。

这里的问题与"以知识为基础"的经济的概念非常相似。但是很少有讨论指出我们拥有的知识其实非常不均衡。更好地认识到这一点似乎很重要,并且我们需要弄清并理解,关于如何有效地做事的知识,在涉及不同人类需求的知识领域之间,存在多么大的不同。

过去半个世纪以来,高收入资本主义经济的演化最引人注目和令人不安的现象之一,是收入和财富分配不平等的日益加剧。为什么会发生这种情况?这些发展是否与资本主义世界生产体系的发展方式紧密相连,是否只有大力削弱经济体在生产商品和服务方面的效率,才能对此产生显著改善?能否在不付出这样高昂代价的情况下,就让这些趋势得到停止或逆转?诸如此类的问题显然是最为重要的。虽然这些问题已经被许多经济学家和社会学家探讨过,但明确的演化观点导向的研究却依然少见。

在这一系列的问题中如何体现出演化视角,又如何与其他学者的研究方向区别开来呢?首先,我们认为,采取明确的演化视角进行的研究,可以为劳动力市场的运作方式提供新的启示,特别是在这些市场的需求侧。因此,很少有人直接研究企业在保持工资不上涨和以降低劳动力成本的方式进行招聘时所面临的选择压力,以及是什么使这些压力变强或变弱。很明显,这些压力对管理层的人,尤其是高层管理人员来说并不是很强烈。为什么在低水平或中等水平的熟练工人而不是管理人员身上保持低支出的压力,似乎要大得多呢?这些差异与企业融资方式以及金融业从业者的信念和政策有什么关系?

收入不平等的加剧,与同期发生的非工资收入和工资收入(主要是金融资产收益)占国民收入总值份额的增加密切相关。从演化视角对金融部门和它所使用的工具进行分析,将会获得更深刻的理解。更一般地讲,演化经济学家需要更好地理解金融机构及其运作机制,并将这些理解更丰富地用在分析经济体系如何运作上。金融机构及其机制是复杂的,它们以各种方式影响经济活动,其中许多都鲜为人知。

演化经济学家的大部分研究和著述,都是关于微观或中观层面——企业和产业——的现象,诸如技术进步这样的话题也主要集中在这些层次。第 5 章和第 6 章中涉及长期经济发展的研究,阐释了一些宏观经济层次的现象,如国民生产总值、人均国民生产总值以及相关综合指标随时间推移发生的增长。然而,只有几位演化经济学家针对总体就业和失业、通货膨胀率的决定因素,或者充分就业与相应的物价稳定所需要的条件,进行了分析,而这些都是关于经济增长的宏观经济学标准指标。但是,这种情况正在发生改变。

很明显,我们需要一种宏观演化经济学,这和我们需要一种微观和中观演化经济学的原因在很大程度上是一样的。经济从来没有静止过,它总是在变化,而技术变迁是关键的驱动力,这一事实显然需要在宏观经济就业和通货膨胀的分析中得到认可,就像分析企业和产业的情况一样。

宏观经济变量,如总体失业率,或消费价格指数的变化,或国民生产总值及其增长率,都是通过对许多不同的经济活动和行业的数字进行汇总计算得出的。但尽管许多主流宏观经济学理论贬抑这种加总背后的多样性,演化经济学家们却不可以这样做,因为这是我们关于经济运行和变化的根本观点的基石。对于演化经济学家们来说,宏观经济变量是总量上的,并且就如前文介绍的演化增长理论所认为的那样,宏观经济变量不独立于微观和中观经济活动而存在。但是,对于总体失业率和消费者价格指数的变化等加总变量,理解和解释它们是非常重要的。决定这些总体现象的一些重要变量,对整体经济产生了广泛的影响,如货币政策的紧缩和所得税税率。

演化增长理论提供的视角,为更普遍的演化宏观经济学理论提供了基础,但是,它几乎完全集中在经济活动的供给侧,隐含或明确地假设了需求将与供给一样以相同的速度同向增长。⑦许多演化经济学家被凯恩斯主义或后凯恩斯主义的总需求分析所吸引,一些人已经开始尝试将凯恩斯和熊彼特"联姻"。在第 5 章中简要讨论的长波理论,是对经济增长过程中出现的失业率和通货膨胀率波动的另外一种尝试。演化经济学家对宏观经济学领域还有各种各样的贡献。⑧但我们与具有说服力的演化宏观经济学仍有一定的距离。

关于如何阻止全球变暖趋势以及如何更迅速地向可持续发展的经济迈进这样复杂而紧迫的问题,当然是许多演化经济学家关注的另一个话题。这里,如同其他几个经济分析领域一样,许多主流经济学家的观点都隐含着演化性,在某些情况下几乎显而易见。

但是,演化经济学家可以为这一研究提供更多的帮助,尤其是通过他们对导致技术变革以及经济结构改变的演化过程的性质的了解。尽管主流经济学家认识到新技术开发的重要性,但他们几乎总是认为新技术的来源是研发,而这与正在进行的经济活动是分开的。相比之下,演化经济学家知道:重要的新技术通常会在一个相对较长的时间内出现和发展,而干中学和用中学才是这个过程的核心,研究和开发也是如此;而且,当技术用户和那些从事研发的人员之间存在良好的沟通时,开发的过程才是最好的。这些事实关系到如何资助研发和由谁来研发,以及重要的信息沟通方式和信息传播机制等问题。当阅读那些没有演化经济学背景的经济学家所做的研究时,我们发现这些问题都没有得到很好的理解。因此,演化经济学家的研究和论述可以在这里发挥非常有建设性的作用。

这些只是演化经济学家只要给予更多关注就可能产生高回报的几个研究领域。当然还有更多其他领域。

7.3 明确的演化视角的优势

在上述的每一个研究领域,正如前面章节中所详细描述的那些领域一样,我们要表达的论点是,如果人们能够认识到所涉及的现象是由一个持续的演化过程所产生的,那么,我们就会更深入地理解这个过程中正在发生的事情。被观察到的行为模式不应该被解释为是完全知情的行为者主动选择最优行动的结果,相反,尽管他们有时候做出的一些行动看起来非常有效,但从演化的角度进行分析,许多行动远远没有达到最佳的实践效果。所观察到的行为组合并不被解释为一种均衡配置,而是处于变化之中,一些做事方式得到越来越多地采用,而另一些则在减少。同时,一个演化论者会假定,至少有一些创新正在发生,而其中有的会被市场接受,另外一些则不会。

这幅画面有点混乱,不像新古典主义理论提供的那样清晰。但是,正如前面章节所展示的那样,以演化理论为导向的分析可以提供一幅非常具有启发性的图景,它的优势是为正在发生的事情提供了更加真实的画面。

正如我们早些时候提出的那样,今天许多经验导向的经济学家的研究与写作,大都是基于新古典主义理论范式的,尽管如此,至少在某些情况下,他们所采用的框架隐含着演化论的观点。但正如我们所争论的那样,有了明确的演化视角,就能极大地集中注意力,使人们留意到那些原本不会被看到的现象,或那些原本会被认为不重要而被忽视的现象。

除了将研究主题视为处于不断演化中之外,演化经济学其实是非常折衷主义的。正如此前章节所示,演化经济学家已经根据研究主题和所涉问题对分析细节进行了调整。在此过程中,他们广泛吸收了传统经济学的概念和方法,甚至借鉴了范围更宽泛的社会科学。

但正如第1章所指出的那样,在演化经济学和另外两个当代经济学研究领域之间存在紧密的共生关系,它们同样迫切要求对领域进行改革。公认的演化经济学家在这两个领域中处于中心位置,但还有许多研究人员通常不被认为属于演化阵营。这两个研究领域为(广泛定义的)行为经济学和制度经济学。

长久以来,经济学家和其他社会科学家都有这样一种研究和写作的传统,即他们致力于对具有目的性的个体和组织的行为进行描述,这比新古典主义更符合人们对行为的经验认识,而且更适合对特定活动或情境进行分析。演化经济学家显然认同这样的观点。早些时候,我们讨论了个体和组织行为理论之间的相似性和差异。现在这些理论大部分被构筑进了演化经济学,并成为如今被称为行为经济学研究的一种导向,两者之间有相当多的重叠。但正如我们所指出的那样,与主流行为经济学相比,演化经济学倾向于更多地关注西蒙⑨,即更多地关注在熟悉和不熟悉的环境中行为之间的差异,或者行为人试图做一些新事情⑩时行为的差异。并且,很多最让演化经济学家感兴趣的行为,都是组织的行为。⑪

另一个持久的研究传统与广义的"制度"有关,它们塑造了现代社会,并分析了它们对经济运行方式的影响。制度经济学家一致认为,标准经济分析对经济制度的关注太少,仅仅局限于标准理论所采用的程式化的公司和市场。多年来,经济分析中的"制度"的概念,已经在其广度上发生很大的变化。对凡勃伦来说,制度概念事实上涵盖了通过文化传播的所有方面,并且迫使人们接受社会行为和思想的共同模式。[12]在诺思的指引下,许多当代"新"制度经济学家和社会科学家使用"制度"这个术语来指称"规则系统"。[13]其他经济学家则在更狭义的层面上使用它,用来指称社会中标准的具体的组织结构,比如现代商业公司形式或者机构监管法律(如需要对新药进行检测)等。演化经济学家显然灵活地使用这个术语,但几乎总是指管理结构、法律和政策体系,以及信仰和规范等,这些都影响着一个领域的活动,并塑造着做事情的方式。

经济分析需要以经验支持的行为理论为基础,而制度在塑造行为方面的作用需要得到更多考虑,这两种论点在逻辑上显然是不一样的,但却常常被相提并论。美国制度经济学家群体作为 20 世纪上半叶经济学舞台的重要组成部分,其基础的概念取向则包含了两者,他们的写作经常表达出一种演化观点。[14]

正如我们在第 1 章中指明的那样,文化、社会、政治和经济的结构和运行模式应该被视为是不断演化的,这一主张的提出早于达尔文。[15]我们也应该强调近些年为数不少的科学领域的学者们也在发展和锐化这一视角。现在有大量的文献涉及许多领域的学者,他们认为人类文化和社会结构一般都应该被认为是演化的。[16]许多演化学者都聚焦在文化和行为的特定领域。演化经济学是这个集合中的一部分,并且将注意力拓展到了演化社会学所要处理的现象上。

因此,杰出的哲学家和历史学家认为,科学知识是不断演化的,并试图描述相关的机制和结构。[17]经验导向的研究技术变革的学者们几乎一致认为技术变革这一过程应该被理解为一个演化的过程。[18]同时,组织也被视为是不断演化的。[19]关于经济活动和结构的各个方面,有许多不同的研究传统都采用了演化视角。大多数经济学史其实都有意无意地写成了演化史。

经济地理学家越来越多地从演化的角度来看待不同地区的情况。[20]目前演化视角在生态经济学中处于很突出的位置,生态经济学致力于研究人类经济活动如何与物质环境相互作用。㉑并且我们认为,关于复杂系统及其运行方式的大量研究和写作,都或隐或显地属于演化视角。㉒

因此,并不是只有演化经济学才认为经济中发生的事必须被理解为是由演化过程驱动的。但在我们看来,演化经济学是所有这些视角中发展得最为充分的一个。更一般地讲,我们认为演化经济学的一个关键特征是,它将上述三种分析方法逻辑融贯地结合到了一起。我们虽然对演化导向做了重点强调,但是,演化经济学内嵌的行为和制度假设是这一特定分析结构的基石。

7.4 经济学的改革运动

显然,我们介绍的对经济学分析的改革建议,没有一个是新的。㉓当新古典主义经济学开始成为经济学思维的一个重要运动时,一些经济学家们是持抵制态度的,他们认为新古典主义理论不仅提供的观点过于简单,而且对经济中正在发生的事情和许多政策问题都有失偏颇。这种偏颇不仅指对一些东西的见解其实并不准确,还包括那些没有看见或有意忽略的东西。

在很大程度上,新古典主义理论的捍卫者认为,攻击者们并不理解理论的本质,他们认为理论本质上是从复杂的现实中简化和抽象出来的。如果经济学家要对经济问题有深入的理解或想知道市场经济如何处理这样的问题,就需要这样一种理论构架。关注复杂的经验现象或政策问题的经济学家当然应该关注细节,在某些情况下,他们的分析可能只在有限的程度上会借鉴广泛的理论。

实际上,这种观点早在新古典主义理论之前就已经存在了,可以追溯到约翰·斯图尔特·密尔(John Stuart Mill)的著作。在他的《政治经济学原理》(*Principles of Political Economy*,1848)一书中,密尔在作为一门"科学"的经济学与针对具体经验现象和政策问题所做的经济分析之间作了清晰的区分。对于前者,密尔认为有抽象的必要,因为这是作为一门科学的标志。特别是在经济学被称为"纯理论"之后,他认为经济行为人就应该被假设为只关心财富增长。更复杂的动机,或经济行为人不恰当的行为,都应该将被抽象出去。但同时他也认为,当经济学家试图理解特定的经验现象或者分析政策问题时,则需要另一种不同的导向。这一方向的工作不仅在对相关经验现象的细节进行基础分析方面是具有合法性的,而且对于良好的应用经济学也是必要的,而这类工作不应受制于经济学科学所包含的研究假设。

密尔的观点得到了广泛的尊重,并且明显地影响了追随他的几代经济学家。所以说,一种潜在的"精神分裂"(或矛盾)在早期就存在了。一方面,有一些假设适用于抽象的经济学理论;另一方面,实证和政策的研究与分析不应受这些假设的约束,而应当从贴近现实的实证研究中得出其观点。当然,原则上,如果抽象理论能为实证分析提供一个有用的大致方向,那么,这两种不同的经济学是可以互补的。但是,多年来一直对这些将主导"科学"经济学的理论颇有微词的人认为:许多理论都是无益的,而且往往是对经验性理解的阻碍。

我们相信两者都有一定的道理,但也存在一些基本误解。密尔以及近期新古典主义理论的拥护者们的正确之处在于,如果一种理论要对经济问题以及广泛利用市场组织的经济体如何处理经济问题提供一种逻辑一致且可理解的概括(overview),那么这样一种宽泛的经济学理论的确需要抽象和压缩。密尔的正确之处还在于,应用经济学研究需要关注相关的细节,包括那些在环境中很重要但却被宽泛理论所忽略的细节,而在这类研究中提出的因果分析可能只会有限地用到宽泛理论。但是,对经验现象和复杂的政策问题感兴趣的经济学家们也是对的,即新古典经济学理论对如何探究现状很少能提供有用的指导,甚至在很多情况下会指错路。好的实证研究和政策分析的确需要一种宽泛的一般性理论来指导。

综合上述观点,我们可以清楚地看到,密尔关于经济学理论研究与经济学应用研究之间适当区别的论点中所包含的潜在"精神分裂",在今天已经显现出来。但我们认为,这并不是密尔所倡导的经济学理论的抽象本质所带来的必然结果,事实上,那正是我们这门学科的特点。如果为实证研究和政策分析提供宽泛结构所需要的基本背景理论(这些理论不可避免地在一定程度上影响着实证研究和政策分析工作)能够提供一个适当的宽泛方向,那么这种"精神分裂"就是可以避免的。

重要的是要清楚地认识到,这里的问题是,宽泛的经济学理论为思考和研究提供的方向是否富有成效。经济学理论化的本质,是沿着密尔所主张的道路前进的,而这种性质的理论(与物理学理论不同)过于抽象化,脱离了经济活动的复杂现实,因此无法根据其对经济活动的解释力来评判。实证研究要想取得成效,就不可避免地要考虑到宽泛理论所没有考虑到的现象或问题的方方面面,并根据具体情况进行分析。但另一方面,实证研究在相当大的程度上要以研究者心中的宽泛理论视角为导向。而这种导向可能会很见成效,也可能并非如此。

还需要认识到,鉴于我们强调的正在发生的经济活动的多样性,一个高度简化和抽象的经济理论,是无法为经济所有方面的研究和思考提供良好的指导的。以聚焦于特定现象的模型为导向的经济学学科,已经认识到这一点。对于那些被视为宏观经济学而非微观经济学的问题,我们有不同的理论体系。在宏观经济学中,有一组关于货币和经济活动的理论集合;在微观方面,则有许多专门针对产业组织和企业问题的理论,以及其他与劳动力市场相关的理论。

正如我们之前提出的那样,经济学的理论化工作,是在不同水平上进行的抽象和概括。抽象和概括的最高层次,是能够对一般性的经济状况提供非常宽泛的理论引导。我们可以把这类理论称为"主"理论("master" theories),尤其是当它们强烈影响着具体关注特定现象和问题的理论导向时。新古典理论就是一种"主"理论。我们在这本书中使用不同表现形式展示的、关于经济中发生的事情的广泛的演化理论,也是这样一种"主"理论。

对于今天绝大多数专业的经济学家来说,新古典理论是他们所知道的唯一"主"理论。因此,不可避免地,这一理论会强烈影响他们看待各种经济问题的方式、他们能看到和看不到的东西,以及他们是否相信这一理论为经济及其运行方式提供了一个很好的抽象描述。

作为演化经济学者,我们认为打破这种对高层次经济理论的垄断是非常重要的。我们不否认,现代新古典理论所产生的一些研究和理解是卓有成效的。但我们同时相信,在分析当今许多最有趣、最重要的经济问题时,一个广泛的演化理论所提供的方向可能会更有成效。重要的是要让更多经济学领域的人熟悉它。我们希望这本书有助于实现这一目标。

注 释

① 多勃赞斯基(Dobzhansky)在这一领域的陈述被广泛引用:"生物学的一切都没有道理,除非放在进化论的光芒之下"(Dobzhansky, 1964:449)。

② 请参考 Dopfer、Foster 和 Potts(2004)的微观—中观—宏观分析框架。

③ 参见 Marshall(1890);对这一主题的扩展,请参见 Nelson(2013)。

④ Winter(2014)也关注了演化经济学应该如何从现有研究中有所突破的问题。

⑤ 例如:Witt, 2001; Nelson and Consoli, 2010; Chai, 2017。

⑥ 演化经济学者对范围广泛的制造产业进行了分析研究,例如:Frenken et al., 1999; Malerba et al., 1999; Perez, 2002; Graf, 2009; Grebel, 2010; Potts, 2011; Garavaglia et al., 2013, Strohmaier, 2014; Kudic, 2015。

⑦ Saviotti-Pyka 模型确实识别出了影响经济增长的产业结构的需求侧因素,但是,没有考虑总需求与总供给如何才能保持同步增长的问题。

⑧ 参见:Hanusch, 1988; Lundvall, 1988; Cantner and Pyka, 2001; Metcalfe, Foster and Ramlogan, 2006; Aghion, David and Foray, 2009; Castellacci, 2009; Mowery, Nelson and Martin, 2010; Bleda and Del Rio, 2013; Mazzucato, 2013; Foster, 2014; Metcalfe, 2014;

Dosi et al., 2015；Peneder，2016。

⑨ 参见：March and Simon，1958；Simon，1976，2005。

⑩ 参见：Lazaric and Raybaut，2005；Muñoz, Encinar and Cañibano，2011；Gerschlager，2012；Nelson，2016，Becker and Knudsen，2017。

⑪ 参见：Cyert and March，1963；Nelson and Winter，1982；Eliasson，1990；Winter，2006；Teece，2011；Johansson，2009。

⑫ 参见：Veblen，1898。

⑬ 参见：Crawford and Ostrom，1995；North，2005；Dopfer and Potts，2008；Ostrom and Basurto，2011；Blind and Pyka，2014。

⑭ Rutherford(1994)提供了一个回顾。

⑮ 例如，Mandeville(1714)考虑船的设计的演化。1762 年,休谟描述了英国社会文化结构是如何演化的,正如 1776 年斯密对经济的分析。但是,需要注意的是当时没有使用"演化"(evolution)这个词。

⑯ 例如，Richerson 和 Boyd(2005)以及 Mokyr(2017)。

⑰ 可参见：Campbell，1960；Hull，2001。

⑱ 参见：Constant，1980；Basalla，1988；Mokyr，1990，2017；Vincenti，1990。

⑲ 参见：DiMaggio and Powell，1991；Aldridge，1999。

⑳ 参见：Essletzbichler and Rigby，2007；Boschma and Martin，2010；Martin and Sunley，2010；Schamp，2010；Schroeder，2011。

㉑ 参见：Daly and Cobb，1990；Daly，2007；Rammel, Stagl and Wilftng，2007；Gerber and Steppacher，2012；Safarzyńska, Frenken and van den Bergh，2012。

㉒ 参见：Foster and Metcalfe，2004；Allen，2005；Holt, Rosser and Colander，2010；Arthur，2014；Harper，2014；Elsner, Heinrich and Schwardt，2015；Robert and Yoguel，2016。

㉓ 这一部分讨论主要参考 Mazzoleni 和 Nelson(2013)。

参考文献

Abernathy, W.J., and Utterback, J. (1978). Patterns of innovation in industry. *Technology Review* 80(7): 40–47.

Abramovitz, Moses (1986). Catching-up, forging ahead, and falling behind. *Journal of Economic History* 46(2): 385–406.

Adler, P.S. (1993). The learning bureaucracy: New United Motors Manufacturing, Inc. In B. Staw and L. Cummings (Eds.), *Research in Organizational Behavior*, *Vol. 15*, JAI Press, Greenwich, CT, pp. 111–194.

Adner, R., and Helfat, C.E. (2003). Corporate effects and dynamic managerial capabilities. *Strategic Management Journal* 24(10): 1011–1025.

Aghion, P., David, P.A., and Foray, D. (2009). Science, technology and innovation for economic growth: Linking policy research and practice in "STIG systems." *Research Policy* 38(4): 681–693.

Aitken, Brian J., and Harrison, Ann E. (1999). Do domestic firms benefit from direct foreign investment? Evidence from Venezuela. *American Economic Review* 89(3): 605–618.

Akerlof, G., and Schiller, R. (2015). *Phishing for Pfools: The Economics of Manipulation and Deception*, Princeton University Press, Princeton, NJ.

Alchian, Armen A. (1950). Uncertainty, evolution, and economic theory. *Journal of Political Economy* 58(3): 211–222.

Aldridge, H. (1999). *Organizations Evolving*, Sage Publications, London.

Allen, P.M. (2005). *Understanding Social and Economic Systems as Evolutionary Complex Systems*, Cambridge University Press, Cambridge.

Allen, R.C. (1983). Collective invention. *Journal of Economic Behavior & Organization* 4: 1–24.

Amit, R., and Schoemaker, P.J.H. (1993). Strategic assets and organizational rent. *Strategic Management Journal* 14(1): 33–46.

Amsden, Alice H. (1989). *Asia's Next Giant: South Korea and Late Industrialization*, Oxford University Press, New York.

Amsden, Alice H., and Chu, Wan-wen (2003). *Beyond Late Development: Taiwan's Upgrading Policies*, MIT Press, Cambridge, MA.

Amsden, Alice H., and Hikino, Takashi (1994). Project execution capability, organizational know-how and conglomerate corporate growth in late industrialization. *Industrial and Corporate Change* 3(1): 111–147.

Anderson, P., and Tushman, M.L. (1990). Technological discontinuities and dominant designs: A cyclical model of technological change. *Administrative Science Quarterly* 35: 604–633.

Araujio, B. (2017). Market leadership in Brazil's ICT sector: The cases of Totvs and Positivo. In F. Malerba, S. Mani, and P. Adams (Eds.), *The Rise to Market Leadership*, Edward Elgar, Cheltenham, UK.

Argote, L. 1999. *Organizational Learning: Creating, Retaining and Transferring Knowledge*, Kluwer Academic Publishers, Norwell, MA.

Arocena, Rodrigo, and Sutz, Judith (2000). Looking at national systems of innovation from the South. *Industry and Innovation* 7(1): 55–75.

Arora, A., Cohen, W.M., and Walsh, J.P. (2016). The acquisition and commercialization of invention in American manufacturing: Incidence and impact. *Research Policy* 45(6): 1113–1128.

Arthur, B.W. (2014). *Complexity and the Economy*, Oxford University Press, Oxford.

Arundel, A., van de Paal, G., and Soete, L. (1995). Innovation strategies of Europe's largest firms. Results of the PACE survey. European Innovation Monitoring System, Report No. 23, European Commission, Brussels.

Auerswald, P.E. (2017). *The Code Economy: A Forty-Thousand-Year History*, Oxford University Press, New York.

Augier, M., and Teece, D.J. (2009). Dynamic capabilities and the role of managers in business strategy and economic performance. *Organization Science* 20(2): 410–421.

Basalla, G. (1988). *The Evolution of Technology*, Cambridge University Press, Cambridge.

Becker, C., and Knudsen, T. (2017). Heterogeneity of habits as a foundation for Schumpeterian economic policy. *Journal of Evolutionary Economics* 27(1): 43–62.

Becker, M.C. (Ed.) (2005). *Handbook of Organizational Routines*, Edward Elgar, Cheltenham, UK.

Becker, M.C., Lazaric, N., Nelson, R.R., and Winter, S.G. (2005). Applying organizational routines in understanding organizational change. *Industrial and Corporate Change* 14(5): 775–791.

Bell, Martin (1984). Learning and the accumulation of industrial technological capacity in developing countries. In M. Fransman and K. King (Eds.), *Technological Capability in the Third World*, Macmillan, London, p. 404.

Bell, Martin, and Figueiredo, Paulo N. (2012). Building innovative capabilities in latecomer emerging market firms: Some key issues. In Edmund Amann and John Cantwell (Eds.), *Innovative Firms in Emerging Market Countries*, Oxford University Press, Oxford, pp. 24–109.

Bell, R.M., and Pavitt, K. (1993). Technological accumulation and industrial growth: Contrasts between developed and developing countries. *Industrial and Corporate Change* 2(1): 157–210.

Bergek, Anna, Jacobsson, Staffan, Carlsson, Bo, Lindmark, S., and Rickne, Anneka (2008). Analyzing the functional dynamics of technological innovation systems: A scheme of analysis. *Research Policy* 37(3): 407–429.

Binswanger, H., and Ruttan, V. (1978). *Induced Innovation*, Johns Hopkins University Press, Baltimore, MD.

Bleda, M., and Del Rio, P. (2013). The market failure and the systemic failure rationales in technological innovation systems. *Research Policy* 42(5): 1039–1052.

Blind, G., and Pyka, A. (2014). The rule approach in evolutionary economics: A methodological template for empirical research. *Journal of Evolutionary Economics* 24(5): 1085–1105.

Blomström, Magnus (1986). Foreign investment and productive efficiency: The case of Mexico. *The Journal of Industrial Economics* 35(1): 97–110.

Bloom, N., and Van Reenen, J. (2010). Why do management practices differ across firms and countries? *Journal of Economic Perspectives* 24: 203–224.

Bonaccorsi, A., Giuri, P., and Pierotti, F. (2005). Technological frontiers and competition in multi-technology sectors: Micro evidence from the aero-engine industries. *Economics of Innovation and New Technology* 14: 23–42.

Borensztein, Eduardo, Gregorio, Jose De, and Lee, Jong-Wha (1998). How does foreign direct investment affect economic growth? *Journal of International Economics* 45(1): 115–135.

Boschma, R., and Martin, R. (2010). The aims and scope of evolutionary economic geography. In R. Boschma and R. Martin (Eds.), *The Handbook of Evolutionary Geography*, Edward Elgar, Cheltenham, UK.

Bottazzi, G., Dosi, G., Lippi, M., Pammolli, F., and Riccaboni, M. (2001). Innovation and corporate growth in the evolution of the drug industry. *International Journal of Industrial Organization* 19: 1161–1187.

Brenner, T., and Murmann, J.P. (2016). Using simulation experiments to test historical explanations: The development of the German dye industry 1857–1913. *Journal of Evolutionary Economics* 26: 907–932.

Breschi, S., Malerba, F., and Orsenigo, L. (2000). Technological regimes and Schumpeterian patterns of innovation. *Economic Journal* 110: 388–410.

Breznitz, Dan (2007). Industrial R&D as a national policy: Horizontal technology policies and industry-state co-evolution in the growth of the Israeli software industry. *Research Policy* 36(9): 1465–1482.

Campbell, D. (1960). Blind variation and selective retention in creative thought as in other knowledge processes. *Psychological Review*: 380–400.

Cantner, U., and Pyka, A. (2001). Classifying technology policy from an evolutionary perspective. *Research Policy* 30(5): 759–775.

Capron, Laurence, and Mitchell, Will (2009). Selection capability: How capability gaps and internal social frictions affect internal and external strategic renewal. *Organization Science* 20(2): 294–312.

Castellacci, F. (2009). The interactions between national systems and sectoral patterns of innovation. *Journal of Evolutionary Economics* 19(3): 321–347.

Chai, A. (2017). Tackling Keynes's question: A look back on 15 years of learning to consume. *Journal of Evolutionary Economics* 27(2): 239–250.

Chandler, A. (1962). *Strategy and Structure: Chapters in the History of Industrial Enterprise*, MIT Press, Cambridge, MA.

(1977). *The Visible Hand: The Managerial Revolution in American Business*, Harvard University Press, Cambridge, MA.

(1990). *Strategy and Structure: Chapters in the History of the Industrial Enterprise*, MIT Press, Cambridge, MA.

Chandy, Rajesh K., and Tellis, Gerard J. (2000). The incumbent's curse? Incumbency, size, and radical product innovation. *Journal of Marketing* 64(3): 1–17.

Chang, Sea Jin, and Hong, Jaebum (2000). Economic performance of group-affiliated companies in Korea: Intragroup resource sharing and internal business transactions. *Academy of Management Journal* 43(3): 429–448.

Chiaromonte, F., and Dosi, G. (1993). Heterogeneity, competition, and macroeconomics dynamics. *Structural Change and Economic Dynamics* 4(1): 39–63.

Choo, Kineung, Lee, Keun, Ryu, Keunkwan, and Yoon, Jungmo (2009). Changing performance of business groups over two decades: Technological capabilities and investment inefficiency in Korean chaebols. *Economic Development and Cultural Change* 57(2): 359–386.

Chu, Wan-wen (2009). Can Taiwan's second movers upgrade via branding? *Research Policy* 38(6): 1054–1065.

Cimoli, Mario, Primi, Annalisa, and Rovira, Sebastián (2011). National innovation surveys in Latin America: Empirical evidence and policy implications. In *National Innovation Surveys in Latin America: Empirical Evidence and Policy Implications*, ECLAC, Santiago, 7–14. LC/W. 408.

Cohen, M., and Bacdayan, P. (1994). Organizational routines are stored as procedural memory. *Organization Science* 5: 554–568.

Cohen, W., and Levin, R. (1989). Empirical studies of innovation and market structure. In R. Schmalensee and R. Willig (Eds.), *Handbook of Industrial Organization, Vol. II*, Elsevier, Amsterdam.

Cohen, Wesley M., and Levinthal, Daniel A. (1989). Innovation and learning: The two faces of R&D. *The Economic Journal* 99(397): 569–596.

Cohen, W., and Levinthal, D. (1990). Absorptive capacity: A new perspective on learning and innovation. *Administrative Science Quarterly* 35: 128–152.

Cohen, W., Nelson, R.R., and Walsh, J. (2000). Protecting their intellectual assets: Appropriability conditions and why U.S. firms patent (or not). NBER Working Paper, No. 7552.

Cohen, W., Nelson, R.R., and Walsh, J.P. (2002). Links and impacts: The influence of public research on industrial R&D. *Management Science* 48(1): 1–23.

Collis, D.J. (1994). How valuable are organizational capabilities? *Strategic Management Journal* 15(Winter Special Issue): 143–152.

Constant, E. (1980). *The Origins of the Turbojet Revolution*, Johns Hopkins University Press, Baltimore, MD.

Cooke, P. (2001). Regional innovation systems, clusters and the knowledge economy. *Industrial and Corporate Change* 10(4): 945–974.

Cooper, Charles (Ed.) (1973). *Science, Technology and Development: The Political Economy of Technical Advance in Underdeveloped Countries*, Routledge, New York.

Coriat, B., and Dosi, G. (1998). Learning how to govern and learning how to solve problems: On the co-evolution of competences, conflicts, and organizational routines. In A. Chandler, P. Hagstrom, and O. Solvell (Eds.), *The Dynamic Firm*, Oxford University Press, Oxford, pp. 103–134.

Crawford, S.E.S., and Ostrom, E. (1995). A grammar of institutions. *The American Political Science Review* 89(3): 582–600.

Cyert, R.M., and March, J.G. (1963). *A Behavioral Theory of the Firm*, Prentice-Hall, Englewood Cliffs, NJ.

Dahlman, Carl J., Westphal, Larry E., and Kim, Linsu (1985). Reflection on South Korea's acquisition of technological capability. In N. Rosenberg and C. Frischtak (Eds.), *International Technology Transfer: Concepts, Measures and Comparisons*, Praeger, New York.

Daly, H.E. (2007). *Ecological Economics and Sustainable Development*, Edward Elgar, Cheltenham, UK.

Daly, H.E., and Cobb, Jr., J.B. (1990). *For the Common Good: Redirecting the Economy Towards Community, the Environment and a Sustainable Future*, Green Print, London.

Danneels, Erwin. (2008). Organizational antecedents of second-order competences. *Strategic Management Journal* 29(5): 519–543.

——— (2012). Second-order competences and Schumpeterian rents. *Strategic Entrepreneurship Journal* 6(1): 42–58.

David, P.A. (1985). Clio and the economics of QWERTY. *American Economic Review* 75: 332–337.

(1989). A paradigm for historical economics: Path dependence and predictability in dynamic systems with local network externalities. Working Paper, Stanford University Press, Stanford, CA.

(2001a). From keeping nature's secrets to the institutionalization of open science. Discussion Papers in Economic and Social History, University of Oxford, Oxford.

(2001b). Path dependence, its critics and the quest for "historical economics." In P. Garrouste and S. Ioannides (Eds.), *Evolution and Path Dependence in Economic Ideas: Past and Present*, Edward Elgar, Cheltenham, UK.

(2004). Understanding the emergence of "open science" institutions: Functionalist economics in historical context. *Industrial and Corporate Change* 13(3): 571–589.

David, P.A., and Hall, B. (2006). Property and the pursuit of knowledge: IPR issues affecting scientific research. *Research Policy* 35(6): 767–771.

Deeds, David L., DeCarolis, Dona, and Coombs, Joseph. (1999). Dynamic capabilities and new product development in high technology ventures. *Journal of Business Venturing* 15(3): 211–229.

Diamond, P., and Vartainen, H. (Eds.) (2007). *Behavioral Economics and its Applications*, Princeton University Press, Princeton, NJ.

DiMaggio, P., and Powell, W. (Eds.) (1991). *The New Institutionalism in Organizational Analysis*, University of Chicago Press, Chicago.

Dobzhansky, Th. (1964). Biology, molecular and organismic source. *American Zoologist* 4(4): 443–452.

Dodgson, Mark, Hughes, Alan, Foster, John, and Metcalfe, Stan (2011). Systems thinking, market failure, and the development of innovation policy: The case of Australia. *Research Policy* 40(9): 1145–1156.

Dodgson, Mark, Mathews, John, Kastelle, Tim, and Hu, Mei-Chih (2008). The evolving nature of Taiwan's national innovation system: The case of biotechnology innovation networks. *Research Policy* 37(3): 430–445.

Dopfer, K. (Ed.) (2005). *Evolutionary Foundations of Economics*, Cambridge University Press, Cambridge.

Dopfer, K., and Potts, J. (2008). *The General Theory of Economic Evolution*, Routledge, London and New York.

Dopfer, K., Foster, J., and Potts, J. (2004). Micro–meso–macro. *Journal of Evolutionary Economics* 14: 263–279.

Dosi, G. (1982). Technological paradigms and technological trajectories: A suggested interpretation of the determinants and directions of technical change. *Research Policy* 11(3): 147–162.

(1984). *Technical Change and Industrial Transformation*, Macmillan, London.

189

(1988). Sources, procedures and microeconomic effects of innovation. *Journal of Economic Literature* 26(3): 1120–1171.

(2007). Statistical regularities in the evolution of industries: A guide through some evidence and challenges for the theory. In F. Malerba and S. Brusoni (Eds.), *Perspectives on Innovation*, Cambridge University Press, Cambridge.

(2014). *Economic Organization, and Development: Selected Essays*, Edward Elgar, London.

Dosi, G., and Nelson, R.R. (2010). Technical change and industrial dynamics as evolutionary processes. In H.H. Bronwyn and N. Rosenberg (Eds.), *Handbook of the Economics of Innovation, Vol. I*, Academic Press, Burlington, VA, pp. 51–128.

Dosi, G., Marengo, L., and Pasquali, C. (2006). How much should society fuel the greed of innovators? On the relations between appropriability, opportunities and rates of innovation. *Research Policy* 35(8): 1110–1121.

Dosi, G., Nelson, R.R., and Winter, S.G. (2000). *The Nature and Dynamics of Organizational Capabilities*, Oxford University Press, Oxford.

Dosi, G., Fagiolo, G., Napoletano, M., Roventini, A., and Treibich, T. (2015). Fiscal and monetary policies in complex evolving economies. *Journal of Economic Dynamics and Control* 52: 166–189.

Dosi, G., Faillo, M., Manara, V. Cecchini, Marengo, L., and Moschella, D. (2017a). The formalization of organizational capabilities and learning: Results and challenges. In D. Teece and S. Leih (Eds.), *The Oxford Handbook of Dynamics Capabilities*, Oxford University Press, Oxford. Forthcoming.

Dosi, G., Faillo, M., Marengo, L., and Moschella, D. (2011). Toward formal representations of search processes and routines in organizational problem solving: An assessment of the state-of-the-art. *Seoul Journal of Economics* 24(3): 247–286.

Dosi, G., Grazzi, M., Tomasi, C., and Zeli, A. (2012). Turbulence underneath the big calm? The micro-evidence behind Italian productivity dynamics. *Small Business Economics* 39(4): 1043–1067.

Dosi, G., Marengo, L., Paraskevopoulou, E., Valente, M. et al. (2017b). A model of cognitive and operational memory of organizations in changing worlds. *Cambridge Journal of Economics*. Forthcoming.

Dosi, G., Marsili, O., Orsenigo, L., and Salvatore, R. (1995). Learning, market selection and the evolution of industrial structures. *Small Business Economics* 7: 411–436.

Dutta, Shantanu, Narasimhan, Om, and Rajiv, Surendra. 2005. Conceptualizing and measuring capabilities: Methodology and empirical application. *Strategic Management Journal* 26(3): 277–285.

Eisenhardt, K., and Martin, J. (2000). Dynamic capabilities: What are they? *Strategic Management Journal* 21(10–11): 1105–1121.

Eliasson, G. (1990). The firm as a competent team. *Journal of Economic Behavior and Organization* 13(3): 275–298.

Elsner, W., Heinrich, T., and Schwardt, H. (2015). *The Microeconomics of Complex Economies. Evolutionary, Institutional, Neoclassical, and Complexity Perspectives*, Elsevier, Amsterdam.

Ernst, Dieter, and Guerrieri, Paolo (1998). International production networks and changing trade patterns in East Asia: The case of the electronics industry. *Oxford Development Studies* 26(2): 191–212.

Ernst, Holger (2002). Success factors of new product development: A review of the empirical literature. *International Journal of Management Reviews* 4(1): 1–40.

Essletzbichler, J., and Rigby, D.L. (2007). Exploring evolutionary economic geographies. *Journal of Economic Geography* 7(5): 549–571.

Ethiraj, S.K., and Levinthal, D. (2004). Bounded rationality and the search for organizational architecture: An evolutionary perspective on the design of organizations and their evolvability. *Administrative Science Quarterly* 49(3): 404–437.

Fagerberg, Jan, and Godinho, Manuel M. (2005). Innovation and catching-up. In D.C. Mowery, J. Fagerberg, and R.R. Nelson (Eds.), *The Oxford Handbook of Innovation*, Oxford University Press, New York, pp. 514–543.

Fagerberg, Jan, and Srholec, Martin (2008). National innovation systems, capabilities and economic development. *Research Policy* 37: 1417–1435.

Fagerberg, J., and Verspagen, B. (2009). Innovation studies: The emerging structure of a new scientific field. *Research Policy* 38(2): 218–233.

Fagerberg, J., Fosaas, M., and Sapprasert, K. (2012). Innovation: Exploring the knowledge base. *Research Policy* 41(7): 1132–1153.

Fagerberg, Jan, Srholec, Martin, and Knell, M. (2007). The competitiveness of nations: Why some countries prosper while others fall behind. *World Development* 35: 1595–1620.

Fagerberg, Jan, Srholec, Martin, and Verspagen, Bart (2010). Innovation and economic development. In B. Hall and N. Rosenberg (Eds.), *Handbook of the Economics of Innovation, Vol. II*, North-Holland, Amsterdam, pp. 833–872.

Fang, C., Lee, J., and Schilling, M. A. (2010). Balancing exploration and exploitation through structural design: The isolation of subgroups and organizational learning. *Organization Science* 21(3): 625–642.

Feldman, M.S., and Pentland, B.T. (2003). Reconceptualizing organizational routines as a source of flexibility and change. *Administrative Science Quarterly* 48: 94–118.

Felin, T., and Foss, N.J. (2011). The endogenous origins of experience, routines and organizational capabilities: The poverty of stimulus. *Journal of Institutional Economics* 7: 231–256.

Findlay, Ronald (1978). Relative backwardness, direct foreign investment, and the transfer of technology: A simple dynamic model. *The Quarterly Journal of Economics* 92(1): 1–16.

Foray, D. (2006). *The Economics of Knowledge*, MIT Press, Cambridge, MA.

Fosfuri, Andrea, Motta, Massimo, and Rønde, Thomas (2001). Foreign direct investment and spillovers through workers' mobility. *Journal of International Economics* 53(1): 205–222.

Foster, J. (2014). Energy, knowledge and economic growth. *Journal of Evolutionary Economics* 24(2): 209–238.

Foster, J., and Metcalfe. S.J. (2004). *Evolution and Economic Complexity*, Edward Elgar, Cheltenham, UK.

Franco, April M., Sarkar, M.B., Agarwal, Rajshree, and Echambadi, Raj (2009). Swift and smart: The moderating effects of technological capabilities on the market pioneering–firm survival relationship. *Management Science* 55(11): 1842–1860.

Fransman, Martin (1985). Conceptualising technical change in the Third World in the 1980s: An interpretive survey. *The Journal of Development Studies* 21(4): 572–652.

Freeman, C. (1982). *The Economics of Industrial Innovation* (2nd ed.), Pinter, London.

(1983). *Long Waves in the World Economy*, Butterworth, Kent.

(1984). Prometheus unbound. *Futures*, October, 490–500.

(1987). *Technology Policy and Economic Performance: Lessons from Japan*, Pinter, London.

(1991). Networks of innovators: A synthesis of research issues. *Research Policy* 20(5): 499–514.

(1994). The economics of technical change. *Cambridge Journal of Economics* 18: 463–514.

Freeman, C., and Louçã, F. (2001). *As Time Goes By, from the Industrial Revolution to the Information Revolution*, Oxford University Press, Oxford.

Freeman, C., and Perez, C. (1988). Structural crises of adjustment, business cycles and investment behaviour. In G. Dosi, Ch. Freeman, R. Nelson, G. Siverberg, and L. Soete (Eds.), *Technical Change and Economic Theory*, Pinter, London, pp. 38–66.

Freeman, C., Clark, J., and Soete, L. (1982). *Unemployment and Technical Innovation*, Pinter, London.

Frenken, K., Saviotti, P.P., and Trommetter, M. (1999). Variety and niche creation in aircraft, helicopters, motorcycles and microcomputers. *Research Policy* 28(5): 469–488.

Friedman, M. (1953). The methodology of positive economics. In M. Friedman, *Essays on Positive Economics*, University of Chicago Press, Chicago.

Garavaglia, C., Malerba, F., and Orsenigo, L. (2006). Entry, market structure and innovation in a history-friendly model of the pharmaceutical industry. In M. Mazzucato and G. Dosi (Eds.), *Knowledge Accumulation and Industry Evolution: The Case of Pharma-Biotech*, Cambridge University Press, Cambridge, pp. 234–265.

Garavaglia, C., Malerba, F., Orsenigo, L., and Pezzoni, M. (2013). *Technological Regimes and Demand Structure in the Evolution of the Pharmaceutical Industry*, Springer, Heidelberg, New York, Dordrecht, London.

Gavetti, G. (2005). Cognition and hierarchy: Rethinking the microfoundations of capabilities' development. *Organization Science* 16(6): 599–617.

Gavetti, G., and Levinthal, D. (2000). Looking forward and looking backward: Cognitive and experiential search. *Administrative Science Quarterly* 45(1): 113–137.

Gerber, J.-F., and Steppacher, R. (Eds.) (2012). *Towards an Integrated Paradigm in Heterodox Economics: Alternative Approaches to the Current Eco-Social Crisis*, Palgrave Macmillan, UK.

Gereffi, Gary (2005). The global economy: Organization, governance, and development. *The Handbook of Economic Sociology* 2: 160–182.

Gereffi, Gary, Humphrey, John, and Sturgeon, Timothy (2005). The governance of global value chains. *Review of International Political Economy* 12(1): 78–104.

Geroski, Paul A., Machin, Stephen J., and Walters, Christopher F. (1997). Corporate growth and profitability. *The Journal of Industrial Economics* 45(2): 171–189.

Gerschenkron, Alexander (1962). *Economic Backwardness in Historical Perspective*, Frederik A. Praeger, New York.

Gerschlager, C. (2012). Agents of change. *Journal of Evolutionary Economics* 22(3): 413–441.

Giachetti, Claudio (2013). *Competitive Dynamics in the Mobile Phone Industry*, Palgrave Macmillan, New York.

Giachetti, Claudio, and Marchi, Gianluca (2017). Successive changes in leadership in the worldwide mobile phone industry: The role of windows of opportunity and firms' competitive action. *Research Policy* 46(2): 337–534.

Giuliani, Elisa, Pietrobelli, Carlo, and Rabellotti, Roberta (2005). Upgrading in global value chains: Lessons from Latin American clusters. *World Development* 33(4): 549–573.

Gordon, R. (2016). *The Rise and Fall of American Growth*, Princeton University Press, Princeton, NJ.

Gorg, Holger, and Greenaway, David (2003). Much ado about nothing? Do domestic firms really benefit from foreign direct investment?, IZA Discussion Paper, No. 944. Available at SSRN: http://ssrn.com/abstract=475044 (last accessed November 7, 2017).

Goto, Akira (1982). Business groups in a market economy. *European Economic Review* 19(1): 53–70.

Graf, H. (2009). Inventor networks in emerging key technologies: Information technology vs. semiconductors. *Journal of Evolutionary Economics* 22(3): 459–480.

Granstrand, O. (1999). *The Economics and Management of Intellectual Property*, Edward Elgar, Cheltenham, UK.

Grebel, T. (2010). *Innovation and Health: Theory, Methodology and Applications*, Edward Elgar, Cheltenham, UK.

Greif, A. (2006). *Institutions and the Path to the Modern Economy: Lessons From Medieval Trade*, Cambridge University Press, Cambridge.

Griliches, Z., and Mairesse, J. (1997). Production functions: The search for identification. Working Papers from Centre de Recherche en Economie et Statistique, No. 97-30.

Gu, Shulin, Adeoti, John O., Castro, Ana Celita, Orozco, Jefferey, and Diaz, Rafael (2012). The agro-food sector in catching-up countries: A comparative study of four cases. In F. Malerba and R.R. Nelson (Eds.), *Economic Development as a Learning Process: Variation across Sectoral Systems*, Edward Elgar, Cheltenham, UK.

Guillén, Mauro F. (2000). Business groups in emerging economies: A resource-based view. *Academy of Management Journal* 43(3): 362–380.

Guo, B. (2017). The rise to market leadership of Chinese leading automotive firms: A case of Geely Group from the sectoral innovation system perspective. In F. Malerba, S. Mani, and P. Adams (Eds.), *The Rise to Market Leadership*, Edward Elgar, Cheltenham, UK.

Habakkuk, H.J. (1962). *American and British Technology in the Nineteenth Century: The Search for Labour-Saving Inventions*, Cambridge University Press, Cambridge.

Hall, B., Helmers, C., Rogers, M., and Sena, V. (2014). The choice of formal and informal intellectual property: A review. *Journal of Economic Literature* 52(2): 375–423.

Hanusch, H. (Ed.) (1988). *Evolutionary Economics: Applications of Schumpeter's Ideas*, Cambridge University Press, Cambridge.

Hanusch, H., and Pyka, A. (2007). The principles of Neo-Schumpeterian economics. *Cambridge Journal of Economics* 31(2): 275–289.

Harper, D.A. (2014). Intellectual property as a complex adaptive system. In A. Pyka and J. Foster (Eds.), *The Evolution of Economic and Innovation Systems*, Springer, Heidelberg, New York, Dordrecht, London.

Hausmann, Ricardo, Pritchett, Lant, and Rodrik, Dani (2005). Growth accelerations. *Journal of Economic Growth* 10(4): 303–329.

Hausmann, Ricardo, Rodrik, Dani, and Velasco, Andrés (2008). Growth diagnostics. In N. Serra and J.E. Stiglitz (Eds.), *The Washington Consensus Reconsidered: Towards a New Global Governance*, Oxford University Press, New York, pp. 324–355.

Hayami, Yujiro, and Ruttan, Vernon W. (1985). *Agricultural Development: An International Perspective*, Johns Hopkins University Press, Baltimore, MD.

Helfat, C.E. (1994a). Evolutionary trajectories in petroleum firm R&D. *Management Science* 40(12): 1720–1747.

(1994b). Firm-specificity in corporate applied R&D. *Organization Science* 5(2): 173–184.

(1997). Know-how and asset complementarity and dynamic capability accumulation: The case of R&D. *Strategic Management Journal* 18(5): 339–361.

Helfat, C.E., and Campo-Rembado, M.A. (2016). Integrative capabilities, vertical integration, and innovation over successive technology lifecycles. *Organization Science* 27(2): 249–264.

Helfat, C.E., and Martin, J. (2015). Dynamic managerial capabilities: A review and assessment of managerial impact on strategic change. *Journal of Management* 41(5): 1281–1312.

Helfat, C.E., and Peteraf, Margaret A. (2003). The dynamic resource-based view: Capability lifecycles. *Strategic Management Journal* 24(10): 997–1010.

Helfat, C.E., and Winter, S.G. (2011). Untangling dynamic and operational capabilities: Strategy for the (n)ever-changing world. *Strategic Management Journal* 32: 1243–1250.

Helfat, C.E., Finkelstein, S., Mitchell, W., Peteraf, M.A., Singh, H., Teece, D.J., and Winter, S.G. (2007). *Dynamic Capabilities: Understanding Strategic Change in Organizations*, Blackwell Publishing, Malden, MA.

Heller, M., and Eisenberg, R. (1998). Can patents deter innovation? The anti-commons in biomedical research. *Science* 280: 698–701.

Henderson, R.M., and Clark, K.B. (1990). Architectural innovation: The reconfiguration of existing product technologies and the failure of established firms. *Administrative Science Quarterly* 35: 9–30.

Henderson, R., and Cockburn, I. (1996). Scale, scope, and spillovers: The determinants of research productivity in drug discovery. *RAND Journal of Economics* 27(1): 32–59.

Hidalgo, C.A., and Hausmann, R. (2009). The building blocks of economic complexity. *PNAS* June 30, 106(26): 10575.

Hidalgo, César A., Klinger, Bailey, Barabási, A.-L., and Hausmann, Ricardo (2007). The product space conditions the development of nations. *Science* 317(5837): 482–487.

Hobday, Michael (1995). *Innovation in East Asia: The Challenge to Japan*, Edward Elgar, London.

Hobsbawm, E. (1968). *Industry and Empire*, Penguin Books, Harmondsworth, UK.

Hodgson, G. (1993). *Economics and Evolution: Bringing Life Back into Economics*, Polity Press, Cambridge.

(2005). The concept of a routine. In M.C. Becker (Ed.), *Handbook of Organizational Routines*, Edward Elgar, Cheltenham, UK.

(2016). On fuzzy frontiers and fragmented foundations: Some reflections on the original and new institutional economics. *Journal of Institutional Economics* 10(4): 591–611.

Holt, R.P.F., Rosser Jr., B., and Colander, D. (2010). The complexity era in economics. *Middlebury College Economics Discussion Paper*, No. 10-01.

Hoopes, David G., and Postrel, Steven. (1999). Shared knowledge, "glitches," and product development performance. *Strategic Management Journal* 20(9): 837–865.

Hoopes, D.G., Madsen, T., and Walker, G. (2003). Why is there a Resource-based View? Toward a theory of competitive heterogeneity. *Strategic Management Journal* 24(10): 889–902.

Hughes, T.P. (1983). *Networks of Power: Electrification in Western Society*, Johns Hopkins University Press, Baltimore, MD.

Hull, D. (2001). *Science and Selection*, Cambridge University Press, Cambridge.

Hume, D. (1762). *History of England*.

Iizuka, Michiko, and Katz, Jorge (2011). Natural resource industries, "tragedy of the commons" and the case of Chilean salmon farming. *International Journal of Institutions and Economies* 3(2): 259–286.

Iizuka, Michiko, and Soete, Luc (2011). Catching-up in the 21st century: Globalization, knowledge & capabilities in Latin America, a case for natural resource based activities. MERIT Working Papers 071, United Nations

University – Maastricht Economic and Social Research Institute on Innovation and Technology (MERIT).

Jacobides, M.G., and Winter, S.G. (2012). Capabilities: Structure, agency, and evolution. *Organization Science* 23(5): 1365–1381.

Johansson, D. (2009). The theory of the experimentally organized economy and competence blocs: An introduction. *Journal of Evolutionary Economics* 20(2): 185–201.

Jones, Benjamin F., and Olken, Benjamin A. (2008). The anatomy of start-stop growth. *The Review of Economics and Statistics* 90(3): 582–587.

Jun, B., Saviotti, P.P., and Pyka, A. (2017). The effect of education on growth and income distribution. Paper submitted to the 23rd Computing in Economics and Finance Conference, New York, June 28–30, 2017.

Kahl, S. (2014). Associations, jurisdictional battles, and the development of dual-purpose capabilities. *Academy of Management Perspectives* 28(4): 381–394.

Katz, Jorge M. (1984). Domestic technological innovations and dynamic comparative advantage: Further reflections on a comparative case-study program. *Journal of Development Economics* 16(1): 13–37.

(2001). Structural reforms and technological behaviour: The sources and nature of technological change in Latin America in the 1990s. *Research Policy* 30(1): 1–19.

(2006). Market-oriented reforms, globalisation and the recent transformation of the production and social structure of developing countries. *International Journal of Technology Management* 36(13).

Kauffman, S.A. (1993). *The Origins of Order: Self Organization and Selection in Evolution*, Oxford University Press, USA.

Khanna, Tarun, and Palepu, Krishna (1997). Why focused strategies may be wrong for emerging markets. *Harvard Business Review* 75: 41–54.

(2000). Is group affiliation profitable in emerging markets? An analysis of diversified Indian business groups. *Journal of Finance* 55(2): 867–891.

Kim, Linsu (1997). *Imitation to Innovation: The Dynamics of Korea's Technological Learning*, Harvard Business School Press, Boston, MA.

Kim, Yoon-Zi, and Lee, Keun (2009). Making a technological catch-up in the capital goods industry: Barriers and opportunities in the Korean case. In Franco Malerba and Sunil Mani (Eds.), *Sectoral Systems of Innovation and Production in Developing Countries*, Edward Elgar, Cheltenham, UK, chapter 9.

Kim, Yee Kyoung, and Lee, Keun (2015). Different impacts of scientific and technological knowledge on economic growth: Contrasting science and technology policy in East Asia and Latin America. *Asian Economic Policy Review* 10(1): 43–66.

Klepper, S. (1997). Industry life cycles. *Industrial and Corporate Change* 6: 145–182.

Klepper, S., and Graddy, E. (1990). The evolution of new industries and the determinants of market structure. *Rand Journal of Economics* 21: 27–44.

Klepper, S., and Simonis, K.L. (1997). The making of an oligopoly: Firm survival and technological change in the evolution of the U.S. tire industry. Paper presented at the Workshop on Economic Evolution, Learning and Complexity. Augsburg, Germany, May 1997.

Klevorick, A.K., Levin, R.C., Nelson, R.R., and Winter, S.G. (1995). On the sources and significance of interindustry differences in technological opportunities. *Research Policy* 24: 185–205.

Knudsen, T., and Levinthal, D. A. (2007). Two faces of search: Alternative generation and alternative evaluation. *Organization Science* 18(1): 39–54.

Kock, Carl J., and Guillén, Mauro F. (2001). Strategy and structure in developing countries: Business groups as an evolutionary response to opportunities for unrelated diversification. *Industrial and Corporate Change* 10(1): 77–113.

Koopmans, T.C. (1957). *Three Essays on the State of Economic Science*, McGraw-Hill, New York.

Kudic, M. (2015). *Innovation Networks in the German Laser Industry*, Springer, Heidelberg, New York, Dordrecht, London.

Kuhn, T. (1962). *The Structure of Scientific Revolutions*, Chicago University Press, Chicago.

Kuznets, S. (1955). Economic growth and income inequality. *The American Economic Review* 45: 1–28.

———— (1966). *Modern Economic Growth: Rate, Structure and Spread*, Yale University Press, New Haven, CT.

Lall, Sanjaya (1992). Technological capabilities and industrialization. *World Development* 20(2): 165–186.

———— (2000). The technological structure and performance of developing country manufactured export, 1985–1998. *Oxford Development Studies* 28(3): 337–369.

Lall, Sanjaya, and Teubal, M. (1998). "Market-stimulating" technology policies in developing countries: A framework with examples from East Asia. *World Development* 26(8): 1369–1385.

Landes, D.S. (1969). *The Unbound Prometheus*, Cambridge University Press, Cambridge.

Lazaric, N., and Denis, B. (2005). Routinization and memorization of tasks in a workshop: The case of the introduction of ISO norms. *Industrial and Corporate Change* 14(5): 873–896.

Lazaric, N., and Raybaut, A. (2005). Knowledge, hierarchy and the selection of routines: An interpretative model with group interactions. *Journal of Evolutionary Economics* 15(4): 393–422.

Lazonick, W. (2005). The innovative firm. In J. Fagerberg, D.C. Mowery, and R.R. Nelson (Eds.), *The Oxford Handbook of Innovation*, Oxford University Press, Oxford.

Lee, Keun (2005). Making a technological catch-up: Barriers and opportunities. *Asian Journal of Technology Innovation* 13(2): 97–131.

(2013a). *Schumpeterian Analysis of Economic Catch-up: Knowledge, Path-Creation, and the Middle-Income Trap*, Cambridge University Press, London.

(2013b). Capability failure and industrial policy to move beyond the middle-income trap: From trade-based to technology-based specialization. In J. Lin and J. Stiglitz (Eds.), *Industrial Policy Revolution I*, Palgrave, Basingstoke, UK.

Lee, Keun, and Ki, Jee-hoon (2017). Rise of the latecomers and catch-up cycles in the world steel industry. *Research Policy*, Special Issue on Catch-up Cycles, 46(2): 365–375.

Lee, Keun, and Kim, Byung-Yeon (2009). Both institutions and policies matter but differently for different income groups of countries: Determinants of long-run economic growth revisited. *World Development* 37(3): 533–549.

Lee, Keun, and Lim, Chaisung (2001). Technological regimes, catching-up and leap-frogging: Findings from the Korean industries. *Research Policy* 30(3): 459–483.

Lee, Keun, and Malerba, Franco (2017). Catch-up cycles and changes in industrial leadership: Windows of opportunity and responses by firms and countries in the evolution of sectoral systems. *Research Policy*, Special Issue on Catch-up Cycles, 46(2): 338–351.

Lee, Keun, and Temesgen, Tilahun (2009). What makes firms grow in developing countries? An extension of the resource-based theory of firm growth. *International Journal of Technological Learning, Innovation and Development* 2(3): 139–172.

Lee, Keun, Gao, Xudong, and Li, Xibao (2017). Assessing industrial catch-up in China: A sectoral systems of innovation perspective. *Cambridge Journal of Regions, Economy and Society* 10(1): 59–76.

Lee, Keun, Lim, Chaisung, and Song, Wichin (2005). Emerging digital technology as a window of opportunity and technological leapfrogging: Catch-up in digital TV by the Korean firms. *International Journal of Technology Management* 29(1/2): 40–63.

Lee, Keun, Mani, Sunil, and Mu, Qing (2012). Explaining variations in the telecommunication equipment industry in Brazil, China, India and Korea. In F.

Malerba and R. Nelson (Eds.), *Economic Development as a Learning Process*, Edward Elgar, Cheltenham, UK, pp. 21–71.

Lee, Keun, Song, Jaeyong, and Kwak, Jooyoung (2015). An exploratory study on the transition from OEM to OBM: Case studies of SMEs in Korea. *Industry and Innovation* 22(5): 423–442.

Leff, Nathaniel H. (1978). Industrial organization and entrepreneurship in the developing countries: The economic groups. *Economic Development and Cultural Change* 26(4): 661–675.

Levin, R.C., Cohen, W.M., and Mowery, D.C. (1985). R&D appropriability, opportunity and market structure: New evidence on some Schumpeterian hypotheses. *American Economic Review Proceedings* 75: 20–24.

Levin, R.C., Klevorick, A.K., Nelson, R.R., and Winter, S.G. (1987). Appropriating the returns from industrial research and development. *Brookings Papers on Economic Activity* 3: 783–831.

Levinthal, D.A. (1997). Adaptation on rugged landscapes. *Management Science* 43(7): 934–950.

Lim, C., Kim, Y., and Lee, K. (2017). Changes in industrial leadership and catch-up by latecomers in the shipbuilding industry. *Asian Journal of Technology Innovation*: 1–18.

Lin, Justin Y. (2012a). *New Structural Economics: A Framework for Rethinking Development and Policy*, World Bank, Washington, DC.

——— (2012b). *The Quest for Prosperity: How Developing Economies Can Take Off*, Princeton University Press, Princeton, NJ.

Lundvall, Bengt-Åke (1988). Innovation as an interactive process: From user-producer interaction to the national system of innovation. In G. Dosi, Ch. Freeman, R. Nelson, G. Siverberg, and L. Soete (Eds.), *Technical Change and Economic Theory*, Pinter, London.

——— (1992). *National Systems of Innovation: Toward a Theory of Innovation and Interactive Learning*, Pinter, London.

——— (1993). User-producer relationships, national systems of innovation and internationalisation. In D. Foray and C. Freeman (Eds.), *Technology and the Wealth of Nations: The Dynamics of Constructed Advantage*, Pinter, New York, pp. 277–300.

——— (2014). Deteriorating quality of work undermines Europe's innovation systems and the welfare of Europe's workers. http://portal.ukwon.eu/guest-essay (last accessed November 7, 2017).

——— (2016). *The Learning Economy and the Economics of Hope*, Anthem Press, London.

Macher, J.T., and Mowery, D.C. (2009). Measuring dynamic capabilities: Practices and performance in semiconductor manufacturing. *British Journal of Management* 20: 41–62.

Malerba, F. (Ed.) (2004). *Sectoral System of Innovation: Concepts, Issues, and Analyses of Six Major Sectors in Europe*, Cambridge University Press, Cambridge.

Malerba, Franco (2002). Sectoral systems of innovation and production. *Research Policy* 31(2): 247–264.

——— (2009). Increase learning, break knowledge lock-ins and foster dynamic complementarities: Evolutionary and system perspectives on technology policy in industrial dynamics. In D. Foray (Ed.), *The New Economics of Technology Policy*, Edward Elgar, Cheltenham, UK.

Malerba, Franco, and Mani, Sunil (2009). *Sectoral Systems of Innovation and Production in Developing Countries: Actors, Structure and Evolution*, Edward Elgar, Northampton, MA.

Malerba, Franco, and Nelson, Richard (2011). Learning and catching-up in different sectoral systems: Evidence from six industries. *Industrial and Corporate Change* 20(6): 1645–1675.

——— (2012). *Economic Development as a Learning Process: Variation Across Sectoral Systems*, Edward Elgar, Northampton, MA.

Malerba, Franco, and Orsenigo, Luigi (1996). Schumpeterian patterns of innovation are technology-specific. *Research Policy* 25(3): 451–478.

Malerba, F., and Orsenigo, L. (1997). Technological regimes and sectoral patterns of innovative activities. *Industrial and Corporate Change* 6: 83–117.

Malerba, Franco, Mani, Sunil, and Adams, Pamela (2017). *The Rise to Market Leadership*, Edward Elgar, Northampton, MA.

Malerba, F., Nelson, R.R., Orsenigo, L., and Winter, S.D. (1999) History-friendly models of industry evolution: The computer industry. *Industrial and Corporate Change* 8(1): 3–4.

Malerba, Franco, Nelson, Richard, Orsenigo, Luigi, and Winter, Sidney (2016). *Innovation and the Evolution of Industries: History-friendly Models*, Cambridge University Press, Cambridge.

Mandeville, B. (1714). *The Fable of the Bees, or, Private Vices, Public Benefits*, Clarendon Press, Oxford. Reprinted in Kaye, F.B. (Ed.) (1924). *Mandeville's The Fable of the Bees, or, Private Vices, Public Benefits*, Clarendon Press, Oxford.

Mani, S. (2017). Market leadership in India's pharmaceutical industry: The case of CIPLA Limited. In F. Malerba, S. Mani, and P. Adams (Eds.), *The Rise to Market Leadership*, Edward Elgar, Cheltenham, UK.

Mansfield, E. (1986). Patents and innovation: An empirical study. *Management Science* 32(2): 173–181.

March, J.G. (1991). Exploration and exploitation in organizational learning. *Organization Science* 2(1): 71–87.

March, J.G., and Simon, H.A. (1958). *Organizations*, John Wiley, New York.

Marengo, L. (1992). Coordination and organizational learning in the firm. *Journal of Evolutionary Economics* 2(4): 313–326.

(1996). Structure, competence and learning in an adaptive model of the firm. In G. Dosi and F. Malerba (Eds.), *Organization and Strategy in the Evolution of the Enterprise*, Palgrave Macmillan, UK, pp. 124–154.

Marengo, L., and Dosi, G. (2005). Division of labor, organizational coordination and market mechanisms in collective problem-solving. *Journal of Economic Behavior & Organization* 58(2): 303–326.

Marshall, A. (1890). *Principles of Economics*, MacMillan, London.

(1892). *Elements of Economics of Industry*, MacMillan, London.

(1919). *Industry and Trade*, MacMillan, London.

Marsili, O. (2001). *The Anatomy and Evolution of Industries: Technological Change and Industrial Dynamics*, Edward Elgar, Cheltenham, UK.

Martin, R., and Sunley, P. (2010). Complexity thinking and economic geography. In R. Boschma and R. Martin (Eds.), *The Handbook of Evolutionary Geography*, Edward Elgar, Cheltenham, UK, pp. 93–119.

Marx, K. (1847). *The Poverty of Philosophy (English version)*, Marx-Engels Institute, Moscow.

Mathews, John A. (1996). High technology industrialisation in East Asia. *Journal of Industry Studies* 3(2): 1–77.

(2002). Competitive advantages of the latecomer firm: A resource-based account of industrial catch-up strategies. *Asia Pacific Journal of Management* 19(4): 467–488.

(2005). Strategy and the crystal cycle. *California Management Review* 47(2): 6–32.

Mazzoleni, R., and Nelson, R.R. (1998). The benefits and costs of strong patent protection: A contribution to the current debate. *Research Policy* 27(3): 273–284.

Mazzoleni, Roberto, and Nelson, Richard R. (2006). The roles of research at universities and public labs in economic catch-up, LEM Working Paper Series, No. 1.

(2007). Public research institutions and economic catch-up. *Research Policy* 36(10): 1512–1528.

Mazzoleni, R., and Nelson, R. (2013). An interpretive history of challenges to neoclassical microeconomics and how they have fared. *Industrial and Corporate Change*: 1–44.

Mazzucato, M. (2013). *The Entrepreneurial State: Debunking the Public vs. Private Myth in Risk and Innovation*, Anthem Press, London.

Meliciani, V. (2002). The impact of technological specialisation on national performance in a balance-of-payments-constrained growth model. *Structural Change and Economic Dynamics* 13(1): 101–118.

Merges, R.P., and Nelson, R.R. (1994). On limiting or encouraging rivalry in technical progress: The effect of patent scope decisions. *Journal of Economic Behavior & Organization* 25(1): 1–24.

Mesoudi, A. (2011). *Cultural Evolution*, University of Chicago Press, Chicago.

Metcalfe, J.S. (1994). Evolutionary economics and technology policy. *Economic Journal* 104(425): 931–944.

(1998). *Evolutionary Economics and Creative Destruction*, Routledge, London.

(2005). Systems failure and the case for innovation policy. In P. Llerena, M. Matt, and A. Avadikyan (Eds.), *Innovation Policy in a Knowledge-based Economy*, Springer, Germany, pp. 47–74.

(2014). Capitalism and evolution. *Journal of Evolutionary Economics* 24(1): 11–34.

Metcalfe, J.S., Foster, J., and Ramlogan, R. (2006). Adaptive economic growth. *Cambridge Journal of Economics* 30(1): 7–32.

Mill, J.S. (1848). *Principles of Political Economy With Some of Their Applications to Social Philosophy*, Longman Green and Co., London.

Mokyr, J. (1990). *The Lever of Riches: Technological Creativity and Economic Progress*, Oxford University Press, Oxford.

(2002). *The Gifts of Athena: Historical Origins of the Knowledge Economy*, Princeton University Press, Princeton, NJ.

(2009). *The Enlightened Economy: An Economic History of Britain 1700–1850*, Yale University Press, New Haven, CT.

(2010). The contribution of economic history to the study of innovation and technical change: 1750–1914. In H.H. Bronwyn and N. Rosenberg (Eds.), *Handbook of the Economics of Innovation, Vol. I*, Academic Press, Burlington, VA, pp. 11–50.

(2017). *Culture of Growth: The Origins of the Modern Economy*, Princeton University Press, Princeton, NJ.

Morrison, Andrea, Pietrobelli, Carlo, and Rabellotti, Roberta (2008). Global value chains and technological capabilities: A framework to study learning and innovation in developing countries. *Oxford Development Studies* 36(1): 39–58.

Mowery, David C., and Nelson, Richard R. (1999). Explaining industrial leadership. In D.C. Mowery and R.R. Nelson (Eds.), *Sources of Industrial Leadership: Studies of Seven Industries*, Cambridge University Press, New York, pp. 359–382.

Mowery, D., and Rosenberg, N. (1979). The influence of market demand upon innovation: A critical review of some recent empirical studies. *Research Policy* 8(2): 102–153.

Mowery, D., Nelson, R., and Martin, B. (2010). Technology policy and global warming: Why new policy models are needed (or why putting new wine in old bottles won't work). *Research Policy* 39: 1011–1023.

Mowery, D., Nelson, R., Sampat, B., and Ziedonis, A. (2004). *Ivory Tower and Industrial Innovation*, Stanford Business Books, Stanford, CA.

Muchie, Mammo, and Baskaran, Angathevar (2013). *Creating Systems of Innovation in Africa: Country Case Studies 2, Asia*, Tut and Aalborg University Publishers, Aalborg.

Muñoz, F.F., Encinar, M.I., and Cañibano, C. (2011). On the role of intentionality in evolutionary economic change. *Structural Change and Economic Dynamics* 22(3): 193–203.

Murmann, J.P. (2003). *Knowledge and Competitive Advantage: The Coevolution of Firms, Technology and National Institutions*, Cambridge University Press, Cambridge.

Murmann, J.P., and Frenken, K. (2006). Toward a systematic framework for research on dominant designs, technological innovations, and industrial change. *Research Policy* 35(7): 925–952.

Narayanan, V.K., Colwell, Ken, and Douglas, Frank L. (2009). Building organizational and scientific platforms in the pharmaceutical industry: A process perspective on the development of dynamic capabilities. *British Journal of Management* 20: S25–S40.

Nelson, Richard R. (1981). Research on productivity growth and productivity differences: Dead ends and new departures. *Journal of Economic Literature* 19(3): 1029–1064.

(1991). Why do firms differ and how does it matter? *Strategic Management Journal* 12: 61–74.

Nelson, Richard R. (Ed.) (1993). *National Innovation Systems: A Comparative Analysis*, Oxford University Press, Oxford.

Nelson, Richard R. (1994). The co-evolution of technology, industrial structure, and supporting institutions. *Industrial and Corporate Change* 3(1): 47–63.

(1995). Recent evolutionary theorizing about economic change. *Journal of Economic Literature* 33(1): 48–90.

(1999). Why do firms differ and how does it matter? *Strategic Management Journal* 12(S2): 61–74.

(2004). The market economy, and the scientific commons. *Research Policy* 33(3): 455–471.

(2006). Reflections on "The Simple Economics of Basic Scientific Research": Looking back and looking forward. *Industrial and Corporate Change* 15: 145–149.

(2008a). What enables rapid economic progress: What are the needed institutions? *Research Policy* 37(1): 1–11.

(2008b). Factors affecting the powers of technological paradigms. *Industrial and Corporate Change* 17: 485–497.

(2008c). Routines as technologies and as organizational capabilities. In M.C. Becker and N. Lazaric (Eds.), *Organizational Routines*, Edward Elgar, Cheltenham, UK, pp. 11–25.

(2008d). Economic development from the perspective of evolutionary economic theory. *Oxford Development Studies* 36(1): 9–21.

(2013). Demand, supply, and their interaction on markets as seen from the perspective of evolutionary economic theory. *Journal of Evolutionary Economics* 23(1): 17–38.

(2016). The behavior and cognition of economic actors in evolutionary economics. *Journal of Evolutionary Economics* 26(4): 737–751.

Nelson, R., and Consoli, D. (2010). An evolutionary theory of household consumption behavior. *Journal of Evolutionary Economics* 20(5): 665–687.

Nelson, Richard R., and Pack, Howard (1999). The Asian miracle and modern growth theory. *The Economic Journal* 109(457): 416–436.

Nelson, R., and Sampat, B. (2001). Making sense of institutions as a factor shaping economic performance. *Journal of Economic Behavior and Organization* 44(1): 31–54.

Nelson, R.R., and Winter, S.G. (1974). Neoclassical vs. evolutionary theories of economic growth: Critique and prospectus. *The Economic Journal* 84(336): 886–905.

(1977). In search of a useful theory of innovation. *Research Policy* 6: 36–76.

Nelson, R. and Winter, S. (1982). *An Evolutionary Theory of Economic Change*, Harvard University Press, Cambridge, MA.

Nelson, R.R., and Wolff, E.N. (1997). Factors behind cross-industry differences in technical progress. *Structural Change and Economic Dynamics* 8(2): 205–220.

Nelson, R.R., Peck, J.M., and Kalachek, E.D. (1967). *Technology, Economic Growth and Public Policy*, The Brookings Institution, Washington, DC.

Niosi, Jorge, Athreye, Suma, and Tschang, Ted (2012). The global computer software sector. In F. Malerba and R.R. Nelson (Eds.), *Economic Development as a Learning Process: Variation Across Sectoral Systems*, Edward Elgar, Northampton, MA, p. 72.

Nordhaus, W.D. (2007). Two centuries of productivity growth in computing. *Journal of Economic History* 67(1): 128–159.

North, D. (1990). *Institutions, Institutional Change, and Economic Performance*, Cambridge University Press, Cambridge.

(2005). *Understanding the Process of Economic Change*, Princeton University Press, Princeton, NJ.

Nuvolari, A. (2004). Collective invention during the British industrial revolution: The case of the Cornish pumping engine. *Cambridge Journal of Economics* 28: 347–363.

Ostrom, E., and Basurto, X. (2011). Crafting analytical tools to study institutional change. *Journal of Institutional Economics* 7(3): 317–343.

Park, Kyoo-Ho, and Lee, Keun (2006). Linking the technological regime to the technological catch-up: Analyzing Korea and Taiwan using the US patent data. *Industrial and Corporate Change* 15(4): 715–753.

Pasinetti, L.L. (1981). *Structural Change and Economic Growth*, Cambridge University Press, Cambridge.

(1993). *Structural Economic Dynamics*, Cambridge University Press, Cambridge.

Pavitt, K. (1984). Sectoral patterns of technical change: Towards a taxonomy and a theory. *Research Policy* 13: 343–373.

(1987). The objectives of technology policy. *Science and Public Policy* 14: 182–188.

Peneder, M. (2016). Competitiveness and industrial policy: From rationalities of failure towards the ability to evolve. *Cambridge Journal of Economics*, bew025. doi: 10.1093/cje/bew025.

Penrose, Edith Tilton (1995 [1st ed. 1959]). *The Theory of the Growth of the Firm*, Oxford University Press, New York.

Perez, C. (1983). Structural change and assimilation of new technologies in the economic and social systems. *Futures*, October, 357–375.

(1985). Microelectronics, long waves and structural change: New perspectives for developing countries. *World Development* 13(3): 441–463.

(2002). *Technological Revolutions and Financial Capital, The Dynamics of Bubbles and Golden Ages*, Edward Elgar, Cheltenham, UK.

(2014). Financial bubbles, crises and the role of government in unleashing golden ages. In H.P. Burghof and A. Pyka (Eds.), *Innovation and Finance*, Routledge, Abingdon, UK, pp. 11–25.

Perez, Carlos, and Soete, Luc (1988). *Catching-up in Technology: Entry Barriers and Windows of Opportunity*, Pinter, New York.

Piketty, T. (2014). *Capital in the Twenty-First Century*, Belknap Press, Cambridge, MA.

Potts, J. (2011). *Creative Industries and Economic Evolution*, Edward Elgar, Cheltenham, UK.

Powell, W.W., Koput, K.W., and Smith-Doerr, L. (1996). Interorganizational collaboration and the locus of innovation: Networks of learning in biotechnology. *Administrative Science Quarterly* 41(1): 116–145.

Pyka, A. (2000). Informal networking and industrial life cycles. *Technovation* 20(1): 25–35.

(2002). Innovation networks in economics: From the incentive-based to the knowledge-based approaches. *European Journal of Innovation Management* 5(3): 152–163.

Ramani, Shyama V., and Guennif, Samira (2012). Catching-up in the pharmaceutical sector: Lessons from case studies of India, Thailand and Brazil. In F. Malerba and R.R. Nelson (Eds.), *Economic Development as a Learning Process*, Edward Elgar, Northampton, MA, pp. 157–193.

Rammel, Ch., Stagl, S., and Wilfing, H. (2007). Managing complex adaptive systems: A co-evolutionary perspective on natural resource management. *Ecological Economics* 63(1): 9–21.

Rasiah, Rajah (2006). Electronics in Malaysia: Export expansion but slow technical change. In V. Chandra (Ed.), *Technology, Adaptation, and Exports: How Some Developing Countries Got it Right*, World Bank, Washington, DC, p. 127.

Rasiah, Rajah, Kong, Xin-Xin, Lin, Yeo, and Song, Jaeyong (2012). Explaining variations in catch-up strategies in Malaysia, China and Taiwan. In F. Malerba and R.R. Nelson (Eds.), *Economic Development as a Learning Process*, Edward Elgar, Northampton, MA, pp. 113–156.

Rhee, Yung W., Westphal, Larry E., Kim, Linsu, and Amsden, Alice H. (1984). Republic of Korea. *World Development* 12(5): 505–533.

Richerson, P.J., and Boyd, R. (2005). *Not by Genes Alone: How Culture Transformed Human Evolution*, University of Chicago Press, Chicago.

Rivkin, J.W., and Siggelkow, N. (2003). Balancing search and stability: Interdependencies among elements of organizational design. *Management Science* 49(3): 290–311.

Robert, V., and Yoguel, G. (2016). Complexity paths in neo-Schumpeterian evolutionary economics, structural change and development policies. *Structural Change and Economic Dynamics* 38: 3–13.

Rodriguez-Clare, Andres (1996). Multinationals, linkages, and economic development. *The American Economic Review* 86(4): 852–873.

Rodrik, Dani (2006). Goodbye Washington consensus, hello Washington confusion? A review of the World Bank's economic growth in the 1990s: Learning from a decade of reform. *Journal of Economic Literature* 44(4): 973–987.

(2015). *Economics Rules: The Rights and Wrongs of the Dismal Science*, Norton, New York.

Rosenberg, N. (1963). Mandeville and laissez-faire. *Journal of the History of Ideas* 24(2): 183–196.

(1976). *Perspectives on Technology*, Cambridge University Press, Cambridge.

(1994). *Exploring the Black Box*, Cambridge University Press, Cambridge.

Rosenberg, N., and Birdzell, L. (1986). *How the West Grew Rich*, Basic Books, New York.

Rosenbloom, R.S., and Cusumano, M.A. (1987). Technological pioneering and competitive advantage: The birth of the VCR industry. *California Management Review* 29(4): 51–76.

Rothaermel, F.T., and Hess, A.M. (2007). Building dynamic capabilities: Innovation driven by individual-, firm-, and network-level effects. *Organization Science* 18(6): 898–921.

Rumelt, R.P. (1984). Towards a strategic theory of the firm. In R. Lamb (Ed.), *Competitive Strategic Management*, Prentice-Hall, Englewood Cliffs, NJ, pp. 556–570.

(1991). How much does industry matter? *Strategic Management Journal* 12(3): 167–185.

Rutherford, M. (1994). *Institutions in Economics: The Old and the New Institutionalism*, Cambridge University Press, Cambridge.

(1996). *Institutions in Economics: The Old and the New Institutionalism*, Cambridge University Press, Cambridge.

Ruttan, V.W. (2006). *Is War Necessary for Economic Growth? Military Procurement and Technology Development*, Oxford University Press, New York.

Sachs, Jeffrey, and Warner, Andrew (1995). Natural resource abundance and economic growth, NBER Working Paper No. 5398.

Safarzyńska, K., Frenken, K., and van den Bergh, J.C.J.M. (2012). Evolutionary theorizing and modeling of sustainability transition. *Research Policy* 41(6): 1011–1024.

Sahal, D. (1981). *Patterns of Technological Innovation*, Addison-Wesley, New York.

(1985). Technological guideposts and innovation avenues. *Research Policy* 14(2): 61–82.

Saviotti, P.P. (1996). *Technological Evolution, Variety and the Economy*, Edward Elgar, Cheltenham, UK.

Saviotti, P., and Pyka, A. (2004). Economic development by the creation of new sectors. *Journal of Evolutionary Economics* 14(1): 1–35.

Saviotti, P.P., and Pyka, A. (2008a). Product variety, competition and economic growth. *Journal of Evolutionary Economics* 18: 167–182.

(2008b). Micro and macro dynamics: Industry life cycles, inter-sector coordination and aggregate growth. *Journal of Evolutionary Economics* 18: 323–348.

(2013a). The co-evolution of innovation, demand and growth. *Economics of Innovation and New Technology* 22: 461–482.

(2013b). From necessities to imaginary worlds: Structural change, product quality and economic development. *Technological Forecasting & Social Change* 80(8): 1499–1512.

(2017). Innovation, structural change and demand evolution: Does demand saturate? *Journal of Evolutionary Economics* 27(2): 337–358.

Saviotti, P.P., Pyka, A., and Jun, B. (2016). TEVECON: Description of model. www.researchgate.net/publication/292130135_TEVECON_Description_of_Model?ev=srch_pub (last accessed November 11, 2017).

Schamp, E.W. (2010). On the notion of co-evolution in economic geography. In R. Boschma and R. Martin (Eds.), *The Handbook of Evolutionary Geography*, Edward Elgar, Cheltenham, UK, pp. 432–449.

Scherer, F.M. (1984). *Innovation and Growth: Schumpeterian Perspectives*, MIT Press, Cambridge, MA.

Scherer, F.M., Herzstein, S., Dreyfoos, A., et al. (1959). *Patents and the Corporation* (2nd ed.), privately published, Boston, MA.

Schmalensee, R., and Willig, R. (Eds.) (1989). *Handbook of Industrial Organization*, Elsevier, Amsterdam.

Schmookler, J. (1966). *Invention and Economic Growth*, Harvard University Press, Cambridge, MA.

Schroeder, H. (2011). Application possibilities of the micro-meso-macro framework in economic geography. *Papers in Evolutionary Economic Geography* 11(15), Utrecht University.

Schumpeter, J.A. (1911). *The Theory of Economic Development*, Harvard University Press, Cambridge, MA. English edition, 1934.

(1934). *The Theory of Economic Development*, Harvard University Press, Cambridge, MA.

(1939). *Business Cycles, A Theoretical, Historical and Statistical Analysis of the Capitalist Process*, McGraw Hill, New York.

(1942). *Capitalism, Socialism and Democracy*, Harper, New York.

(1950). *Capitalism, Socialism and Democracy* (3rd ed.), Harper, New York.

Siggelkow, N., and Levinthal, D.A. (2003). Temporarily divide to conquer: Centralized, decentralized, and reintegrated organizational approaches to exploration and adaptation. *Organization Science* 14(6): 650–669.

Siggelkow, N., and Rivkin, J.W. (2005). Speed and search: Designing organizations for turbulence and complexity. *Organization Science* 16(2): 101–122.

Silverberg, G. (2007). Long waves, conceptual, empirical and modelling issues. In H. Hanusch and A. Pyka (Eds.), *Elgar Companion to Neo-Schumpeterian Economics*, Edward Elgar, Cheltenham, UK.

Silverberg, G., and Lehnert, D. (1993). Long waves and "evolutionary chaos" in a simple Schumpeterian model of embodied technical change. *Structural Change and Economic Dynamics* 4: 9–37.

(1994). Growth fluctuations in an evolutionary model of creative destruction. In G. Silverberg and L. Soete (Eds.), *The Economics of Growth and Technical Change: Technologies, Nations, Agents*, Edward Elgar, Aldershot, UK.

Silverberg, G., and Verspagen, B. (1995). An evolutionary model of long term cyclical variations of catching up and falling behind. *Journal of Evolutionary Economics* 5: 209–227.

(2005). Evolutionary theorizing on economic growth. In K. Dopfer (Ed.), *The Evolutionary Foundations of Economics*, Cambridge University Press, Cambridge.

Simon, H. (1955). A behavioral model of rational choice. *Quarterly Journal of Economics* 69(1): 99–118.

(1957a). *Models of Man*, New York: Wiley.

(1957b). *Administrative Behavior: A Study of Decision-making Processes in Administrative Organization*, Macmillan, New York.

(1976). From substantive to procedural rationality. In S. Latsis (Ed.), *Method and Appraisal in Economics*, Cambridge University Press, Cambridge, pp. 129–148.

(1981). *The Science of the Artificial*, MIT Press, Cambridge, MA.

(2005). Darwinism, altruism and economics. In K. Dopfer (Ed.), *The Evolutionary Foundations of Economics*, Cambridge University Press, Cambridge.

Smith, A. (1776). *An Inquiry into the Nature and Causes of the Wealth of Nations*, Penguin Books, London, 1986.

Soete, L., and Turner, R. (1984). Technological diffusion and the rate of technical change. *The Economic Journal* 94(375): 612–623.

Spender, J.C. (1989). *Industry Recipes: The Nature and Sources of Managerial Judgment*, Oxford University Press, Oxford.

Stadler, C., Helfat, C.E., and Verona, G. (2013). The impact of dynamic capabilities on resource access and development. *Organization Science* 24(6): 1782–1804.

Stigler, G.J. (1951). The division of labor is limited by the extent of the market. *Journal of Political Economy* 59: 185–193.

Stokes, D.E. (1997). *Pasteur's Quadrant: Basic Science and Technological Innovation*, Brookings Institution Press, Washington, DC.

Strohmaier, R. (2014). The evolution of economic structure under pervasive technical change: A methodological and empirical study. *GSC Discussion Paper* No. 07.

Sturgeon, Timothy J., and Gereffi, Gary (2009). Measuring success in the global economy: International trade, industrial upgrading and business function outsourcing in global value chains. *Transnational Corporations* 18(2): 1.

Suarez, F., and Utterback, J.M. (1995). Dominant designs and the survival of firms. *Strategic Management Journal* 16: 415–430.

Syverson, C. (2011). What determines productivity? *Journal of Economic Literature* 49: 326–365.

Szulanski, G. (1996). Exploring internal stickiness: Impediments to the transfer of best practice within the firm. *Strategic Management Journal* 17(S2): 27–43.

Teece, D.J. (1986). Profiting from technological innovation: Implications for integration, collaboration, licensing and public policy. *Research Policy* 15(6): 285–305.

(1987). Capturing value from a technological innovation. In B.R. Guile and H. Brooks (Eds.), *Technology and Global Industry: Companies and Nation in the World Economy*, National Academic Press, Washington, DC.

(2007). Explicating dynamic capabilities: The nature and microfoundations of (sustainable) enterprise performance. *Strategic Management Journal* 28(13): 1319–1350.

(2011). *Dynamic Capabilities and Strategic Management; Organizing for Innovation and Growth*, Oxford University Press, Oxford.

(2012). Dynamic capabilities: Routines versus entrepreneurial action. *Journal of Management Studies* 49(8): 1395–1401.

Teece, D.J, Pisano, G., and Shuen, A. (1997). Dynamic capabilities and strategic management. *Strategic Management Journal* 18(7): 509–533.

Tripsas, M. (1997). Surviving radical technological change through dynamic capability: Evidence from the typesetter industry. *Industrial and Corporate Change* 6(2): 341–377.

Tushman, M.L., and Anderson, P. (1986). Technological discontinuities and organizational environments. *Administrative Science Quarterly* 31: 439–465.

Tybout, James R. (2000). Manufacturing firms in developing countries: How well do they do, and why? *Journal of Economic Literature* 38(1): 11–44.

Utterback, J.M. (1987). Innovation and industrial evolution in manufacturing industries. In B.R. Guile and H. Brooks (Eds.), *Technology and Global Industry: Companies and Nation in the World Economy*, National Academic Press, Washington, DC.

(1994). *Mastering the Dynamics of Innovation*, Harvard Business School Press, Boston, MA.

Utterback, J.M., and Abernathy, W. (1975). A dynamic model of process and product innovation. *Omega* 33: 639–656.

Veblen, T. (1898). Why is economics not an evolutionary science? *Quarterly Journal of Economics* 12(4): 373–397.

Verona, G., and Ravasi, D. (2003). Unbundling dynamic capabilities: An exploratory study of continuous product innovation. *Industrial and Corporate Change* 12(3): 577–606.

Verspagen, Bart (1991). A new empirical approach to catching-up or falling behind. *Structural Change and Economic Dynamics* 2(2): 359–380.

Vincenti, W. (1990). *What Engineers Know and How They Know It*, Johns Hopkins University Press, Baltimore, MD.

Viner, J. (1958). Stability and progress: The poorer countries' problem. In D.C. Hague (Ed.), *Stability and Progress in the World Economy: The First Congress of the International Economic Association*, Macmillan, London.

Von Hippel, E. (1988). *The Sources of Innovation*, Oxford University Press, New York.

Weibull, J. (1995). *Evolutionary Game Theory*, MIT Press, Cambridge, MA.

Winter, Sidney G., Jr. (1965). *Economic Natural Selection and the Theory of the Firm*, Ann Arbor, Michigan University Microfilm (Doctoral Dissertation Series). May 31, 1965.

Winter, S.G. (1964). Economic "natural selection" and the theory of the firm. *Yale Economic Essays* 4: 225–272.

(1986). The research program of the behavioral theory of the firm: Orthodox critique and evolutionary perspective. In B. Gilad and S. Kaish (Eds.), *Handbook of Behavioral Economics*, JAI Press, Greenwich, CT, pp. 155–188.

(2000). The satisficing principle in capability learning. *Strategic Management Journal* 21(10–11): 981–996.

(2003). Understanding dynamic capabilities. *Strategic Management Journal* 24(10): 991–996.

(2005). Developing evolutionary theory for economics and management. In M. Hitt and K.G. Smith (Eds.), *Great Minds in Management: The Process of Theory Development*, Oxford University Press, Oxford, pp. 510–547.

(2006). Toward a neo-Schumpeterian theory of the firm. *Industrial and Corporate Change* 15(1): 125–141.

(2013). Habit, deliberation and action: Strengthening the microfoundations of routines and capabilities. *Academy of Management Perspectives* 27(2): 120–137.

(2014). The future of evolutionary economics: Can we break out of the beachhead? *Journal of Institutional Economics* 10(4): 613–644.

Winter, Sidney G., and Szulanski, Gabriel (2001). Replication as strategy. *Organization Science* 12(6): 730–743.

Witt, U. (2001). Learning to consume: A theory of wants and the growth of demand. *Journal of Evolutionary Economics* 11(1): 23–36.

World Bank (2005). *Economic Growth in the 1990s: Learning from a Decade of Reform*, World Bank, Washington, DC.

(2010). Exploring the middle-income-trap. *World Bank East Asia Pacific Economic Update: Robust Recovery, Rising Risks, Vol. II*, World Bank, Washington, DC.

(2012). *China 2030: Building a Modern, Harmonious, and Creative High-Income Society*, World Bank, Washington, DC.

Wright, G. (1997). Towards a more historical approach to technological change. *Economic Journal* 107(444): 1560–1566.

Yeon, J., Pyka, A., and Kim, T. (2016). Structural shift and increasing variety in Korea, 1960–2010: Empirical evidence of the economic development model by the creation of new sectors. Hohenheim Discussion Papers, No. 13-2016.

Yonekura, Seiichirō (1994). *The Japanese Iron and Steel Industry, 1850–1990: Continuity and Discontinuity*, St. Martin's Press, New York.

Yu, Jang, Malerba, Franco, Adams, Pamela, and Zhang, Y. (2017). Related yet diverging sectoral systems: Telecommunications equipment and semiconductors in China. *Industry and Innovation* 24(2): 190–212.

Yusuf, Shahid, and Nabeshima, Kaoru (2009). Can Malaysia escape the middle-income trap? A strategy for Penang, Policy Research Working Paper Series, No. 4971. Available at SSRN: http://ssrn.com/abstract=1427631 (last accessed November 7, 2017).

Zbaracki, M.J., and Bergen, M. (2010). When truces collapse: A longitudinal study of price-adjustment routines. *Organization Science* 21(5): 955–972.

Ziman, J.M. (Ed.) (2000). *Technological Innovation as an Evolutionary Process*, Cambridge University Press, Cambridge.

Zollo, M., and Winter, S.G. (2002). Deliberate learning and the evolution of dynamic capabilities. *Organization Science* 13(3): 339–351.

图书在版编目(CIP)数据

现代演化经济学 / (美)理查德·R.纳尔逊等著；
石俊国，陈莹译. — 上海 ：格致出版社 ：上海人民出
版社，2024.1
(当代经济学系列丛书 / 陈昕主编. 当代经济学译
库)
ISBN 978 - 7 - 5432 - 3527 - 4

Ⅰ.①现… Ⅱ.①理… ②石… ③陈… Ⅲ.①经济学
-研究 Ⅳ.①F0

中国国家版本馆 CIP 数据核字(2023)第 236823 号

责任编辑 王 萌
装帧设计 王晓阳

现代演化经济学

[美]理查德·R.纳尔逊 等著

石俊国 陈莹 译

出 版	格致出版社	

上海三联书店

上海人民出版社

(201101 上海市闵行区号景路 159 弄 C 座)
发 行 上海人民出版社发行中心
印 刷 上海商务联西印刷有限公司
开 本 710×1000 1/16
印 张 14.5
插 页 3
字 数 192,000
版 次 2024 年 1 月第 1 版
印 次 2024 年 1 月第 1 次印刷
ISBN 978 - 7 - 5432 - 3527 - 4/F·1553
定 价 68.00 元

本书经授权译自英文版 *Modern Evolutionary Economics: An Overview*
ISBN: 9781108427432
Richard R. Nelson 等 著
Cambridge University Press 2018 年出版

本书中文简体字版由剑桥大学出版社授权格致出版社合作出版。
此版本仅限在中华人民共和国境内(不包括香港、澳门特别行政区及台湾省)销售。
未经许可,本书任何一部分不得以任何形式或任何方式复制或传播。
版权所有,侵权必究。
本书封面贴有 Cambridge University Press 防伪标签,无标签者不得销售。

上海市版权局著作权合同登记号:图字 09-2022-0600

当代经济学译库